正정하고 直직함은
하나님께만
하라

정하고 직함은 하나님께만 하라
마음과 뜻과 힘을 다한 하나님 사랑의 설계도

초판 1쇄 발행 2023년 3월 30일

지은이 태승철
펴낸이 서미경
펴낸곳 도서출판 제로원

교정 이주연
디자인 김찬휘
편집 김찬휘
검수 김지원, 이현
마케팅 정연우

ISBN 979-11-981668-1-4(03230)
값 15,000원

- 이 책의 판권은 지은이에게 있습니다.
- 이 책 내용의 전부 또는 일부를 재사용하려면 반드시 지은이의 서면 동의를 받아야 합니다.
- 잘못된 책은 구입하신 곳에서 바꾸어 드립니다.

마음에서 가장 가까운 사실, '하나님 있음'

正정하고 直직함은 하나님께만 하라

마음과 뜻과 힘을 다한 하나님 사랑의 설계도

태승철 지음

01 books

이 책을,
'창세전에 하나님께서 기쁘신 뜻을 따라 예정하사
그리스도 예수 안에서 택하신 모든 하나님의
아들들'(엡1:4-5)에게
바칩니다.

목차

머리말   12

    옛것을 곳간에서 꺼내신 이유   12
    옛것에 새로움을 입히려는 시도   14
    옛것이 반드시 새롭게 되어야 할 이유   17
    '어떻게'보다 '무엇이냐'를 우선하여   18

1부. 정(正)하고 직(直)함이 무엇인가?

I. 상황인식

    마음에서 가장 가까운 사실(Fact), '하나님 있음'   24
    사람들은 왜 거짓을 말할까?   25
    참과 거짓의 구분, 정직의 논리를 따라   28
    교회 내의 영적 혼란   29

II. 탈세자도 역시 정직하다

    정직이 도대체 뭐지?   34
    '정직', 너무 쉽게 생각하지 말자   37
    죄 사함과 정직의 딜레마   40

신앙인의 정직과 불신앙인의 정직	42
'정직'에 대한 이해의 출발점 '正', '直'	43
마음잡지 않고 어떻게 사나?	46
양귀비에 빠졌던 현종은 정(正)한 황제였나?	48
바를 정(正), 부(副)가 아니고 본(本)이다	51
바를 정(正), 종(從)이 아니다	52
직(直), 일단 마음을 주었으면 끝을 봐야지	54
탈세자도 역시 정직하다	57
부정직은 없다, '다른 정직'이 있을 뿐이다	59
정직의 뿌리를 캐야 한다	61
"정직하자!"는 선전 포고다	63

2부. 정(正)하고 직(直)함으로 내 신앙 진단하기

Ⅲ. 수양버들 춤추는 길에…

수양버들 이야기	70
수양버들과 한국 교회	72
예수 이름을 부르는 화류계 사람들	74
떡잎부터 알아봤다	76
수양버들이 노래하는 '정직'	80
다원주의 쌍둥이	83

도착지가 다양해지면 길도 다양해질 수밖에 없다	87
기독교 종교가 복음을 무력화시킨다	91
버스 터미널의 막차 풍경	95
유일한 길과 유일한 목적지는 불가분이다	97
"목사님들 예수 잘 믿으세요!"	98
천당은 마음이 머물(止) 그 하나(一)가 아니다	102
천국에 관한 참믿음 거짓 믿음	106
죄 사함도 마음이 머물(止) 그 하나(一)가 아니다	109
축복과 형통도 마음이 머물(止) 그 하나(一)가 아니다	111
나라도 마음이 머물(止) 그 하나(一)가 아니다	114
하늘과 땅을 잇는 양방 통행	121
아버지! 아버지! 나의 아버지!	123

IV. 욥의 정직 "야샤르"

하나님은 직선(直線)을 굉장히 좋아하신다	128
욥 역시 수양버들인가?	129
하나님 '승', 사탄 '패'	133
불신앙은 없다, 다른 신앙이 있을 뿐이다	134

3부. 정(正)하고 직(直)함을 하나님께만 실제로 하기

V. 살상의 현장에서만 피는 정직의 꽃

죽이지 않으면 곧을 수 없다	142
마음 안에서 벌어지는 연쇄 살상	145
야간 촬영	148
부정(不淨)해서 정직(正直)할 수 있었다	150
혈루병에는 남녀 구별이 없다	155
생의 목표는 삶이 아니라 죽음이요, 죽임이다	159
말씀의 살벌함에 이유 있다	163
예수님을 우시게 한 우리는 정말 나쁘다	165

VI. 흑암의 동토에 태양이 뜰 때

태양은 거리가 떨어져 있기에 태양이다	174
태양을 끌어안는 미련한 초인(超人)들	176
동쪽에서 떠서, 반드시 서쪽으로 져야 태양이다	182
정말 진짜 같은 가짜들의 세상	186
이미테이션 공연	188
내 마음은 이미테이션 왕국이다	191

버리라 하시면 두말 말고 버리자 194
형제나 자매를 100배로 받는다는 뜻은? 196
정직도 짝퉁이 있다 197
정직함 안에서 열리는 공간의 신(新)개념 198
인공위성을 통한 경로 안내 시스템 203

Ⅶ. 거듭남을 위한 어머니 뱃속

'정직'이 인격의 '자궁'이다 208
거듭남은 어머니 뱃속을 필요로 한다 211
위에 있는 어머니 뱃속 213
인격을 거듭나게 하는 자궁의 예 215
순서가 거듭남에 결정적이다 217
거듭남을 위한 자궁의 내부 구조, '나-너' 221
니고데모식 하나님 접근은 안 통한다 223
정직을 거꾸로 보면 거듭남이다 227
'너'로부터 '나'는 미션을 위해 보내진다 230
거듭난 자의 '우리'는 오직 사위일체이다 233
위의 하늘로부터 아래 바다로 보내어진 자들 237

Ⅷ. 암거래를 중단하라!

블랙마켓   244
마음의 거래 규정   245
크고 첫째 되는 계명과 둘째 계명의 연관성   248
이웃 사랑의 편의주의   251
기브 앤 테이크   252
정직하면 미친다   254
'미친다'는 것은 보편적인 일이다   259
정직한 자는 죽지 못해 이 땅을 산다   262
나 자신의 몸과 이웃은 동격이다   265
그런데 줄 것이 없지 않은가?   268
양을 무엇으로 먹이나?   271
하나님에 대해선 하나님만이 이유이시다   274

머리말

"예수께서 이르시되 그러므로 천국의 제자 된 서기관마다 마치 새것과 옛것을 그 곳간에서 내오는 집주인과 같으니라."

옛것을 곳간에서 꺼내신 이유

나사렛 청년 예수께서 공생애를 시작하셨을 때, 유대 땅의 사람들은 참으로 많이 놀랐던 것 같다. 당시 자신들의 서기관들과는 다르게 그 가르치심에 살아 있는 권세가 느껴졌기 때문이었다고 한다.(마7:28-29)

그러나 이처럼 유대 땅의 사람들이 예수님에게서 경험한 놀람과 경이로움과 낯설 만큼의 새로움은 비단 그 가르침에서뿐 아니라 그분의 모든 일거수일투족에 따라다니는 필연적인 부산물이었던 것으로 보인다.

예를 들어, 매국노인 세리 그리고 죄인의 대명사인 창녀 등과 더불어 친구가 되신 파격, 오병이어로 5,000명을 먹이신 것이나 말씀 한마디로 풍랑을 잠잠하게 하신 것과 같은 전대미문의 기적들, 어떤 바리새인이나 서기관이나 율법사도 능히 책잡을 수 없었던 말씀의 지혜, 아브라함과 모세를 능가하는 권세 등등.

그러나 무엇보다 더 새롭고, 그 누구도 이해할 수 없을 만큼 너무 낯선 예수님의 행적은 다름 아닌 십자가를 향하신 자발적인 행보였다.

왜 그토록 권세 있는 가르침과 자연까지도 복종시키는 능력, 그리고 버려진 하층민까지도 포용할 수 있는 폭넓은 정치적(?) 리더십을 뒤로 하신 채 예수님은 십자가의 극형을 자처하신 것이었을까? 결과적으로 보자면 부활과 승천을 통해서 세상을 탈출하는 "별세"(Exodus)(눅 9:31)의 길을 이루시기 위한 시작이었지만, 아직 그런 사실을 모른 채 접하게 된 십자가를 향한 예수님의 행적은 3년을 동고동락한 제자들도 전혀 그 의미를 이해할 수 없을 만큼 낯설고 이상하고 전혀 반갑지 않은 새로운 일이었다.

그렇다면 예수님에게 붙어 다닌 이렇게 다양한 새로움은 모두 다 무엇을 위함이었을까?

현세적인 삶의 일상에 매몰된 선민들의 관심에서 완전히 잊힌 채, 너무 오랜 세월이 지나 이제는 빛이 바래 버린 골동품과 같은 것을, 뜬금없이 곳간에서 꺼내시어 새로운 생명력을 불어넣기 위함이었음을 아는 자가 그 당시는 없었다.

그 골동품이 무엇이겠는가? 다름 아니었다. 예수님이 태어나시기 2000년 전 아브라함의 믿음의 행적을 통해 실현되고 1500년 전 모세를 통해 크고 첫째 되는 계명으로 제시된 '마음과 뜻과 힘을 다한 하나님 사랑'이었다.

마음과 뜻과 힘을 다해 이 땅에서 자기 자신과 자신에게 속한 것들을 사랑하느라, 창조주 하나님조차도 그 변질하고 타락한 세상 사랑을 위한 하나의 방편으로 혹은 가장 뛰어난 보조 수단으로 전락시킨 동시대의 선민들을 위해, 곳간 저 구석에서 고색창연한 그 옛것을 끄집어내오신 것이었다. 전적으로 새롭고 파격적으로만 보였던 십자가를 향하시는 공생애의 삶은 그 자체가 이 고색창연한 옛것의 유효성을 동시대인들에게 재천명하신 하나의 해석이었고 실천이었다.

즉 예수님은 스스로 십자가의 길을 가심으로써 하늘에 계신 하나님 아버지를 마음과 뜻과 힘을 다해 사랑함이 어떤 것인지를 몸소 새롭게 밝히며 보여 주셨고 우리에게는 그 길을 가신 예수님과 연합함으로써 마음과 뜻과 힘을 다한 하나님 사랑을 이루는 가능성이 열리게 되었다.

그러나 지금 우리의 문제는 무엇인가? 이렇게 길이 열렸음에도 불구하고 마음과 뜻과 힘을 다한 하나님 사랑을 삶의 현장에서 최우선의 관심거리로 붙잡는 사람이 없다는 사실이다.

옛것에 새로움을 입히려는 시도

신학의 언어 문제를 숙의하는 가운데 20세기의 교부라 불리는 칼 바르트(Karl Barth 1886-1968)는 다음의 구분을 명확히 했다.

'해석'이란 '다른 언어로 같은 것을 말하는 것'(Interpretieren heißt: in anderen Worten dasselbe sagen)인 반면, '설명'이란 '같은 것을 다른 언어로 말하는 것'(Illustrieren heißt: dasselbe in anderen Worten sagen)이라고.

이러한 정의를 '마음과 뜻과 힘을 다한 하나님 사랑'에 적용하여 풀이하면 이렇다.

'해석'의 경우는 수천 년 동안 세대를 관통하여 선민들의 유일한 관심의 대상이 되어야만 했던 하나님 사랑을 당면한 각각의 세대마다 달라진 동시대인들의 언어로 다시 말하는 것이다. 즉 마음과 뜻과 힘을 다한 하나님 사랑이라는 관심거리를 입고 있는 옛 언어로부터 꺼내어 새로운 시대의 다른 언어로 새롭게 옷 입혀서 당시의 시대 사람들에게 여전히 가장 높은 관심의 초점이 되게 하는 것이다.

'설명'의 경우는 당면한 각 세대 사람들이 하나님 사랑이라는 옛것과는 다른 자기들 시대의 관심거리를 가지고 있음을 전제한다. 그래서 마음과 뜻과 힘을 다한 하나님 사랑과 그 사랑에 관하여 사용된 성경의 옛 언어까지 동원하여 자기들의 관심거리를 돋보이게 하려는 노력이 곧 설명이라는 뜻이다. 하나님을 마음과 뜻과 힘을 다하여 사랑함을 핵심 가치로 하는 성경의 모든 언어가, 각각의 세대 사람들이 자기들 시대가 하나님 대신에 사랑하는 우선적인 관심거리를 돋보이게 하려고 동원하는 가능한 하나의 수단으로 전락하는 경우이다.

칼 바르트는 이러한 후자의 태도로 복음의 진리와 계시를 다루는 사람들에 대해, '교회 안에 있는 이단'이라고까지 강한 비난의 어조로 지적하였다.

마음과 뜻과 힘을 다한 하나님 사랑을 잊은 세대.

마음과 뜻과 힘을 다해 자기 자신과 이 세상 가치와 인생의 안정과 순탄함을 사랑하는 세대.

이러한 동시대 선민들의 모임은 이제 예수님 당시의 유대 종교처럼 무늬만 남은 교회로 전락한 상황이다. 이 교회를 위해 이 시대의 서기관의 한 사람으로서 예수님이 하셨듯이 그 옛것을 새로운 방식으로 곳간에서 꺼내 오기를 시도한다면, 그것은 과연 어떤 모습을 띠게 될 것인가? 3500년 전 모세를 통해서 선민에게 주셨고 2000년 전 예수님을 통해 새롭게 제시하신 '마음과 뜻과 힘을 다한 하나님 사랑'이라는 관심거리를 이 시대를 사는 사람들에게도 여전히 유효한 관심거리가 되게 하려면, 이 시대의 언어 중 어떤 단어를 선택해야 할 것인가?

이 점이 나 자신도 무척 궁금했었다.

그래서 선택한 언어가 바로 정직(正直)이다. 정직(正直)이라는 글자의 자형(字形)상의 의미를 따라 '마음과 뜻과 힘을 다한 하나님 사랑'을 삶에서 실천하기를 염두에 두고 해석하려 하였다. 그렇게 함으로써 건강이나 돈이나 승진이나 수적 성장이나 자녀의 형통 등을 마음과 뜻과 힘을 다하여 사랑하며 사는 이 시대 사람들의 삶의 현장에서 하나님을 마음과 뜻과 힘을 다한 사랑이 여전히 유효하고 의미 있는 일로 느껴지기를 바라는 것이다.

정직(正直)이라는 단어가 지니는 자형상의 의미를 따르자면, '마음과 뜻과 힘을 다한 하나님 사랑'은 실제 삶에서 오직 하나님께만 정(正)하고 직(直)할 때 이루어진다. 그래서 실제 삶의 현장에서 하나님께만 정(正)하고 직(直)함이 어떤 상태인가를 사진으로 찍듯이 그려 보려고 한다. 그러므로 이 책에서 이루어지는 시도는 마음과 뜻과 힘을 다한 하나님 사랑을 삶의 현장에서 실제로 세워 나가기 위한 일종의 설계도인 셈이다.

물론 염려는 된다. 이렇게 정직(正直)이라는 단어의 의미를 통하여 마음과 뜻과 힘을 다한 하나님 사랑을 실제 삶의 현장에서 살아 있는 관심거리가 되도록 하려는 시도가 너무 미약하고 보잘것없는 시도로 끝날지도 모르기 때문이다. 왜냐면 크고 첫째 되는 계명에 대한 무관심이 누군가가 새삼스럽게 맞서기에는 너무나 편만한 보편적인 현상이 되어 버렸기 때문이다. 대체 누가 보이지도 들리지도 않는 하나님을 매일의 생활 현장에서 마음을 다해 사랑하는 일에 관심을 가진다는 말인가?

새삼스럽다고 말하는 이유는 본래 본 책의 기본적인 내용은 이전에 한 번 책으로 나온 적이 있었기 때문이다. 마음과 뜻과 힘을 다한 하나님 사랑이 실제 삶의 현장에서 교인들의 의식으로부터 사라진 참담한 영적 상황을 보며 비판적으로 저술되었다. 예수님을 제대로 믿었다면 절대로 나타날 수 없는 현실을 보면서, 목사인데 예수는 안 믿고 있고, 교인인데 예수는 안 믿고 있는 이 괴이한 현상을 감추고 가리고 있는 베일을 벗겨 내어 우리 자신의 눈앞에 드러내고자 하였다.

이제 다시 한번 시도한다.

그러나 달라진 것이 있다면 잘못된 상황 자체에 지나치게 쏠렸던 마음의 시선을, 십자가에 못 박히신 그리스도 예수 안에서만 보이는 영광의 하늘 아버지 자신에게로 돌린다. 마음과 뜻과 힘을 다한 하나님 사랑, 이러한 사랑이 없는 상황 자체에 치중하여 썼던 바로 그 내용을 이제 삶에서 하나님 자신을 앙망하는 사랑의 상태를 바라보면서 다시 쓴다. 전에는 하나님을 사랑하지 않는 현재 세상 속 교인의 실제 상황에 치중하여 썼다면 이제는 세상 속에서 사는 교인이라면 하나님에 대해 마땅히 가져야 할 하나님을 향한 사랑 그 자체를 묘사함에 치중한다.

옛것이 반드시 새롭게 되어야 할 이유

마음과 뜻과 힘을 다한 하나님 사랑을 이 시대에 이렇게 집요하게 붙잡는 이유는 이렇다.

첫째는 구원의 확신을 바로 잡아야만 하기 때문이다. 우리는 예수님을 믿음으로써 구원을 얻었다고 확신한다. 그런데 그렇게 얻은 구원이 구체적으로 무엇인가? 죽어서 천국 갈 확신인가? 아니다. 바로 '마음과 뜻과 힘을 다한 하나님 사랑이 내게서 지금 유지되는 상태'이다. 내가 여전히 마음과 뜻과 힘을 다하여 하나님이 아닌 다른 대상을 사랑하고 있다면 그 상태가 여전히 죄 가운데 있는 것이며 그러므로 나는 아무리 구원의 확신이 남달라도 실제 전혀 죄와 멸망으로부터 구원받은 것이 아니다. 그렇다면 그 이유는 뭘까? 예수님을 제대로 믿는 것이 아님은 물론이고 아예 믿는 것이 무엇인지조차 모르고 있기 때문이다. 바로 이런 상태를 명확히 구분하자는 것이다.

둘째는 이렇게 마음과 뜻과 힘을 다해서 하나님을 사랑하고 싶은 마음이 간절하지 못하면, 예수님이 그리스도로서 십자가에 못 박히신 사건은 전혀 기쁨의 소식인 복음이 될 수가 없다. 왜냐면 예수님의 십자가 사건이 기쁨의 소식인 이유는 오직 단 하나, 우리가 마음과 뜻과 힘을 다해서 하나님만을 사랑할 수 있게 해 주는 유일한 길이기 때문이다. 십자가의 죽음과 부활과 승천과 보좌 우편에 이르는 일련의 그리스도 연쇄 사건들은 매일의 생활 현장에서 마음과 뜻과 힘을 다한 하나님 사랑이 간절한 소원인 마음에 대해서만 복음다운 실효성을 발휘하며 유용할 뿐이다.

바로 그러하기에 셋째는 십자가에 못 박히신 그리스도 예수님을 전하는 한편, 같은 각오와 비중을 두고 마음과 뜻과 힘을 다한 하나님 사랑에 대해서 나의 이웃인 교인들의 주의와 관심을 환기해야만 하기 때문이다. 하나님께 사랑을 받는 일과 하나님을 사랑하는 일은 균형을 잃으면 어느 다른 쪽도 반드시 소멸한다. 하나님께 사랑을 받는 일이 구원을 받는 것이라면 하나님을 사랑하는 일은 받은 구원을 이루는 일이다. 구원받음이 결혼식이라면 구원을 이룸은 결혼 생활과도 같다. 예수님을 믿어 구원을 받았으면 하나님을 사랑함으로써 구원을 이루어야만 한다.

"그러므로 나의 사랑하는 자들아 너희가 나 있을 때뿐 아니라 더욱 지금 나 없을 때에도 항상 복종하여 두렵고 떨림으로 너희 구원을 이루라"(빌2:12)

'어떻게'보다 '무엇이냐'를 우선하여

마음과 뜻과 힘을 다해서 하나님을 사랑하는 것은 다양한 생활 현장에서 오직 하나님께만 정(正)하고 직(直)한 것이다. 한 사람이 이렇게 다양한 생활 현장에서 하나님께만 정(正)하고 직(直)한 상태를 실제로 이루는 일은 오직 예수님 안에서만 가능하다. 즉 예수님이 그리스도로서 죽고 부활하시고 승천하시면서 보좌 우편에 도달하신 일련의 연쇄 과정을 우리 마음으로 중단 없이 따름으로써만 이루어질 수가 있다.

그러므로 마음과 뜻과 힘을 다한 하나님 사랑을 정직(正直)이라는 단어가 지니는 자형(字形)의 의미를 따라서 명확하고 선명하게 묘사하면 할수록 동시에 십자가에서 죽고 부활 승천하여 보좌 우편에 이르신 예수님의 그리스도 연쇄 과정을 따라감의 의미와 그 필요성 역시 더욱 명확하고 절실하게 느껴질 것이다.

즉 마음과 뜻과 힘을 다한 하나님 사랑, 이 크고 첫째 되는 계명을 삶의 현장에서 실제로 실천하기를 염두에 둘 때, 여기서는 우선 그것이 '무엇이냐?'에 초점을 맞추어 보자는 것이다. 왜냐면 '어떻게?'라는 문제는 사실 이미 '그리스도 연쇄 과정을 따름'이라는 답이 우리에게 주어져 있기 때문이다. 그리고 '무엇이냐?'라는 질문에 대한 답이 명확하게 되어야 이미 주어져 있는 '어떻게?'에 대한 답도 그 의미와 가치가 한층 더 깊고 새롭고 강렬하게 느껴질 수 있으리라고 기대해 본다.

하나님께만 정(正)하고 직(直)한 상태 그 자체를 묘사하는 일에 역점을 둠으로써 우리는 이제 그토록 고색창연한 옛것이 되어 버린 마음과 뜻과 힘을 다한 하나님 사랑을 지금 이 시대의 뜨거운 관심거리로 우리의 일상적 생활의 현장 속으로 가져오기 위한 여정을 시작한다.

언제쯤이면 한국과 온 세상의 삶의 현장에서 하나님께만 정직(正直)한 마음들이 충만함과 편만함을 이루게 될 수 있을까? 언제쯤이면 하나님을 마음과 뜻과 힘을 다하여 사랑하는 교인들이, 지구촌의 다양한 삶의 현장에서 소금과 빛으로서 여기저기 촘촘히 모습을 드러내, 진정한 단 하나뿐인 교회 모습이 세상에 뚜렷한 윤곽을 드러내는 경이로운 광경을 눈으로 볼 수 있게 될까?

1부

정(正)하고 직(直)함이 무엇인가?

I.
상황인식

마음에서 가장 가까운 사실(Fact), '하나님 있음'

정직은 거짓이 없음이다. 거짓은 해당하는 엄연한 사실을 마음이 회피함이다. 마음에서 그 엄연한 사실을 마치 없는 것처럼 취급하면서 말하고 행동하는 것이 바로 거짓이다.

'하나님의 있음'은 엄연한 사실(Fact)이다. 게다가 창조주이시기에 하나님의 있음은 피조물인 모든 인간 각자에게 해당하는 가장 원초적인 사실이다. 지금 지구 위에 살아 있는 모든 인간을 있게 하시고 머리털부터 발끝까지 조성하시고 세포 하나하나를 주관하시는 분이기에 각 사람에게 있어서 그 마음에 가장 가까운, 심지어는 마음에서 그 사람의 몸보다 더 가까운 곳에 하나님은 엄연히 있다. 즉 시공을 초월한 4차원 천국에 계시는 영이신 하나님은 언제나 어디서나 내 마음에서 보자면 3차원 물질세계의 그 어떤 대상보다 실제로 더 가까이에 계신다.

하나님께만 정(正)하고 직(直)함은 그러므로 '하나님이 있다'는 이 단순하고도 가장 가까이 있는 사실(Fact)을 마음이 지나치거나 회피함 없이 직면하는 것이다. 그리고 이처럼 살아 계신 하나님을 가장 우선적인 사실(Fact)로 인정하여 마음이 그 사실을 직면함으로써만 발생할 수 있는 상황과 내용에서 비롯되는 대로 생각하고 말하고 행동함이다.

믿음은 무엇인가?

그냥 하나님께 정(正)하고 직(直)함이다. 그런데 왜 '정직'이라고 하지 않고 '믿음'이라고 하나? 엄연한 사실(Fact)로 분명히 있는 하나님께서 눈에는 보이지 않기 때문이다. 믿음은 눈에 보이지 않는 하나님이 있다는 엄연한 사실을 마치 눈으로 보고 있기라도 하듯이 마음으로 반응하는 것이다.

즉 눈에는 보이지 않는 하나님에게 눈으로 보는 듯 정직함이 바로, 믿음이다.

다만 눈에 보이지 않는다는 이유로 하나님이 있다는 엄연한 사실(Fact)을 마음이 등지거나 우회하거나 회피한 상태에서 생각하지 말라. 말하지 말고 행동하지 말라. 가장 가까이에서 하나님 있음을 마음이 직면하지 않고 회피한 상태에서 하는 모든 생각과 말과 행동이 다 거짓이 된다. 엄연히 있는 첫 번째 사실이신 하나님께 정직하지 못한 결과 나오는 것들이기 때문이다.

"이 백성이 입술로는 나를 공경하되 마음은 내게서 멀도다"(마15:8)

하나님의 이름을 입술로 부르는 이스라엘 선민들의 마음이 자기에게서 가장 가까이 있는 조물주 하나님을 우회하여 지나쳐 버린 뒤 등진 채로 다른 피조물인 풍요나 다산 등에 밀착하여 삶을 사는 모습을 지적하시는 말씀이다.

사람들은 왜 거짓을 말할까?

대답부터 하자면 정직하기 때문이다. 아니 바로 앞에서 정직은 거짓이 없음이라고 하지 않았는가? 그렇다 분명히 정직은 거짓이 없음인데, 사람이 거짓말을 하는 이유는 바로 정직하기 때문이다. 정직하지 않는다면 거짓말을 하지 않는다. 정직하기 때문에 거짓을 말한다는 이러한 이율배반이 성립하는 근거로부터 우리의 이야기를 시작하여 보자.

우선 급한 대로 해명하자면 이렇다. 사람의 마음이 밀착하여 직면하여야 할 유일한 대상이 성경의 증언과 우리의 믿음 안에서는 하나님 한 분만으로 정하여진다. 그러면 다른 대상을 마음이 밀착하여 직면한 상태는 그 자체가 오류이고 그런 상태에서 나오는 모든 생각과 말과 행동은 다 거짓이다.

그러나 여기서는 사람의 마음이 하나님이 아니라도 무엇인가 다른 대상을 얼마든지 밀착하여 직면하고 있다는 실제 상황을 주목해 보자는 것이다.

말하자면 마음과 뜻과 힘을 다하여 하나님을 사랑하지 않음이 오류이고 거짓이나, 우선 우리는 여기서 사람은 하나님이 아니라도 얼마든지 다른 대상을 향하여 마음과 뜻과 힘을 다하여 사랑하고 있다는 사실을 부각할 것이다.

대상을 하나님으로 한정하지 않는다면 마음과 뜻과 힘을 다하여서 무엇인가를 사랑함 그 자체가 바로 정직함이기 때문이다. 그리고 정직함인 마음과 뜻과 힘을 다하여 사랑함은 누구나 다 하는 모든 인간의 공통적인 존재 방식이다. 다만 대상이 다를 뿐이다.

하나님을 그렇게 사랑하면 하나님께 정직함이고 다른 대상을 그렇게 사랑하면 그 대상에 정직함이다. 마음과 뜻과 힘을 다한 사랑을 함부로 아무 대상에게나 적용하면 안 된다. 그러나 실상은 이러한 사랑을 사람들이, 특별히 하나님을 믿는다는 사람들도 마찬가지로 아무 대상에나 마구 적용하고 있음이 실제 상황이다.

바로 이런 상황 인식으로부터 본 저서에 대한 구상이 나온 것이다. 그래서 마음과 뜻과 힘을 다한 사랑을 본래 대상이신 하나님에게 되돌려 드리려는 시도를 감행한다.

그러기 위해서 집어 든 단어가 바로 정직(正直)이다. 정직이라는 말 속에는 이러한 일을 감히 시도해 보게 하는 수학 공식 같은 논리가 들어 있기 때문이다. 바로 이러한 정직의 논리를 따라 대답하자면, 여전히 이상하게 들릴지 모르지만, 사람들이 거짓을 말하는 이유는 정직하기 때문이라고 할 수 있다는 것이다. 이렇게 대답할 수밖에 없도록 하는 것이 바로 정(正)과 직(直)이라는 단어가 자체 안에 지니는 자형(字形)상의 논리적 틀이다. 그 논리의 틀을 여기서 잠깐 소개하면 다음과 같다.

정직(正直)의 정(正)은 마음이 어느 하나의 대상(一)에 머무는(止) 상태를 말한다. 그리고 직(直)은 그렇게 머무는 대상이 온전함(十)에 이르도록 눈을(目) 떼지 않고 숨어서(ㄴ) 감시하는 마음으로 애를 쓴다는 뜻이다.

무엇에 정직하냐에 차이가 있을 뿐 이러한 형식적인 의미의 '정직'(正直)이라는 상태는 모든 인간에게서 항상 작동되고 있다. 마치 무엇을 생각하느냐에서 차이가 벌어질 뿐 '생각'이라는 인격적 기능 자체는 모든 사람에게 주어져 있는 것과 같다.

이처럼 형식적인 의미의 정직이라는 이 하나의 공통점이 이유가 되어 사람들은 참뿐 아니라 거짓을 말하기도 하고 행하게 되기도 한다. 거짓은 감추며 가리는 것이다. 엄연한 사실을 가리고 덮어 버리는 것이다. 그런데 이 거짓 역시 참다운 말과 행동을 할 때와 마찬가지로 바로 정직함에서 비롯된다고 하니 아직은 너무 낯설고 어색하여 얼른 이해하기가 어려운 줄 안다. 그러나 분명한 사실은 '정직'이라는 말이 담고 있는 논리적 측면을 따라 말하자면, 참도 정직하기 때문이고 거짓도 정직하기 때문이다.

여기서는 우선 단지 '정직의 논리'를 기준 삼을 때만 믿음의 참과 거짓이 분명히 구분될 수 있다는 사실을 기억하는 것으로 만족하고 일단 넘어가자.

참과 거짓의 구분, 정직의 논리를 따라
우리가 이 책에서 "어느 하나(一)에 마음이 머물러(止) 그것이 온전한(十) 상태에 이르도록 눈(目)을 떼지 않고 숨어서(ㄴ) 지키듯 한다."라는 정직(正直)의 자형(字形)상의 논리를 통해 참신앙과 거짓 신앙을 구분해 보려는 시도를 마음먹는 이유는 다음과 같다.

첫째, 우리 자신을 '정직(正直)하게' 볼 수 있기 전까지는 결코 우리 신앙의 참과 거짓 여부를 깨닫는 자리에까지 도달할 수 없을 것이기 때문이다.

여기서 '정직하게'라는 말은 '솔직하게'라는 태도를 일컬을 뿐 아니라 '정직이 자체 안에 지닌 논리를 따라서'라는 뜻을 포함하여 신앙의 진위를 가리기 위한 기준을 제공해 주고 있다.

따라서 이 책은 어느 누가 타인을 향하여 참됨과 거짓됨을 지적하기 위해서 집필된 것이 아니다. 단지 가치 중립적인 정직의 논리 앞에 너 나 할 것 없이 우리 모두 자신의 신앙 상태를 세워 놓고 들여다보자는 의도에서 집필하게 되었다. 어쩔 수 없이 지적하는 듯한 어조가 생긴다면 그것은 책을 집필하는 나 자신이 아니라 정직의 논리 자체가 나를 포함하는 우리 모두를 향하여 수행하는 고발일 뿐이다.

둘째, 주님께서 우리에게 말씀하신 크고 첫째 되는 계명과 정직의 논리는 온전히 포개어질 수 있기 때문이다.

교회 신앙의 핵심 내용인 복음 사건의 궁극적 목적이 바로 마음과 뜻과 힘을 다한 하나님 사랑이다. 그런데 이렇게 하나님을 사랑함은 결국 하나님에 대한 정직함과 전혀 다르지 않다. 하나님이라는 한 대상(一)에 마음이 머물게(止) 되므로 사랑과 기쁨과 감사에 충만한 상태가 되어 그분과의 친밀함이 온전히(十) 이루어지도록 눈을(目) 떼지 않고 숨어서(ㄴ) 감시하듯 하는 일에 온 생애를 다 드리는 것이 곧, 참신앙인의 모습이기 때문이다.

결국에 이렇게 정직의 논리를 통해 신앙의 참과 거짓을 구별하려는 이 모든 작업은 교인에게 주어진 크고 첫째 되는 계명의 실효성을 오늘날의 교인들에게 설득하고 재천명하기 위한 하나의 해석학적인 시도가 될 것이다.

셋째, 정직의 논리를 청진기 삼아 우리는 비교적 정확하게 우리의 마음으로 지금 머물러(止) 있는 그 하나의 대상(一)이 무엇인지를 진단해 낼 수 있기 때문이다.

이렇게 진단한 결과 만일 우리의 마음이 머무는(止) 그 하나(一)가 십자가 사건을 통해 계시되고 만나게 되는 아버지 하나님이 아닐 경우 우리는 이미, 혹은 아직 진정한 교회의 참믿음의 사람이 아니라는 진단을 내려야만 할 것이다. 이제 벌써 많이 늦은 감이 있지만 더는 미루지 말고 교회는 '교회 안에' 들어와 있는 전혀 교회 신앙 외적인 이질적이고 이교적인 신앙을 들추어내고 가려내야만 한다.

교회 내의 영적 혼란

항간에 자주 듣는 "교인들이 부정직하다"라는 말은 엄밀히 생각하면 적절한 표현이 아니다.

어느 하나(一)에 마음이 머물러(止) 있으면서 그것의 온전함(十)을 위하여 눈(目)을 떼지 않고 숨어서(ㄴ) 지키듯 노력한다는 '정직의 논리'로 볼 때 부정직이란 성립할 수 없다.

이 역시 낯설게 들릴지 모르겠으나 마음이 머무는(止) 그 하나(一)의 대상이 무엇이냐에 따라 '다른 정직'이 있을 뿐이다.

예를 들어 교인이라 하는 탈세자가 있다 하자. 이럴 때 그가 탈세하는 이유는 그의 인격이 부정직하기 때문은 절대 아니다. 오히려 돈을 하나(一)로 삼아 마음이 머무는(止) 정(正)하며 직(直)함이 온전히 가동 중이기 때문에 탈세도 하는 것이다. 하나님 대신 돈에 정직한 상태에서 탈세 행위는 나온다. 탈세는 돈을 위한 정직함의 순교적 각오의 산물이다.

그래서 '부정직한 교인'이라는 말보다 '다르게 정직한 비교인'이라는 쪽이 더 타당한 표현이라는 생각이다. '부정직한 교인'과 '다르게 정직한 비교인'의 차이는 참으로 엄청나다.

우리가 보통 '부정직한 교인'이라고 말을 할 때는, 사람 자체는 교인인 것이 분명한데 정직이라는 인격적 덕목 하나에 있어서만큼은 문제가 있다는 뜻을 포함하고 있다. 정직의 덕목에서는 약간 문제가 있긴 하지만 여전히 믿는 사람이라는 뜻이다. 그러나 정직의 논리에 의하면 이러한 뜻의 믿음이란 성립할 수 없다는 것이다.

그는 '부정직한 사람'이 아니라 '다른 정직의 사람'이다. 비록 아직 교인이라고 불리고는 있지만 실은 참교인과는 완전히 종자가 다른 믿음 외적 인격의 사람이라는 말이 된다. 쉽게 말해서 하나님을 믿지 않고 돈을 믿는 사람이라는 뜻이다.

우리는 이처럼 전혀 그 종자 자체가 교회의 참신앙인이 아닌 사람을 이런저런 윤리적 결함이 있기는 하지만 근본적으로는 신앙인이라고 간

주해 버린다.

다시 말하면 전혀 교회 신앙과는 다른 종자(種子)의 사람을 '부정직'이라는 말로 묘사함으로써 그 사람의 영적인 종자와 뿌리의 이질성을 교회 내에서 오히려 감추며 덮어 버리고 만다는 것이다. 바로 이런 유(類)의 오류에서 현재 한국 교회 아니 전 세계 교회 내의 영적인 참과 거짓의 모든 혼합과 혼란이 야기되고 있는 것이 아닌가 생각된다.

우리의 용어가 바뀌어야 한다.

정직과 부정직을 따지지 말고 정직의 논리를 따라 '무엇에 정직한 자인가'를 물어야 할 때가 되었다. 왜냐면 정직의 논리대로 보자면 정직하지 않는 사람이 없기 때문이다.

'어느 하나(一)에 마음이 머물러(止) 있으면서 그것의 온전함(十)을 위하여 눈(目)을 떼지 않고 숨어서(ㄴ) 지키듯 노력한다는' 정직의 논리는 모든 사람 속에서 언제 어디서나 완전 가동 중이다. 문제는 어떤 대상에 대해 정직한가 하는 점이다.

그래서 하나님이 아닌 다른 대상에 마음이 머무는 정직함이 분명해진다면 아무리 힘들고 고통이 따르더라도 유보 없이 선언할 수 있어야 한다. 다른 정직이고 예수님을 믿는 신앙이 아니라는 사실을.

현재 교회가 직면하고 있는 문제의 핵심은 극상품 포도나무가 극상품의 수준에 미치지 못하는 부실한 열매를 맺었다는 사실에 있는 것이 아니다. 오히려 아예 종자가 전혀 다른 들포도 열매를 맺고 있다는 점이다. 전도나 순종 그리고 헌신과 충성 사회적 책임 또는 소위 윤리적 의미에서 말하는 정직(正直) 등에서 미흡한 점이 있는 '부족한 신앙'이 아니라, 아예 '다른 신앙'이 되어 버린 것이다. 이렇게 종자와 뿌리 자체가 바뀌었음을 깨닫지도 인정하지도 않고, 계속 여기 예로써 열거

되었듯이 겉으로 드러난 열매들만을 문제 삼는 것은 그 자체가 어떠한 변화도 기대할 수 없는 절망이다.

정말로 '부족한 신앙'이 그리울 판국이다. 교회는 '다른 신앙'의 집단이 되어 가고 있기 때문이다.

이처럼 겉으로 드러난 말과 행동 이면의 심층부에서 지금 진행되고 있는 마음의 정직함이 도대체 어떤 대상을 하나(一)로 삼아 마음이 머물러(止) 있는 상태인가를 자가 진단하여 우리 자신이 참신앙인인지 아니면 다른 신앙인인지 확인하는 일에 이 책이 도움이 되기를 바란다.

그래서 나는 이 책이 독서의 망중한 대신 자기 자신을 상대로 치러야 할 하나의 전쟁터를 제공하게 되길 바란다.

언제부터인가 교회 안에 은밀히 들어와서 이제는 편만한 세력을 확보하여 교회 안에서 버젓이 활보하고 있는 하나님이 아닌 다른 대상을 향한 '다른 정직'과 하나님이 아닌 다른 대상을 향한 '다른 신앙'을 우리가 함께 적발해 내고 싸워 몰아내는 일에 조금이라도 이바지할 수 있기를 기도하면서 말이다.

II.
탈세자도 역시 정직하다

여기서 우리는 '정직(正直)의 논리'를 통해 우리 자신들의 신앙의 참과 거짓을 밝히려 한다. 그렇다면 도대체 '정직'이 무엇인가? 검을 모르는 검객이 있을 수 없고 청진기를 사용할 수 없는 의사는 있을 수 없다. '정직'이 무엇인지를 모르면서 어떻게 어떤 사물을 '정직하게' 보고 바른 인식에 도달할 수 있단 말인가?

정직이 도대체 뭐지?

정직이 지니는 자체 논리를 따라 말하자면 '탈세자도 역시 정직하다'. 부패와 부정직의 행위 중 대표적 선두 주자 격인 '탈세'를 예로 들어 '정직'과 긍정문 안에서 연합시킨다는 것이 얼마나 반역적이고 위험한 일인가?

그러나 한편 생각하면 무슨 걱정이랴? '탈세자도 역시 정직하다'라는 말은 탈세자 자신이 접해도 정신 나간 헛소리라고 여길 것이 틀림없을 텐데 말이다. 정말이지 이 말을 듣고 설마 착실한 납세자가 자존심 상해하거나 의분을 이기지 못해 화를 낸다든가 아니면 반대의 경우, 자기 정당화의 궁지에 몰린 어느 탈세자가 지푸라기 잡는 심정으로 '그래, 맞아'라고 말할 경우조차도 기대할 필요가 없을 것이다. 오히려 탈세자조차 자신을 비꼬는 말이라고 역정을 내며 그런 말 하는 자를 미친 사람이라고 몰아붙여도 아무도 욕할 사람 없다.

그러나 황당하게도 이 책은 여기서 우선 '탈세자도 역시 정직하다'라는—정말 불을 보듯 확연한 모순을 안고 있는—명제가 성립 가능하다는 동의를 얻어 내는 것을 첫 번째 목표로 삼고 있다. 물론 터무니없어 보이는 그러한 시도를 우선적인 과제로 삼는 궁극적 의도는—언급할 필요도 없지만—탈세로 대표되는 부패의 행위들에 정당성을 부여하여 조장하자는 데 있는 것이 아니라, '정직'을 바로 알자는 데 있다.

다시 말하면 상식적이고 윤리적인 정직의 필요성을 절감하고, 정직을 주장하며, 정직한 사회인이나 정직한 교인이 되기 위해 앞으로 달려가기 전에, 숨을 돌리고 멈추어 서서 한번 우리 자신에게 이렇게 물어보자는 것이다. '그런데 정직이 도대체 뭐지?' 혹은 '정직하게 자신에게 물어볼 때, 우리는 과연 정직하게 무엇인가를 볼 수 있기나 한 사람들일까?' 정직함 자체는 이미 다 알고 있기에 이제는 결단하고 실천적으로 행동에 옮기기만 하면 되는 것일까? 정직함이 무엇인가에 대한 깨달음이 모자라서 정직하지 못한 것이 아니라, 단지 실천 의지의 결여가 문제일 뿐인가? 정말 그런가?

상식적이고 윤리적인 정직에 대한 효용성의 주장은 차고 넘친다. '정직이 세일즈 전략의 알파요 오메가다', '정직한 기업이 성공한다', '정직은 효율을 높여 경쟁력을 만드는 첫걸음이다', '정직이 후진국에서 선진국으로 넘어가는 관문이다', '정직한 자는 후일을 기약할 수 있다', '정직만이 최후의 승리를 보장한다', '나는 정직한 자의 형통을 믿는다.'

이토록 매혹적인 많은 실증적 확약들의 범람에도 불구하고 우리가 상식적으로 생각하는 윤리적인 차원의 정직함이 왜 그렇게 어려울까? 이런 질문에 대해서 사람들이 전혀 생각하지 못하는 것이 있다. 그러한 윤리적인 정직이 이루어지지 않고 있는 이유가 모름지기 정직 자체에 대한 무지 때문일 수 있다는 사실이다. 흔히들 생각하듯이 예컨대 누구나 다 잘 알고 있는 정직함을 실제로 생활 현장에서 행할 때 눈앞에 다가올 당장의 손해 같은 장애물 등이 정직하기를 어렵게 하는 것이 아니라는 말씀이다. 만일 이러한 근원적인 정직 자체에 대한 무지함을 눈치채지 못하고 있다면 우리들의 정직에 관한 관심과 헌신은 참으로 공허한 것이 되어 버릴 수도 있지 않겠는가?

비밀을 말하자면 이렇다. 상식적이고 윤리적인 정직이 이루어지지 않는 이유는 바로 정직하기 때문이다. 정직의 논리대로 보자면 모두가 정직하기 때문에 상식적이고 윤리적인 정직함이 그토록 어려운 것이다. 그런데 이런 비밀이 모든 사람에게서 철저히 가려져 있다.

돌다리도 두드려 보고 건너라는 권면의 말처럼, 쓸데없어 보일지도 모르지만, 이즈음에서 정직 자체에 대해 정직하게 물을 수 있다면 혹시 정직을 향한 우리의 바람에 조그마한 진보라도 이룰 수 있지 않을까 하는 생각이 든다.

이것을 위해 위에서 언급했듯이 첫 번째 목표 지점을 향해 가야 하겠다. '탈세자도 역시 정직하다'라는 말이 모순 없이 들리는 국면까지 도달하는 과정을 통과한 뒤에야 우리는 비로소 '정직'이 무엇인지를 알고 그래야 '정직하게' 교회의 영적 현실을 바라보며 참신앙과 거짓 신앙을 가려내기 위한 본격적인 이야기를 시작할 수 있을 것 같기 때문이다.

불을 보듯 확연해 보이는 모순된 문장 속에 실은 모순이 없다는 깨달음에 도달해야 하는 만큼 다소간 길을 돌아가야 함이 불가피하다는 사실을 양해해 주시길 바란다.

'정직', 너무 쉽게 생각하지 말자

이와 같은 정직 자체에 대한 질문의 필요성은 이 단어에 대한 우리 교인들의 상식적이고 윤리적인 이해가 갖는 모호함과 한계에서 기인하기도 한다.

조선 후기 실학 사상가들의 공통된 관심은 알다시피 실사구시(實事求是) 정신의 구현이다. 그들은 사실에 근거하여 이치를 탐구한다는 기본 정신 아래, 삶을 체면, 위신, 명분, 관습에서보다 사실에서 출발하기를 원했다. 즉 삶의 참된 변화는 바른 현실감으로부터 시작될 수 있다는 것이 그들의 신념이었다.

여기서 삶의 변화를 가능하게 만드는 바른 현실감이란 당면한 상황에 대한 바른 이해와 분석을 포함하는 인식을 말한다. 그렇다면 이러한 바른 현실감이란 도대체 어떻게 생길 수 있는 것일까. 주어진 사실을 '정직하게 바라봄'을 통해 얻을 수 있다고 그들은 믿었다.

그러면 누구나 별다른 이의 없이 공감할 이러한 실학 사상가들의 요구대로 사실에 정직한 현실감이라는 기준을 가지고 구약 성경 민수기 14장에 나오는 이스라엘 백성들의 가나안 정탐 사건을 들여다보자. 열 지파의 대표들이 내놓은 정탐 보고의 내용을 요약하면 이렇다.

'정탐한 가나안 땅은 하나님의 말씀대로 젖과 꿀이 흐르는 땅이다. 그러나 그 땅에는 이미 거주민들이 있다. 그리고 그들은 용사요, 거인이요, 조직과 제도가 정비된 국가의 형태를 이루고 사는 선진국 사람들이다. 우리는 그들 앞에 서서 보면, 메뚜기와 같다.'

이처럼 그들은 가나안 땅의 형편을 사실대로 보았다. 그리고 분석한다. 가나안 거주민들의 군사 전력과 그에 비해 노예 생활 430년 뒤, 이제 아무런 대책도 없이 사막을 가로질러 가나안 경계에 도착한 오합

지졸 이스라엘의 군사력 사이엔 한번 겨뤄 볼 만큼 서로 대치되는 힘의 균형이란 아예 그림자조차 없던 상태였다. 그러므로 이스라엘이 섣불리 싸움을 걸었다간 사막에서 독수리 밥이 될 것이 불을 보듯 확실했다.

그러면 한번 물어보자. 실사구시(實事求是)의 정신으로 볼 때 이 정탐 보고 어디가 잘못되었는가? 특히 무엇이 부정직한가? 이제 이러한 현실감 넘치는 객관적인 보고에 근거해서 그에 대한 냉정한 판단과 대비책을 만들기만 하면—설령 그것이 출애굽에 대한 후회나 우회나 가나안 정복의 포기일지라도—정직한 태도는 완벽하게 표현될 수 있었다. 이렇게 완벽하게 정직한 보고서가 어디 있는가?

반면에 여호수아와 갈렙의 정탐 보고는 어떠한가? 자세히 들여다볼 필요도 없다. 사실에 정직하라는 실학 사상가들의 요청에 동조할 경우, 이보다 더 황당하고 터무니없는 보고는 없다.

'가나안 땅은 아름답다. 하나님이 약속하셨으니 이 땅은 우리 것이다. 그리고 그 땅 거주민들은 우리의 밥이다.'

실사구시의 기준으로 보기 위해 '하나님'의 부분은 편의상 잠시 제외해 보자. 그러면 이것은 더는 정탐 보고가 아니라, 일종의 허세에 가득 찬 선동이요, 철없는 만용이다. 이미 철병거를 보유할 만큼 철기 문화를 토대로 한 선진 문명을 꽃피우고, 국가조직을 완비하여 살던 문명인들이 도대체 어떤 사실 분석에 근거하여 오합지졸인 이스라엘의 '밥'이라고 파악되어 보고될 수 있다는 말인가? 이것은 실사구시의 정신을 거리낌 없이 받아들일 수 있는 현대인의 상식에 미루어 볼 때 생각할 가치도 없는 사기이며 헛소리다. 그러한 보고를 토대로 해선 현실에 합당한 어떠한 대비책이나 개선책도 나올 수가 없다.

그러면 결론은 이렇다. 실사구시의 정신에서 볼 경우, 사실에 충실한 정직한 보고는 성경 안에서는 불신앙이고, 사실과는 무관한 터무니없고 허황할 뿐 아니라 선동이요 사기 같아 보이는 정탐 보고는 신실한 믿음이 되어 버린다.

그렇다면 소위 '정직하게' 행위하기만 하면 되는 줄로 아는 우리 신앙인들의 정직에 대한 상식적인 이해나 태도는 지나치게 단순화되어 있고, 소박하며 막연하기까지 한 것은 아닐까? 더욱이 이러한 정탐 사건과 같은 예를 보더라도 정직에 대한 우리의 상식적이고 윤리적인 이해는 우리가 신앙을 위해 진행하는 방향과 거꾸로 진행되는 경우까지도 초래할 수 있다는 말이 아닌가? 쉽게 말해 막연히 아는 상식적인 수준에서 정직하다가는 신앙에 정면으로 역행하는 불신앙인이 되어 버리고 말 수도 있다는 것이다.

'정직의 논리'를 모르니까 사람들은 성경의 이 부분을 읽으면서 여호수아와 갈렙이 오직 하나님께만 정직하였고 그러므로 그들의 마음이 하나님을 직면한 상태를 먼저 유지하면서 그다음에 가나안 땅을 바라보고 있었다는 사실을 놓치게 되는 것이다.

반면에 열 명의 정탐꾼들은 하나님 대신에 오직 젖과 꿀이 흐르는 가나안 땅을 그 하나(一)로 삼아 마음이 머무르는(止) 전혀 다른 정직의 사람들이었고 그래서 가나안 주민이라는 방해물이 등장하자 그 앞에서 마음이 무릎을 꿇고 말아 버렸다. 반면에 바로 이 지점이 그 마음으로 가나안 땅보다 하나님을 더 먼저 직면하고 있던 여호수아와 갈렙에게는 전혀 문제될 것이 없었다.

상식적이고 윤리적인 차원에서 정직한 열 명의 정탐꾼들은 정직의 논리로 보자면 하나님께 정직하지 않았고 가나안 땅에 정직했던 반면, 상식적이고 윤리적인 차원에서는 정직하지 않았던 여호수아와 갈렙은 정직의 논리상 오직 하나님께만 정직하였다. 하나님 신앙과 관련된 맥락 안에서 '정직'을 둘러싸고 벌어지는 참으로 엄청나게 역설적인 이야기이다.

죄 사함과 정직의 딜레마

정직에 대한 상식적이고 윤리적인 이해의 한계는 여기서만 보이는 것이 아니다. 또한, 시편 32편의 구절을 생각해 보자. 이 시편은 하나님에 의해 이미 선택되었고, 이미 하나님을 믿고 있던 성군 다윗이 충신 우리야를 죽이고 그의 아내 밧세바를 탈취한 천인공노할 패륜적 범죄를 저지른 뒤에 쓴 참회시다. 초신자가 믿음의 사람이 되기 이전의 상태를 돌아보며 쓴 시가 아니라 정직함이 마땅한 덕목으로 기대되어야 하는 성숙한 신앙인의 고백이라는 말이다.

"허물의 사함을 얻고 그 죄의 가리움을 받은 자는 복이 있도다."

로마서에도 인용될 만큼 성서에서 아주 유명한 참회의 고백들 가운데 하나다.

이 문장에 나오는 단어들을 한번 보라.

'허물의 사함', '죄의 가리움'

윤리적인 정직이 요청되는 때와 자리마다 거의 같은 횟수로 빠짐없이 따라오는 단어가 바로 정확성과 투명성이다. 그런데 '허물의 사함'과 '죄의 가리움'이란 의미상으로 볼 때 '정확성'과 '투명성'에 정면으로 맞서는 개념이 아닌가? 더군다나 이 시편 구절은, 정직한 자가 형통하며 복을 얻게 된다는 통념이 소위 성서적이라고까지 주장하는 사람들이 가지고 있는 정직의 기준과는 그 표현이 너무 다르다. 허물과 죄가 무엇엔가 의해 가려져서 불투명하게 되어 보이지 않을 때 복이 있다고 말하고 있지 아니한가.

　복음 사건에서도 상식적이고 윤리적인 정직이 신앙의 내용과 충돌하는 듯 보이는 사정은 매한가지다.

　십자가로 나타나신 하나님 공의의 심판은, 의로우신 자신에 대한 하나님의 정직하심을 드러낸 사건일 뿐이다. 반면 '의롭다 여김을 받아서' 한 사람의 교인이 된다는 자체가 애당초 엄청난 죄악의 가리움을 통해서만 가능하기에 교인 됨은 애당초 윤리적인 차원에서의 정직한 판단 위에 서 있는 것이 아니고, 서 있을 수도 없는 것이다.

　내가 자신의 죄적 현실에 대해 윤리적으로 정직했고, 심판이 그에 따라 정확하게 이루어졌다면 나는 이미 형벌받아 죽어 없어졌어야 마땅하다. 우리가 진정 은총 아래 사는 양심 있는 신앙인이라면, 실제 삶의 영역에서 사실에 어긋나지 않도록 윤리적인 차원에서 거짓 없이 행동한 몇 가지 기억을 근거로 정직하자고 외쳐대며, 누구를 향해 정직 여부를 따지고 들이댈 처지가 아니라는 말이다. 윤리적인 정직은 십자가 복음 안에서 죄가 가리어지는 은총을 입고 있는 사람이 절대로 입 밖으로 내어 말할 수 없는 내용이다.

　소위 부정직한 한국 사회 개혁을 위한 한 포럼에서 참석자 중 한 사람이 한국 사회의 부정직을 조장하는 요소 중 하나로 "우리 사회는 거짓말도 잘하고 용서도 잘한다."라며 문화적 풍토를 꼬집는 것을 보았다.

　용서, 사함, 덮음이라는 교회 복음의 핵심적 특성을 드러내는 단어들이 정직, 투명, 정확, 정의 등의 단어들과는 완전히 대립하고 있는 듯이 보이는 점, 이도 역시 정직을 실천하느냐 마느냐의 결단 이전에 먼저 직접 간접으로 밝혀져야 할 문제가 아닌지 모르겠다.

신앙인의 정직과 불신앙인의 정직

　마지막으로 또한 불분명한 것은 불신앙인에게 있어서의 정직과 신앙인에게 있어서의 정직은 어떤 관계인가 하는 점이다. 일반인들이 말하는 정직을 비껴가지 않고, 넘어서서 초월해야 하는 것이 신앙적 정직인가? 불신앙인과 신앙인 모두에게 정직은 그 의미의 차이 없이 공통된 것인가?

　한번 우리 스스로 물어보자. 예수 안 믿는 모범적인 일반인들이 이루어 낸 바로 그 정직을 우리 교인도 원하고 있는 것인가? 예를 들어서 일본의 경우 개별적으로 만나 보면 우리나라 국민보다 보편적으로 더 정직하다는 말을 참 많이 들었다. 그러면 예수님 믿는 사람이 인구의 1%가 안 되는 국가인 일본 사회 내부에서 드러나는 그 정직이, 교인인 우리가 원하는 그 정직과 같은 것인가? 그렇다면, 정직이라는 영역에서만은 예외적으로 전적 타락의 존재인 자연인이 능히 자기의 행위로 도달할 수 있는 합격점이라도 있다는 것인가? 그런데 단지 마음을 안 먹어서, 스스로 결단하지 않아서 부정직의 늪을 못 벗어나고 있다는 것인가? 정말 나는 내 힘으로 윤리적인 차원의 '정직'이라는 것을 이루어 낼 수 있는가? 일본 열도에 살고 있는 대다수 예수 없는 우리의 이웃 나라 백성들처럼 말이다.

　기차가 대전역에 잠시 정차 후 부산을 향해 출발하여 달려가고 있다 하자. 나는 대전역에서 내렸어야 했으나 기회를 놓쳤다. 안타까운 마음으로 기차의 앞 칸에서 뒤 칸으로 옮겨 갔다. 그러면 나는 대전에 가까이 다가온 것인가? 아니다. 부산을 향해 달리고 있는 기차 안에서 뒤로 칸을 옮기는 것으로는 절대 대전에 가까워질 수 없다.

　이처럼 내가 이미 시작하고, 그래서 지금 달리고 있는 내 삶의 기차,

내 존재의 기차는 이미 참정직의 역을 떠나 달리고 있는데, 칸을 앞에서 뒤로 바꾸듯 말과 행위 한둘을 바꿈으로 정직에 가까워지려 꾀하는 것이나 아니면 가까워지는 것이라고 믿는 것이, 혹시 지금 우리가 상식적으로 생각하는 정직을 위한 노력의 실체는 아닐지 궁금하고 또한 두렵기까지 하다.

세상 물정 모르는 가출 소녀들을 매춘부로 전락시켜 등쳐 먹으며, 청소년들에게 마약을 팔아 이득을 챙기는 검은 조직이 있다 하자. 이 조직 안 최일선에서 수금하는 행동대원으로 일하는 조직원이 수금한 돈을 보스에게 한 푼도 어김없이 다 바쳤다고 하면, 이 사람은 그 조직 내에서 정직한 자다. 그러나 그 조직 전체가 이미 정직의 자리를 떠나 멀리 질주하고 있는 기차라면 사정은 어떠한가?

또한, 사도 바울은 예수님 만나기 전 사울 시절에 바리새인들과 유대인들 간에 통용되는 기준에 근거해서 볼 때 한마디로 최고였다. 그러나 신약 성경 곳곳에 나타나는 예수님의 판단에 의하면 이미 바리새인이라는 전체 집단의 기차가 바른 신앙의 자리를 벗어나 질주하고 있지 않았던가? 그러면 바울 사도에게 있어서 믿음의 전향 이전과 이후, 어느 것이 그의 정직이냐.

정직하기를 절대로 포기해서도 안 되지만 정직하자고 함부로 나대고 외쳐댈 일도 아니다.

'정직'에 대한 이해의 출발점 '正', '直'

"하나님을 마음과 뜻과 힘을 다하여 사랑한다."라는 크고 첫째 되는 계명을 삶에서 실천하는 일은 하나님께만 정직한 상태로 사는 것이라는 사실이 제목에서부터 제시된 전제이다. 여기서 말하는 '정직'은 윤리적이고 상식적인 이해가 아니라 정직(正直)이라는 단어의 자형(字形)적인 의미에 포함된 '정직의 논리'를 가리킨다. 이 '정직의 논리'를 기준으로 우리 신앙의 참과 거짓을 분별하여 가려내고 마음과 뜻과 힘을 다하는 하나님 사랑을 제대로 그림 그려 보려고 한다. 그러려면 선결 과제로 정직의 문제를, 그야말로 가능한 한 정직하게 접근해야 하겠기에 이제까지 우리는 몇몇 질문을 우리 자신에게 던져 보았다. 다시 말해 우리는 '정직'을 모른다는 점을 인정하면 길이 열릴지도 모른다는 기대감으로 인해서 이런저런 질문을 해 본 것이다.

어쨌든 '정직'이라는 단어의 개념이 우리에게 분명하지 않다면 정직함에 대한 요청이나 정직하게 우리의 영적 처지를 살피려는 노력은 참으로 막연한 몸부림이 되어 버릴 수밖에 없지 않겠는가.

그래서 의문 가능한 모든 불분명한 부분을 다 떼어 내고 정직의 문제를 가장 확실하게 시작하려면 우리에게 남는 것이라고는 아마 정(正)과 직(直)이라는 글자 자체밖에는 없을지도 모르겠다.

그러나 그나마 다행이지 않은가? 사적인 경험, 지식, 선입견, 태어나 성장한 삶의 배경과 문화 그리고 현재 놓인 입장의 차이 등에 의해 채색되고 굴절되어 비곗덩어리로 덮여 버린 것 같은 두루뭉술하고 모호한 정직의 통상적인 개념을 신뢰할 수 없다면, 그래도 가장 확실하고 올바른 출발점으로서, 살과 비계를 저며 낸 뒤에 남는 뼈다귀 같은 정(正)과 직(直)이라는 글자 자체보다 더 나은 것이 없을 것이기 때문이다. 다시 말해 정직(正直)이라는 단어의 글자 자체 안에 숨어 있는 논리를 밝은 빛 아래 드러내어 그것을 출발점으로 삼아 보자는 것이다.

그러나 아무리 그렇다고 해도 여전히 불안하다. 그 정직(正直)이라는 글자 안에 들어 있는 자형의 의미가 신앙적 맥락에서도 역시 타당성을 지닐 수 있는 것인가 해서 말이다. 그러므로 논의가 진행되는 가운데 제한적이나마 구약 성서의 욥기에 나오는 '정직', 히브리어 '야샤르'의 의미를 살펴보려 한다.

이렇게 함으로써 우리가 성서적 맥락에서의 '야샤르'와 정직(正直)의 자형상의 논리 사이에서 그 합치점을 확인할 수 있다면 조금 더 논의의 근거가 확실해지지 않겠나 하는 생각이 든다.

이 출발점에서 첫발을 떼기 위하여 이렇게 질문하며 시작해 보자.

왜 사람들은 그 어떤 행위를, 혹은 그 무엇인가를 하필이면 '정직'(正直)이라는, 아니면 '야샤르'라는 글자로 표현하였을까?

나팔이 있고서야 나팔 소리가 있을 수 있다. 존재가 있고서야 이름이 따라온다. '정직'이라는 이름에 앞서 그 말이 일컫는 어떤 내용이나 상황이 있었을 것이다. 그 내용을 찾아야 한다.

이처럼 그 탐색과 수색의 길을 우리가 손에 쥐고 있는 뼈다귀 같은 글자에서 시작해 보자 하니 생각이 난다. 고고학자들은 화석의 뼛조각을 모아 짜 맞추면서 공룡의 모양을 복원해 내지 않았던가. 우리도 마찬가지의 작업을 시도해 보자는 것이다.

실제는 두루뭉술하고 막연한, 그러나 상식적으로 이미 다 알고 있다고 생각했고, 단지 문제는 행하지를 않음에 있다고 믿고 있던 우리의 의심스러운 '정직'이라는 단어에 대한 기존의 이해를 제로(0) 상태로 돌려 버리자. 그리고 가장 확실한 근거로서의 뼛조각 같은 글자 자체를 맞추어 봄을 통해 '정직의 논리'가 공룡의 참모습이 드러나듯 저절로 그 모습을 드러내기를 기대해 본다. 그래야 '정직하게' 교인이라는 사람들에게서 신앙의 참과 거짓 여부를 볼 수 있을 테니까. 그래야 하나님께만 정직함으로써 실제 삶의 현장에서 마음과 뜻과 힘을 다하여

1부. 정(正)하고 직(直)함이 무엇인가? **45**

하나님을 사랑할 수 있을 것이니까.

마음잡지 않고 어떻게 사나?

그냥 똑바른, 그러나 길지 않은 막대기 다섯 개를 기하학적으로 짜임새 있게 조합해 놓은 듯한 한자어 '正' 자는 어떤 뜻을 그 속에 담고 있기에 지금 같은 모양이 되지 않으면 안 되었을까?

이 글자는 한 일(一) 자와 멈출 지(止) 두 자가 합쳐져서 이루어졌단다. 즉 마음이 어떤 하나(一)에 머문다는 것이다. 그러므로 정(正)은 그 하나(一)가 무엇인지는 모르겠으나 하여간 그 어느 하나(一) 앞에서, 그것이 마음에 애착이 되고, 선이 되고, 한계가 되고, 장애가 되고, 벽이 되고, 얽매임이 되어 그것을 넘어 다른 무엇으로 가지 못하고 멈춘(止) 모습이다.

그 하나(一)를 지나쳐서 다른 무엇에게로 마음이 넘어갈 수 없는 상태를 표현하는 글자가 바로 정(正) 자라고 하고 보니 이해가 된다. '마음잡았다'라는 표현이 무엇인가? 바로 어떤 하나에 마음이 머물게 된 상태를 말함이 아닌가.

예를 들어 학생이 마음잡았다 하면 공부라는 과제 하나에 마음이 다 머물게 되었다는 뜻일 것이며, 바람둥이가 이제 마음을 잡았다 하면 집적거리던 여러 여자 중에 한 여자에게 마음이 머물게 되었다는 뜻이 아니겠는가? 기업 경영 방식의 여러 가능성 중 선택을 하지 못해 고민하던 기업인이 마음을 잡았다 하면 또한 그 여러 가지 중 어느 하나에 마음을 두기로 확정했다는 뜻일 것이다.

그러므로 정(正) 자는 떠돌아 헤매던 자기의 마음을 어느 하나의 대상에 멈추어 세운 상태를 뜻하는 것이다.

그러면 이 하나(一)는 도대체 무엇일까? 마음의 쉴 틈 없이 바쁜 걸음걸이에 더는 지나쳐 갈 수 없는 애착이 되고, 장애가 되고, 한계가 되고, 넘을 수 없는 산이 되고 얽매임이 되어 마음을 머물도록(止) 붙잡는 이 하나가 대체 무엇인가?

위에서 예를 들 때 언급했듯이 공부도, 여자도, 경영 방법도 될 수 있다. 마음이 더는 다른 것을 향해 가지 못하고 머물게 되는, 또 머물 수 있는(止) 모든 대상이 이 하나에 해당하지 않겠는가? 내 몸과 외모, 건강, 명예, 돈, 지식, 친구, 애인, 자녀, 부모, 평화, 명품 아파트, 명품 자동차, 명품 옷과 백과 신발 등등. 모든 대상이—인격적이든 비인격적이든, 또한 구체적이든 추상적이든, 크든 작든—다 이 하나(一)가 될 수 있다. 모든 사람의 마음은 하나(一)에 머물지(止) 않는 한 잡히지 않고 떠돌아다닌다. 그래서 마음잡지 못했다고도 하지만 마음이 '붕 떠 있다'라고도 말한다.

그리고 보면 정(正)은 단순히 정직이라는 행위에 대해서 뿐 아니라 인간 삶을 위한 마음의 기본자세를 가리키는, 혹은 마음가짐의 기본 형식을 뜻하는 글자라고 여겨진다. 마음이 어느 하나에, 그 하나가 무엇이든 간에, 잡혀서 머물지 않고 붕 떠 있는 상태로는 삶의 일상을 실질적으로 살아 낼 수가 없다.

모든 사람의 삶은 매 순간순간 지금 마음 붙이고 있는(止) 어떠한 하나(一)에서부터 시작될 수밖에 없는 것이다. 그래서 이 정(正)이라는 글자는 그 의미가 고색창연한 크고 첫째 되는 계명을 우리의 실제 삶으로 불러 내오는 기능을 가진다. 즉 하나님을 그 하나(一)로 하여 마음 붙이고(止) 시작하는 삶을 가리키기에 정(正) 자보다 더 적절한 글자가 없다는 뜻이다.

물론 이 하나(一)는 믿음의 사람이 아닌 경우에는 영구히 고정된 것일 필요는 없다. 나이와 상황과 환경에 따라 친구나 애인이었다가 돈으로, 돈이었다가 일로 바뀌고, 일에서 명예로, 명예에서 건강으로도 바뀔 수 있을 것이다. 그러나 어쨌든 그 하나(一)가 무엇이든지 삶은 실제로 언제나 정(正)의 상태에서 진행될 수밖에 없다. 이런 정(正)이라는 글자가 지니는 뜻을 염두에 두면서 좀 더 깊이 정직의 문제를 들여다보면 좋겠다.

양귀비에 빠졌던 현종은 정(正)한 황제였나?

중국 역사에서 당나라 제2대 황제 태종 이세민의 탁월한 치적을 '정관(貞觀)의 치(治)'라고 이름하여 태평성세의 본으로 삼고 있는 것은 잘 알려진 바이다.

이에 필적할 만한 통치 역량을 발휘한 왕이 바로 현종이요, 그래서 그의 치적을 '개원(開元)의 치(治)'라 하여 '정관의 치'에 비교한다. 당나라 역사에서 가장 화려한 이 시대에, 수도인 장안(長安)은 세계 굴지의 도시요, 동아시아의 중심 도시로 부상한다. 이백(李伯) 두보(杜甫) 같은 시인이나 왕유(王維) 같은 화가들을 배출한 중국 고대 문화의 전성기가 현종의 치세 아래서 이루어졌다.

흥경궁에 근정전을 세워 이른 아침부터 밤늦게까지 정무에 열중하던 현종의 모습이야말로 '국가 통치'라는 하나(一)에 마음을 머무르고(止), 태평성세를 이루어 낸 정(正) 자가 지니는 자형의 의미에 합당한 황제였다. 정(正) 자의 훈 중에 '바르다'는 것이 있는데, '개원의 치'를 이루어 낸 현종은 참으로 올바른 황제였다.

그런데 이토록 탁월한 통치력과 성실성을 지닌 황제가 사랑하던 왕비 무혜비(武惠妃)를 잃고 수렁에 빠진다. 바로 이때 현종 개인과 당나라 역사에 끼어들어 역사의 흐름에 적지 않은 영향을 끼쳤던 한 여인이 등장하는데 그녀가 바로 양귀비다.

빼어난 미모에 지성과 음악과 무용에도 탁월한 재능을 갖춘 이 절세미녀가 이제 국가의 통치 대신 전혀 다른 그 하나(一)가 되어 현종의 마음을 다른 어디로도 못 가게(止) 꽁꽁 묶어 버린다. 22살의 며느리였던 양귀비를 18번째 아들 수왕 이모(李瑁)에게서 강탈한 56세의 시아버지 현종에게는 그녀와의 쾌락을 위해선 24시간이 모자랄 뿐이었다.

현종이 정치에 대한 흥미를 완전히 잃어버리고 며느리였던 여인과 더불어 하늘에서는 비익조(比翼鳥)가 되고 땅에서는 연리지(連理枝)가 되자며 헤어짐이 없는 부부의 정을 확인하고 있는 동안에 당 왕조는 쇠락의 길로 치닫게 된다. 참으로 바르지 못한 부정(不正)의 황제가 되어 버렸다.

역사 이야기는 여기서 마치자. 현종의 이야기를 들으면서 마음에 짚이는 바가 없는가?

한 사람이 국운을 어깨에 메고서 바름과 바르지 못함의 경계를 넘나들었다.

그런데 이상한 것은 바를 때나 바르지 못할 때 두 경우 모두 동일한 형식의 마음의 움직임이 발견된다는 점이다.

개원의 치적을 이룰 때도 하나(一)에 마음이 머무르고(止) 있었고, 며느리 양귀비에게 빠져 있을 때도 하나(一)에 마음이 묶여(止) 있었다. 바른 황제의 시절 그 하나는 나랏일이었고, 바르지 못한 황제 시절 그 하나는 양귀비였다.

이미 언급한 바대로, 정(正) 자를 우리는 바를 정이라고 새긴다. 그러나 정(正)의 자형의 의미로 볼 때 바르거나 바르지 않거나 두 경우 다 마음은 하나(一)에 머무르고(止) 있다. 우리는 여기서 정(正)이라는 글자가 우리 마음의 형식적인 차원을 표현하고 있음을 알 수 있다.

형식적인 차원이란 그 하나(一)를 미지의 함수 x로 놓아 버리면 더욱 분명해진다. 이 x의 자리에 들어선 대상에 대해 바르다거나 혹은 바르지 않다는 가치 판단을 내리기 이전에 모든 인간의 마음은 정(正) 자 자형의 의미가 지니는 하나의 형식적 틀을 따라 움직이고 있다는 것을 알 수 있다.

현종은 양귀비라는 하나(一)에 마음이 머무르면서(止) 바르지 못한 황제가 되었음에도, 바로 이러한 형식적인 차원에서 볼 때는 정(正)하지 않은 사람이라고는 할 수 없는 것이다.

한 일(一) 자 더하기 멈출 지(止)는 정(正) 자가 되기 때문이다.

1+1=2다. 이때 그 1이 사과면 2는 사과 두 개가 된다. 1이 사람이면 2는 두 사람이 된다. 1이 1000원짜리 지폐이면 2는 2000원이 된다. 그러나 1의 내용이 무엇이냐에 상관없이 1+1=2라는 공식은 모든 하나와 하나가 더해져 둘이 되는 상황에 맞아떨어지는 공통된 형식이 되는 것이다.

정직을 기호화하면 이렇다: 一 + 止 = 正

그러므로 정(正)이라는 글자는 어느 하나에 마음이 머무르는 마음의 형식, 마음가짐의 형식적 틀을 담고 있는 글자이다. 그러므로 내용상으로는 바르든 바르지 않든, 모든 사람은 무엇인가 그 하나(一)에 마음이 머무는 정(正)의 상태에서 삶을 출발하여 산다. 그리고 이렇게 형식이 같기에 내용의 다름이 특별히 명확하게 눈에 띄는 것이기도 하다.

그러므로 결국 '바르다'는 첫 번째 뜻에도 불구하고 정(正) 자는 어느 특정한 국가, 사회, 단체가 공유하는 옳고 그름에 대한 특정한 가치 판단의 기준을 넘어서는 보편타당한 마음의 형식적 차원을 그 안에 담고 있는 것이다.

바를 정(正), 부(副)가 아니고 본(本)이다

여기서 잠깐 우리는 다시 한번 기억을 되살리는 것이 도움이 될 것이다. 지금 우리는 왜 하나의 글자인 '정'(正)에 이렇게 집요하게 매달리는가 하는 점이다. 다름 아니라 내 마음이 머무는(止) 무엇인가 그 하나(一)의 자리가 하나님께 적용되어야 하고, 그래야 하나님을 마음과 뜻과 힘을 다하여 사랑함이 실제로 이루어질 수 있기 때문이다.

이렇게 정직이라는 단어 자형의 의미를 깊이 들여다봄으로써 크고 첫째 되는 계명을 그냥 전설 속의 이야기처럼 막연하게 저 멀리 창고 깊숙이 밀쳐 두지 않으려고 하는 것이다. 그러기 위해서 내가 가정이나 직장 등 구체적인 삶의 현장에서 하나님을 마음 다해 사랑하는지 아닌지 나 스스로 진단할 수 있는 청진기를 손에 넣고자 함이다. 그러므로 이렇게 정직이라는 단어 자형의 의미를 밝혀 가는 과정에서 우리는 계속해서 각자가 속으로 하나님을 어디에 대입하여야 하는가를 눈여겨보면서 따라갈 수가 있다. 물론 정직(正直) 자형의 의미를 따라서 마음과 뜻과 힘을 다한 하나님 사랑을 해석하는 과정을 이제 곧 본격적으로 시작할 것이다. 그러기 위해서 우선은 이 청진기를 완성하기 위해 본래의 맥락으로 다시 돌아가자.

살펴본 바와 같이 정(正) 자에는 '바르다'라는 뜻이 있는 외에도 본(本)이라는 뜻이 있다. 부(副)에 상대되는 개념이다. 정실(正室)부인이라 말할 때 정(正) 자가 바로 그 뜻이다. 하나(一)에 마음을 머물러 잡았는데, 그 하나가 당사자에게 부(副)는 될 수 없는 것을 말한다. 내가 마음을 잡고 머무르는 그 하나가 내 인생의 관심 중 본(本)이요, 그 외에 모든 일은 자연히 부(副)로 되어 버린다. 무엇인가 하나(一)에 관계하고 있고 그것에 우선하여 마음이 머물러(止) 있는 한, 그 외의 부(副)차적이고 부수적인 일들에 대해서는 차선으로 관계하며 살게 되어 있는 것이 인간이다.

한 직장인이 자기 인생에 주어진 시간을 사용할 때 직장의 근무 시간을 우선하여 붙박이로 정해 놓고, 그 외에 남는 시간으로 데이트도 하고 영화도 보러 가고 낚시도 하며 살고 있다면 이 경우 바로 직장이 이 사람의 많은 삶의 관심거리 중에 본(本)으로서 정(正)의 위치에 서는 것이다. 그렇다면 내 마음 안에서는 이 하나(一)로서 본(本)의 자리를 차지하고 있는 것이 구체적으로 무엇일까? 그 본(本)이 과연 하나님 자신이긴 한가?

바를 정(正), 종(從)이 아니다

이와 비슷한 뜻으로 정(正) 자는 종(從)에 상대되는 뜻으로 벼슬에서의 상하를 나타내는 말로도 쓰인다. 예를 들면 정일품(正一品)에서처럼 사용된다는 것이다.

이 새김에 따르면 마음이 머무는(止) 그 하나(一)는 한 사람이 관계하는 모든 대상 중에 최상위(最上位)의 대상임을 뜻한다.

마음에 주어지는 비중으로 볼 때, 이 하나(一)에 사람의 마음은 최고의 가치와 비중을 부여하며, 다른 모든 대상을 그 하나에 대해 종(從)적인 대상으로서 관계한다는 것이다.

만약에 그 하나(一)가 아내인 남자의 경우, 자녀도 부모도 다른 대인 관계도 모두 아내와의 관계보다 하위 관계로 여기며 살게 된다. 사정이 이렇게 되면 아내와의 관계에서 생긴 필요나 요청에 따라서 모든 다른 여타의 관계는 그 성격과 의미가 규정되는 종속성을 띠게 된다. 또한, 만일 그것이 돈이라면 가족이나 애인 그리고 친구, 취미 생활 등등 모두 다 돈에 대해 하위의 대상들이 되어 그 의미나 성격이 마찬가지로 정(正)의 위치에 있는 돈에 종속된다.

그러므로 정직(正直)이라는 단어에서 정(正) 자는 요약하면, 부(副)가 아닌 본(本)인 것으로서, 최상위의 가치로 여겨지는 어떤 하나(一)에 그 마음이 머물러(止) 있는 상태를 말한다.

그 하나가 가족이라도, 나라라도, 회사라도 그리고 돈이라도, 건강이라도, 사업이라도, 명예라도, 지식이라도, 심지어는 그 하나가 하나님이라도 상관없이 모두가 동일하게 그 하나에 마음이 멈추어 있기만 하면, 형식적인 차원에서 말해 마음은 정(正)의 상태가 된 것이다. 다만 모두 다른 대상에 정(正)하다는 사실이 아주 명백하게 드러난다. 인격의 종자와 유전자가 완전히 다름이 바로 이 정(正)함에서 숨김없이 드러난다는 것이다.

'자신의 사명감과 신념에만 집착하지 말고 자신의 이익에 충실하라.'라고 말한 사람이 있다 하자. 다른 말로 옮기면 이렇다. '사명감이나 신념 따위가 다 무슨 소용이냐. 신념이 밥 먹여 주냐, 먼저 이익을 챙겨야지.'

그럼 이러한 생각의 사람은 정(正)의 사람이 아닌가? 아니다. 정(正)한 사람이다. 이익이라는 하나(一)에 마음이 머물고(止) 있기는 매한가지이다. 그리고 그는 소신보다 이익에 마음이 붙어 있는 상태를 자신을 위해서는 더 올바른 상태라고 믿고 있는 것처럼 보인다. 그러나 그 하나(一)를 선택함에서 올바름과 그릇됨에 관하여 개인이 가지는 이 신념 자체의 문제는 이 책에서는 논의의 범위 밖으로 두기로 한다.

어느 하나(一)에 마음이 머무는 것이 정(正)이기에, 그 '하나'라는 부정 대명사는 정(正)이라는 글자에 형식적 성격을 부여하고 있다는 점을 우리는 다시 한번 잊지 말고 기억하면 좋을 것이다. 즉 그 하나에 무엇이든지 들어올 수 있다는 점을 기억하자는 것이다.

그래야 다름을 알 수 있기 때문이다. 즉 이렇게 모두에게 공통적인 기준을 통해서만, 개별적으로 마음이 머무는 대상에 따라서 달라지는 인격의 뿌리와 종자(種子)의 정체를 어떤 겉모습에도 속아 넘어감 없이 분별해 낼 수 있다. 우리는 '부정직'을 지적하고 수정하려는 것이 아니다. 오히려 '다른 정직'을 폭로하여 나 자신을 위해서 경계하려고 하기에 이 점이 그렇게 중요하다.

하나님께만 정직하지 않고도 신앙인이라고 자처하는 모든 사람은 부정(不正)한 것이 아니다. 오히려 다른 대상에 정(正)한 것이라는 사실을 잊지 말자. 다른 대상에 정(正)한 상태는 더는 하나님을 신앙하는 상태가 아니다. 하나님과는 다른 그 하나(一)를 신앙하는 것이다. 이것이 바로 단어 '정직'에서 정(正) 자가 지니는 논리의 전모다.

직(直), 일단 마음을 주었으면 끝을 봐야지

정직이라는 단어의 두 번째 글자는 직(直)이다.

보통 곧을 직(直) 자라고 그 뜻을 새긴다. 즉 직선이라는 뜻이다. 이 직(直) 자의 자형의 의미는 상황이 완전하게 갖추어지고 있는지를 눈으로 감시한다는 뜻이라고 한다. 이 직(直) 자의 자형은 열 십(十) 자 아래 눈 목(目) 자가 붙어 있고, 다시금 숨길 은(乚) 자가 눈 목(目) 자 아래에

와서 붙었다. 자형의 과정만 봐도 참으로 흥미진진한 글자가 아닐 수 없다.

상황이 완전하게(十) 갖추어지고 있는지를 눈을(目) 떼지 않고 숨어서(ㄴ) 감시한다. 마치 한 사람의 파수꾼이 쏟아지는 졸음과 싸우면서 망을 보는 듯하다.

좀 더 풀어서 설명해 보자. 무엇에 관계된 상황이든, 그 상황의 이상적이고 완전한 상태는 있기 마련이다. 돈 버는 일에 있어서 완전한 상황, 공부하는 일, 연애하는 일, 정치하는 일 등 이 모든 것에 대해 사람마다 마음에 품고 있는 그 상황의 완전함(十)에 대한 그림이 있다. 삶이란 바로 이 그림을 앞으로 보며(目) 소원하면서 그것을 이루기 위해 진행하여 나가는 것이라 해도 크게 틀리지는 않을 것 같다.

그런데 이때 마음에 그림 그리고 있는 완전한 상황(十)을 향해 시선을 고정하고(目) 나아가는 모든 삶의 순간에 마음은 조바심을 내며 숨어서(ㄴ) 감시하는 듯한 형태를 띠게 된다.

즉, 모든 사람은 현실적인 삶의 현장에서 생기는 예상한, 혹은 예상치 못한 모든 사건과 일들이 자기가 지금 마음에 그려 놓고 내다보고(目) 있는 완전한 상황(十)에 미치지 못하게 하지는 않는지 염려하며 감시한다(ㄴ). 그리하여 자기가 바라보는 그 완전함을 안 보이게 가리는 위협적인 장애들이 등장하면 그 모든 것들을 제거하며 나가려고 한다.

예를 들어 돈을 5년 동안 3억을 모으고 싶다는 바람을 갖게 된 샐러리맨이 있다 하자. 그에게 있어 마음이 머무르게(止) 된 그 하나(一)는 3억이다. 열 십(十) 자의 완전함은 5년 뒤 3억이 들어 있는 통장을 손에 쥐는 것이다. 5년 뒤 3억이라는 상황을 마음이 바라보며(目) 하루하루를 산다. 그런데 자동차의 유지비가 주머닛돈을 꽤 잡아먹는다. 동료들의 경조사가 만만치 않은 지출을 요구한다.

이러한 일들이 생기면서 5년 뒤 3억이라는 완전한 그림이(十) 자꾸 가려지는(目) 것 같아 걱정과 염려가 생긴다(ㄴ). 자동차 유지비와 경조비로 나가는 돈을 이대로 두다간 5년 뒤 3억이라는 완전한(十) 그림이 이루어질 수 없는 위험한 상태임을 감지하게(ㄴ) 된다.

 그리고 이렇게 숨어서 깨어 지키는 듯한 파수꾼의 마음이 되어 이제 감시에 걸리든 이 위험한 상태를 제거하려 한다. 자동차 엔진 오일도 5천 킬로에 교환하던 것을 1만 5천 킬로로 연장하고, 경조사 지출도 건당 5만 원에서 3만 원으로 줄인다. 그가 내민 봉투를 열어 본 혼주나 상주가 얼마나 심하게 자기의 인색함을 비난할지를 알면서도 5년 뒤 3억이라는 완전한 상황을 불투명하게 만들고, 그 완전한 모습을 가리는 방해꾼을 감시하며 염려로 가득 찬 마음이 모든 지인의 비난을 감수하기를 결심한다.

 이것이 바로 직(直)의 마음 상태인 것이다.

 그래서 직(直) 자의 새김에는 값어치라는 뜻이 있고, 또한 '지키다'라는 뜻이 들어 있다. 당직(當直) 근무를 선다는 뜻이 바로 그것이다. 그래서 가장 먼저 가지고 있는 '곧다'라는 뜻까지 염두에 두고 직(直)의 의미를 종합하면 이렇게 될 것이다.

 값어치 있는 것의 완전한 상황을 마음으로 바라보며 그 완전함에 이르는 길을 곧게 하도록 눈을 크게 뜨고 감시하는 마음으로 지키는 행위.

 여기서 가치 있는 것이란, 정(正)에서 이미 본 대로 마음이 머물러(止) 있는 하나(一)일 것이다. 그것이 무엇이든지 간에, 그 마음이 머무르는(止) 하나(一)가 완전함(十)에 이르도록 마음으로 보며(目), 그 길이 가려지지 않도록 감시하듯이 지키는(ㄴ) 것이 바로 정(正)하고 직(直)함이라 할 수 있겠다.

탈세자도 역시 정직하다

'왜 탈세자도 역시 정직하다고 말할 수 있는가?' 하는 것이 많은 부분 밝혀졌다고 본다. 이제 다시 한번 물어보자. 정직(正直)이 무엇인가?

'값어치 있다고 믿는 어느 하나(一)에 마음이 머물러서(止), 그 하나가 주된(本) 것이 되고 최상의 것으로 믿어지고 여겨지는 중에, 그것의 완전함(十)을 마음에 그리고 보며(目) 이루기 위해, 그 완전함을 방해하는 장애 요소들을 숨어(ㄴ) 감시하는 마음으로 제거해 나가는 것이다.'

논의된 내용을 그대로 나열하다 보니 어려울 것도 없는 내용이 꽤 길고 복잡해졌다. 글자 자형의 틀에서 조금 헤어나 자유롭게 다시 이야기하면 이렇다.

'정직이란 마음이 머무는 최고의 우선적인 가치를 방해나 장애로 우회함이 없이 가장 짧은 직선거리를 통해 실현해 보려는 태도이다.'

그러므로 우리가 계속해서 하나의 대표적인 예로서 언급하고 있는 탈세자의 경우 부정직하다는 말은 참으로 억울한 누명이다.

돈이 마음을 머물게 하는 최고의 유일한 가치로 여겨(正), 소유의 완전함이 이루어지는 길을 눈을 부릅뜨고 바라보며 감시하는데(直), 세법이라는 방해꾼이 등장해서, 길을 방해하고 굽게 만들려고 한다. 법대로 꼬박꼬박 납세했다간, 소유를 위해 마음에 그려 놓은 완전한 그림이 방해를 받고 차질이 생긴다. 그 완전함에 도달하는 길이 굽어지고, 멀리 돌아가야 하는 일이 생긴다. 그래서 돈(一)을 향한(止) 마음(正)의 소원을 곧게(直) 하려면, 세법을 옆으로 치워 버리는 수밖에 없다.

상황이 이렇고 보면 '탈세자도 정직하다'라는 말 갖고는 탈세자의 정직함을 충실히 표현하지 못할지도 모르겠다. 탈세 자체도 쉬운 일은 아니지 않겠는가? 관리하기도 복잡한 이중장부에, 불시에 들이닥칠지 모르는 국세청의 조사에 대한 조바심과 두려움에, 사회적 지탄과 양심의 호소를 애써 외면해야만 한다. 마음이 머무르는(止) 하나(一)로서 더 많은 돈벌이를 향한 일종의 순교적 각오다.

그러므로 탈세자는 다름 아니라 마음이 머무르는 대상인 돈에 대해서만 정직하려고 탈세했다는 말이 오히려 더 정확한 표현이다. 돈에 대해서 너무나 정직했기에 탈세하는 것이다.

가장 우선적인 최상의 가치로 여겨 마음이 머물러야 할 그 하나(一)를 돈으로 채택한 것에 문제가 있다면 모를까 이미 채택된 그 하나(一)가 완전한 상황(十)에 이르기를 원해 그 돈에 대해 정직한 것이 어째 부정직으로 이해되는가 말이다. 오히려 문제는 국가가 아닌가? 세금 징수를 위한 참으로 다양한 명목을 만들어 가며, 왜 국가는 그토록 염증 나게시리 돈을 향해 단거리 직선 코스로 걸어가고 싶은 한 사업가의 곧은길을 굽게 하지 못해 안달하느냐는 것이다.

마음이 머물러(止) 있는 그 하나(一)가 무엇이든지 없는 사람은 없다. 그리고 마음이 머무는 그것이 자신이 그려 놓은 완전한 상황(十)에 이르기를 바라고 그것을 위해 모든 방해를 제거하기를(直) 주저하는 사람도 없다. 그러므로 지구상에 살아 있는 모든 사람은 사실 다 정직(正直)하다.

왜냐면 정직이란 삶을 가능케 하는 마음가짐의 공통된 형식을 뜻하는 것이기 때문이다. 자형(字形)의 의미대로 보자면 정직하지 않고서는 아예 삶이라는 현상은 시작할 수도 없다. 창조주 하나님은 인간이라는 인격을 정직함의 상태에서만 살도록 만드셨다고 해도 과언이 아니다. 한 사람이 살아 있음은 곧 정(正)하고 직(直)함이 가동 중이라는 뜻이다. 그리고 이렇게 예외 없이 정직한 모든 사람의 운명은 단지 무엇에 정직한가에 따라서 천국과 지옥, 생명과 멸망, 구원과 심판으로 나뉘게 된다.

탈세뿐이 아니다. 심지어는 사기를 쳐도, 도둑질해도, 정직이라는 마음의 형식은 바로 그 현장에서 완전 가동 중이다.

탈세자들이여, 사기꾼들이여, 당신들이 자신이 속한 나라나 사회의 법을 어긴 자들임에는 틀림이 없다. 그러나 혹시 정직하지 못했음을 양심이 느끼며 괴로워하고 있었던가? 아니다, 염려하지 마시라. 당신은 범법자이지만 부정직한 자는 아니다. 당신은 지금 돈이면 돈, 아니면 남이 가지고 있는 물건이면 물건, 무엇에든지 그 어떤 하나(一)에 마음을 주고(止) 직선으로(直) 관계하고 있기에 그 일을 행하고 있음을 알아야 한다. 아주 정직하고 충분히 정직하다. 이런 다른 것에 너무 정직해서 탈이다.

그러므로 우리는 이제 사전에서 '부정직' 대신에 '다른 정직'으로 단어를 대체할 것에 대해 진지하게 생각해 봐야만 할 것 같다.

부정직은 없다, '다른 정직'이 있을 뿐이다

그러므로 어떤 사람이 다른 사람에게 정직하라고 하는 요청은 정직에 대한 무지에서 나온 실효성 없는 공허한 메아리나 불필요한 요구가 되어 버릴 수도 있다. 이미 모두가 정직한 중이기 때문이다.

그러므로 정직하라는 요청을 바르게 고치려면, 마음이 머물러(止) 있는 그 하나(一)를 돈에서 법으로 바꾸라는 요청이 되어야 할 것이다. 즉 '정직하라'가 아니고 돈을 그 하나(一)의 자리에서 내치고 대신 그 자리에 법을 앉히는 '다른 정직의 길을 가라'고 하는 요청이 되어야 정직의 논리에 더욱 부합한다는 것이다.

그러나 이것은 참으로 무리하고 또 심지어 무례하기까지 한 요청으로 보일 수도 있다. 왜냐면 사람의 마음이 최고의 가치로 여기는 그 하나(一)를 채택하는 일에 있어서 어느 것이 절대로 선이며 당위적이라는 것을 확신시킬 길은 주관적인 차원에서 일어나는 믿음이 아니고서는 객관적이면서도 보편타당한 기준을 쉽게 찾을 수 없기 때문이다.

그런데도 우리가 정직에 관한 요청을 해야만 한다면 그것은 결국 내가 마음이 머무르고 있는 그 하나(一)를 너도 너의 그 하나(一)로 삼으라는 다른 정직에의 요청이나 강요가 되어 버릴 수밖에 없다. 감히 그 하나(一)에 대한 나의 주관적인 결정을 상대방이 받아들일 것을 무례를 무릅쓰고 요구하지 않는 한, 다른 것에 정직한 사람을 정직하지 않다고 탓할 수는 없는 셈이다.

예수님이 그리고 스데반 집사님이나 사도들이나 사도 바울이 순교를 하게 된 이유가 무엇인가? 당시 유대 종교인이나 헬라 세계의 이방인들에게 그들이 이왕에 마음 붙이고(止) 있던 그 하나(一)를 무조건 하나님 한 분만으로 바꾸어야 한다고 권유한 것이 그만 용납할 수 없는 무례함으로 받아들여졌기 때문이었다. 즉 유대 종교인이나 이방인들 모두 전체 인격 상태 중에서 부정직한 부분만 고치면 된다고 하신 것이 아니었다. 대신에 다른 정직의 뿌리를 가지고 있는 상태에서 기존의 인격을 통째로 완전히 폐기 처분하여 버리고 아예 존재의 뿌리인 그 하나(一)를 하나님으로 바꿈으로써 전혀 다른 사람이 되라고 요구하신 것이 극심한 반발을 불러일으킨 것이다.

이렇게 마음이 머무르는(止) 그 하나(一)의 내용을 바꿈으로써 직(直)함의 내용이 완전히 새로운 '다른 정직'의 사람이 되라고 무례를 무릅쓰고 요청하는 것이 바로 복음을 전하는 일 그 자체이다. 왜냐면 예수님의 십자가 복음은 하나님을 마음과 뜻과 힘을 다해 사랑할 수 있는 유일한 길인데, 하나님을 마음과 뜻과 힘을 다해 사랑하라는 말씀은 오직 하나님께만 정직하라는 뜻이기 때문이다.

다른 정직은 다른 뿌리의 인격을 가리킨다. 하나님만을 그 하나(一)로 하여 머무르며(止) 직(直)하는 완전히 다른 정직으로의 전환을 요구함이 없이, 정직이라는 단어를 단순히 윤리적인 차원의 문제로만 이해하는 무지함이 지속하는 동안 교회 안에는 그 하나(一)의 자리에서 쫓겨나신 하나님의 이름만이 난무하게 되었다. 그 결과 교회는 마음이 하나님 이외의 대상들을 그 하나(一)로 삼아 머물며(止) 직(直)하기에 열성을 부리는 전혀 다른 영적인 종자인 사이비 교인들로 득실거리게 된 것이다.

정직의 뿌리를 캐야 한다

그러므로 정직(正直)에 관한 생각은 열매로서의 행위의 차원에서보다 먼저 마음의 단계에서 그 뿌리와 나무 자체를 들춰내서 붙잡을 수 있어야 한다.

예를 들어 '탈세'를 단지 윤리적인 판단 기준만으로 쉽사리 부정직으로 규정해 버리면 어떠한 문제가 발생하는가?

그러면 탈세 행위자의 마음의 뿌리 즉 인격의 종자가 겉으로 드러나지를 않는다. 왜냐면 탈세라는 행위는 모든 다른 대상을 탈락시키고 오직 돈을 그 하나(一)로 삼아 마음이 머무르면서(止) 돈에 대한 열망이 온전히(十) 이루어지도록 돈에서 눈을(目) 떼지 않고 숨어(ㄴ) 지키려는 정직(正直)함 때문이다.

그런데 이처럼 지금 현재 마음이 머무르고 있는 뿌리로서 그 하나

(一)가 돈인 사람에게, 마음이 머무르는 그 하나(一)가 하나님일 경우에나 비로소 나타날 수 있는 말과 행위를 아무리 강하게 요청한들 도대체 무슨 소용이 있는가 말이다. 그래 놓고는 그렇게 종자와 뿌리가 다르기에 나타난 이질적인 열매를 그냥 같은 종자와 뿌리를 가진 나무의 부실한 열매 정도로 치부해 버린다. 아니다.

사과에서 썩은 부분만 도려내면 얼마든지 먹을 수 있는 상태처럼 그렇게 한 사람에게서 나타나는 부정직을 이해한다. 그러나 인격의 뿌리가 되는 마음이 머무는(止) 그 하나(一)가 무엇인지를 분명하게 드러내면, 탈세자는 그 인격이 통째로 오직 하나님만을 그 하나(一)로 삼아 마음이 머무는(止) 믿음의 사람이 아니라는 사실이 판명된다는 것이다.

물론 뿌리가 돈인 사람이 뿌리가 하나님인 사람이 할 수 있는 말과 행동을 비슷하게 하는 경우도 간혹 있다. 이것이 바로 예수님 당시의 바리새인들이 빠졌던 율법주의다. 예수님은 위선이라고 질책하셨다. 이런 사람들이야말로 그렇게 겉으로 율법에 부합하는 말과 행동을 그들 인격의 뿌리인 돈을 하나님께 많이 받기 위해서 수단화하는 자들이다. "바리새인들은 돈을 좋아하는 자들이라"(눅16:14)라고 하셨다. 그들이 율법 준수에 열을 올린 것은 다름 아니라, 그러면 하나님이 돈을 많이 주실 것이라고 믿었기 때문이다. 정말로 깊이 타락하고 썩은 심령에 교만까지 가세하지 않았다면 나타날 수 없는 참담한 인격 상태이다.

정직(正直) 자형의 의미에서 보편타당한 마음의 형식을 찾아 밝히려는 이유가 바로 여기에 있다.

그것으로 각자가 나 자신의 마음이 머물러 있는 뿌리를 살펴보자는 것이다. 행위의 정직을 말하기 전에 뿌리의 정직을 밝혀 보자는 것이다. 뿌리가 완전히 다르므로 이질적으로 맺혀진 전혀 다른 열매를, 같은 뿌리에서 나온 그러나 약간 부실한 열매로 착각하는 데서 현재 교회의 영적 침체와 혼란이 야기되고 있고 진리의 경계가 가려지고 있음을 간과하지 말자는 것이다.

이미 기독교라는 종교로 변질한 지 오래되어 무늬만 남은 교회 혼란의 정체를 구체적으로 밝히자면 이렇다.

그 옛날 선민 이스라엘 백성들이 가나안 땅에서 바알을 숭배하며 마음이 머물렀던(止) 그 하나(一)인 '풍요와 다산'을, 지금도 마찬가지로 자신들의 그 하나(一)로 관계하며 살면서 추호의 의심 없이 교인이요 신앙인이라고 자처하며 살고 있다는 점이다.

교인이라면서 마음이 머무는 그 하나(一)가 돈인가? 형통한 삶인가? 비전인가? 출세인가? 권력인가? 가정인가? 자식인가? 또 막연한 종교적 깨달음인가? 아니면 포이에르바하(Ludwig Feuerbach 1804-1872)가 말했듯이 자기 자신의 필요를 따라 인간 자신이 투사하여 창조한 신인가? 아니면 십자가에 못 박히신 예수님을 통해 계시된 참하나님이신 여호와인가?

이런 뿌리의 차이를 진단해 낼 기준을 교회는 상실한 상태이다.

"정직하자!"는 선전 포고다

꼭 하나님이 아니라도 마음과 뜻과 힘을 다해서 무엇인가를 사랑함으로써만 인간은 실제로 삶을 살 수가 있다. 그리고 마음과 뜻과 힘을 다해 무엇인가를 사랑하는 인간의 공통된 실존 방식이 정직(正直)이다. 그러므로 새삼스럽게 정직하자는 요청은 윤리적 요청이기 전에 그 뜻하는 바가 존재론적인 요청이며 다분히 혁명적인, 그래서 훨씬 더 본질적인 요청이다.

존재를 구성하는 신념 간의 전쟁을 시작하자는 말이며 원치 않게 시비를 불러일으키는 말이기도 하다.

왜냐면 정직하라는 요구는 마음이 머무르는(止) 그 하나(一)인 궁극적 가치의 우열을 겨루어 보자는 이야기가 되기 때문이다. 그리고 결국 그 하나(一)가 가족이든, 건강이든, 돈이든, 권력이든 일반 종교의 있지도 않은 신이든, 혹은 유일하신 참하나님이시든 간에, 나의 마음이 머물러 있는 그 하나(一)를 타인에게 선전하며 강요하고 전도하는 행위이다.

그래서 정직하자는 요청은 인간 존재의 뿌리가 되는 마음이 머무는(止) 그 하나(一)를 바꿈을 통해 새 인간이 되라는 요청이기에 너무나 무례할 정도로 도전적이다. 따라서 전혀 다른 어떤 하나(一)에 마음이 머물러(止) 있는 기존의 인간됨의 뿌리를 그대로 인정하고 그 위에 단지 윤리적 차원에서 행위를 솔직하게 하라고 권고하는 식의 어설픈 배려 따위는 정직을 놓고 벌이는 전쟁터에서는 있을 수가 없다.

정직의 논리를 통해 보면 모든 인간은 마음과 뜻과 힘을 다해 무엇인가를 사랑하고 있다. 그러므로 지금 내 마음이 머무르는(止) 그 하나(一)를 들여다보고 그것이 하나님 자신이 아닐 때는 완전히 다른 하나(一)로 바꿈으로 인격이 완전히 다른 사람이 되겠노라는 다짐을 하지 않으면 복음은 애당초 받아들여질 수조차 없다.

예를 들어 교인이면서 세일즈맨이나 기업인들 그리고 경영자들에게 그 하나(一)는 일반적으로 '이윤'이라고 할 수 있다. 이 경우 지금까지 그 하나(一)의 자리를 차지하던 '이윤'을 던져 버리고 '하나님'으로 바꾸라고 도전하는 대신, 그대로 간과하거나 묵인하고 그 위에 복음을 전한다고 하자. 그러면 이제 그 하나(一)로서 오직 '이윤'을 뿌리로 삼은 인격 상태는 그대로 유지된다. 그 결과는 참담하다. 즉 전해 듣는 모든 복음 관련 진리를 돈벌이와의 상관관계 안에서 이해하며 받아들이게 된다. 이윤 창출을 위하여 복음의 효용성을 판단하고 분석하게 된다. 그러니까 복음을 받아들이면 받아들이지 않았을 때보다 얼마나 돈벌이가 더 잘 되고 이윤이 크게 남게 될 것인가를 계산하게 된다는 의미이다.

이처럼 존재의 차원으로 내려가서 그 뿌리를 움켜쥐는 데까지 이해가 깊어지지 못한 상태에서 단순히 복음을 외치고 믿음을 요구하다 보면 복음은 하나님 말고 이왕에 채택한 그 하나(一)를 향하는 목적의식과 성취 의도에 부속하는 하나의 수단과 시녀로 전락해 버릴 수 있다.

교인이란 십자가에서 돌아가시고 부활하신 예수 그리스도가 계시하신 하나님을 그 하나(一)로 관계하며 일상의 생활 현장에서 마음과 뜻과 힘을 다한 사랑을 하면서 사는 사람이다. 즉 하나님께만 정직한 사람이다. 교인이라면 마땅히 이 한 분(一)에 대해서만 마음이 머물고(止), 그분에 대한 나의 사랑과 이 땅을 향한 그분의 뜻이 완전함(十)에 이르는 것을 눈을 부릅뜨고(目) 지키며 감시하려고(ㄴ) 소원하는 한 사람이어야 한다.

사도 바울이 아그립바 왕과 베스도 총독 앞에서 "나와 같이 되기를 바란다"(행26:29)라고 했던 것처럼, 교회는 본래 세상 모든 사람이 이 왕의 모든 다른 대상을 그 하나(一)의 자리에서 떨쳐 버리고 오직 예수님의 아버지이신 한 분 하나님을 그 하나(一)의 구체적인 내용으로 모시고 마음이 머물기를(止) 간절히 바라야만 했다. 그래서 교회가 마음과 뜻과 힘을 다해 하나님을 사랑하라고 외치는 것은, 오직 하나님께만 정직할 것을 외치는 것이어야 했다. 그것은 마음이 머무르는(止) 그 하나(一)가 이제까지는 무엇이었든지 이제부터는 여호와 하나님이어야 한다는 요청이며 동시에 일종의 전쟁 선포와도 같은 것이어야 했다.

여기서 우리의 바람이 있다면 이 책을 읽는 동안에 독자 자신의 마음이 이미 머물러 아끼고 있는 어떤 그 하나(一)와 이 책에서 소개되는 참교회의 그 하나(一)이신 하나님과의 사이에 전쟁이 이루어지기를 바란다. 이때 이미 자신이 확실한 교인이라고 믿고 있는 사람일수록 그 싸움의 부담은 커지고 싸움의 양상은 치열해질지 모르겠다. 왜냐면 이제까지 밝혀진 정직의 논리에 비추어 이야기를 전개해 가는 동안에 독자 자신의 마음이 머무는 그 하나(一)가 여호와 하나님이 아니고, 전혀 다른 엉뚱한 대상임이 드러나게 될 것이 자명하기 때문이다.

마음이 최고 최상의 존재로 여겨 머무르는(止) 그 하나(一)가, 예수님이 그리스도로서 십자가에 못 박히시면서 계시하신 하나님 아버지가 아니라면 우리는 그를 교인이라고 말할 수는 없지 않겠는가?

이러한 의심을 지닌 채 자기의 모습을 확인하고 싶어 하는 독자들에게 본 저서가 그 옛날 사도 바울이 말씀했던 희미한 청동 거울(고전 13:12)이라도 되었으면 정말 좋겠다.

2부

정(正)하고 직(直)함으로 내 신앙 진단하기

Ⅲ.
수양버들 춤추는 길에…

교회란 무엇인가? 교회는 그리스도로서 십자가에서 죽으시고 부활하시고 승천하시어 하나님 오른편에 이르는 연쇄 과정 속 예수님 안에 마음이 들어 있는 사람들 전체이다. 그러므로 교인은 비록 땅에 살고 있지만, 마음은 그리스도 연쇄 과정 속 예수님 안에서 하늘에 계신 하나님을 향하여 지속적인 흐름을 유지하는 자들이다. 그런데 만일 이런 당위성과는 달리 교인의 마음이 첫 번째로 직선으로 가서(直) 머물러(止) 있는 그 하나(一)가 실제로는 하늘에 계신 하나님 아버지가 아니라면, 그래서 단지 겉으로 드러난 말만 하늘에 계신 하나님을 부를 뿐 마음은 이 땅을 향하여 있다면 그런 교인의 실상은 도대체 어떠한 모습일까? 즉 실제는 다른 정(正)함과 직(直)함의 사람이 하나님을 그 하나로(一) 마음이 머물러야(止) 마땅한 교인이라는 이름을 유지하고 있을 때의 모습은 어떠할 것인지 궁금하다. 이 궁금증을 수양버들 이야기를 통해 한 번 풀어 보자.

수양버들 이야기

옛날 중국의 수나라 황제였던 양제가 행궁이라는 궁궐을 지어 놓고 음란과 방탕을 일삼을 때, 그 별궁이 건설되었던 강가 언덕 위에 버드나무를 심었다고 한다. 욕정의 강물에 몸을 띄우고 쾌락을 탐닉하던 수양제는 왜 버드나무를 행궁 주변에 심었을지 의심스럽기가 그지없다.

어쨌든 이 사실이 버드나무를 수양버들이라고도 부르게 된 기원에 대한 몇 가지 설명 중 하나로 등록이 되게 한 이유인 것 같다.

여기까지는 그래도 괜찮다. 말 못 하는 나무가 행궁 주변에 심겼다는 사실에 근거해서 그 이름을 얻은 것이니 아무리 수양제의 행궁이 타락의 온상이었다 한들 나무에게야 무슨 잘못이 있겠는가? 그러나 참으로 불행한 일은 이 사실을 사람들은 단순히 사실로 받아들이지 않고 상징적인 의미를 부여하게 되었다는 것이다.

이어령 씨가 저서 《젊은이여 한국을 이야기하자》에서 잘 지적했듯이 수양버들은 이제 쾌락을 탐닉하는 부패한 마음의 상징물이 되는 불명예를 끌어안게 되었다. 사시사철 푸른빛을 띠고 있는 소나무를 한결같은 절개의 상징으로 본다든지 곧게 뻗어 올라가는 대나무를 곧고 바른 마음의 상징으로 사용하는 것과 비교할 때 참으로 수양버들은 불쌍하다.

그러나 이러한 불명예는 따지고 보면 단지 타락한 수양제와의 연관성에만 기인한 것은 아닌 듯하여 더 안타깝다. 나무의 생긴 모양이 생각하기에 따라선 그러한 비난과 혐의에 너무나 잘 어울리는 것을 어찌하랴. 수양버들의 생김새 자체가 수양제의 그릇된 마음가짐에 빗대어 연상하게 하는 점이 있다는 것이다.

나무란 하늘을 향해 힘차게 뻗어 올라가기에 나무다. 수양버들도 하늘로 뻗어 올라간 높이로만 치자면 그다지 열등한 처지에 있는 나무는 아니다.

그런데 어쩌면 그럴 수 있다는 말인가. 하늘 높이 올라간 수백 수천 가지 중 한 가지도 예외 없이 다시금 자기가 출발했던 땅을 향해 굽어 내려와 드리워져 있는 것이 아닌가.

하늘과 땅 사이에서 도대체 수양버들의 가지들이 취하고 있는 이 이중간첩 같은 태도는 무엇이란 말인가. 하늘을 향해 높이 뻗어 올라간 만큼 그렇게 길게 땅으로 다시 내려오는 이 수양버들을 보며 하늘과 땅의 희비가 엇갈릴 것은 너무나 자명하다. 하늘의 처지에서 보자면 약 오르고 배신감에 몸 둘 바를 모를 지경일 것이다. 땅으로 보자면 하늘로 올라갈 듯 멀어지다가 다시 내려온 가지가지마다 모두가 돌아온 탕자와 같은 땅의 아들과 딸들이다.

수양버들의 생애에 하늘을 향하여 뻗어 가는 직(直)함이란 없다. 오직 땅에 대한 일편단심의 직(直)함을 노골적으로 드러내기가 민망한 듯하여 약간은 기만적인 자태를 취하고 있을 뿐이다.

결국은 여지없이 아래로 땅을 향해 굽어 내려갈 것이었으면서 하늘의 섭섭함을 달래려는 심사로 위를 향해 오르는 척 곡선으로 위장하고 있을 뿐이다. 수천수만 가지가 어우러져 있는 중, 한 가지도 예외 없이 하늘에 대해선 곡(曲)의 세상을 연출해 내고 있다. 수양버들에도 마음이 있었다면 그 마음이 머무는(止) 그 하나(一)는 처음부터 하늘이었던 적이 없었다.

수양버들과 한국 교회

이쯤 되면 창녀들의 세계를 화류계(花柳界)라고 일컫는 이유에 대해 유보 없이 수긍이 간다. 화류계란 모양과 향기로 마음을 유혹하는 꽃과 이 땅의 쾌락을 향해 굽어 드리워진 버들의 세계라는 뜻을 담고 있다고 한다.

왜 창녀나 기생을 다른 말로 노류장화(路柳墻花)라고 하는가도 역시 쉽게 짐작이 간다. 길가의 수양버들이요 담 밑에 핀 한 송이 꽃과 같아서 아무나 손을 뻗어 꺾으면 임자가 되는 서글프고도 불행한 여인들의 운명을 암시하고 있는 단어다.

멀리서 보면 하늘로 올라간 것처럼 보이나 실은 뿌리의 처소인 땅을 향해 굽어져 내려와 바람에 흔들리고 있는 감미롭기 그지없는 수양버들을 보면 저 불행한 여인들 말고도 생각나는 사람들이 없는가?

예수님의 이름을 입에 올리는 교인들이다.

도대체 갑자기 웬 당치도 않은 비난일까? 이 비난 아닌 지적이 터무니없는 것이기를 진심으로 소망한다.

그러나 한번 '정직하게' 즉 정직의 논리를 따라 보자.

우리가 입으로 찾는 것을 보면 하나님, 예수님, 천국, 하늘나라 등등 하늘을 향해 올라가는 것 같다. 누구보다 높다. 누구보다 하늘을 자주 찾고 심지어는 하늘을 이 땅 위에서 전매특허 낸 사람들 같다. 하늘 전문가들이다. 그런데 이것이 웬일인가. 우리 교인들의 마음의 행적에 인내를 갖고 조금만 따라가 보면 그 행적의 끝이 어쩌면 그렇게 하나같이 하늘로 올라갈 듯 땅으로 굽어져 이 땅 위를 휩쓸고 다니는 세상의 바람결에 따라 흐느적거리고 있는 것일까?

우리 자신을 스스로 관찰하면 하늘에 계시는 하나님을 찾아 부르짖는 열정이 하늘을 찌른다. 그러나 그 신앙적 행위를 끝까지 따라가면 결국은 아래로 굽어져 땅을 향해 있다. 하나님을 믿음이 오직 입에서만 뜨거울 뿐 마음은 땅을 향하여 늘어져 있다.

목회와 선교를 사명으로 받은 목사로서 내가 해 왔던 일이 도대체 무엇인가 하고 나 자신에게 스스로 물어본다.

행궁 주변에 수양버들을 둘러 심고 쾌락의 늪에 빠졌던 수양제는 아닐지라도 수양버들 같은 성정의 교인들이 늘어서서 춤추는 길에 꽃가마 타고 가고 싶어 하는 또 하나의 수양버들이 아니었던가. 이러한 수양버들의 곡(曲)함을 따라 영적 화류계로 전락한 듯한 교회와 교인을 사단은 제일 좋아한다. 하나님에게로 마음을 돌릴 가능성이 지금 현재는 아예 믿지 않고 있는 사람들의 경우보다 더 희박하기 때문이다. 반면 하나님은 당신에 대한 선민들의 마음의 움직임이 아직 몸이 살아 있는 동안 땅을 박차고 뚫고 나와 하늘 보좌를 향해서 오직 직선이 되기만을 바라고 계신다.

예수 이름을 부르는 화류계 사람들
이쯤에서 다시 정직의 논리를 기억하자. 마음과 뜻과 힘을 다한 사랑을 하나님에게만 적용하는 참신앙과 마음과 뜻과 힘을 다한 사랑을 다른 대상을 향해서 하는 거짓 신앙의 구분을 위한 기준이었다. 여기서 정직의 논리를 적용하기 위해 예수님이 한 말씀을 떠올려 본다.

"예수께서 가라사대 내가 곧 길이요 진리요 생명이니 나로 말미암지 않고는 아버지께로 올 자가 없느니라"(요14:6)

예수님은 우리의 마음이 아버지께로 가기 위해 통과해야 할 길로서 자신을 소개하신다.

교인으로서 정(正)하려면 마음이 머무는(止) 그 하나(一)가 하나님 아버지여야 한다.

그 하나(一)이신 아버지께 직선으로 가서 머무르려면(止) 길이신 십자가의 예수님을 통과해야 한다.

또 거꾸로 말하면 이렇다. 십자가에 못 박히신 예수님을 통과하면 다른 어떤 것을 향해서 좌우로 치우치거나 수양버들처럼 굽지 아니하고 하나님 아버지께만 직선으로 가서 머물게 된다는 것이다.

왜냐면 십자가의 죽음은 하나님 이외의 대상들로 충만한 이 땅의 관계에 대해서 죽음을 의미하기 때문이며(갈6:14), 부활과 승천은 이 세상을 빠져나가는 별세, Exodus를 뜻하기 때문이다(눅9:31). 즉 예수님이 그리스도로서 이루신 죽음과 그에 이어서 연쇄적으로 일어난 부활과 승천과 보좌 우편에 이르는 일련의 연쇄 사건들은 그 과정의 끝에서 아버지 하나님 자신 이외는 그 어떤 대상도 만날 수 없는 외통수 길을 이루기 때문이다.

그래서 십자가에 마음을 두고 사는 삶 속에는 굽어 땅을 향해 드리워져 세간의 바람에 흔들리는 야리야리하고 뇌쇄적인 모습 따위는 아예 보일 수가 없다. 십자가를 통해 마음이 이 땅을 떠나서 직선으로 하나님께 보내진 자들의 삶에는 오직 하늘을 향한 대나무의 직(直)함이 풍기는 신비한 기운이 나타날 수 있을 뿐이다.

하늘에 계신 아버지 하나님을 향한 이러한 직(直)함이 드러나 보이지 않는다면, 아직 우리의 마음이 십자가를 통과하지 않은 상태이거나 한 번 만났던 십자가를 이젠 떠나 있는 상태이다.

예수님의 십자가에 도달하여 부활 승천으로 이어지는 연쇄 과정을 통해서 그 하늘길의 문을 열고 안쪽으로 들어서지 않는 한, 지독한 죄악에 정복된 우리의 마음은 아버지 이외의 다른 목적이나 아버지보다 앞서는 어떤 다른 관심거리에 의해 좌로나 우로나 치우치고 땅을 향해 아래로 굽어 버릴 수밖에 없다.

믿음을 유지함에서, 마음이 십자가 입구로 들어서서 부활과 승천과 보좌 우편에 이르는 예수님의 길을 따라서 하늘 아버지께로 직선으로 가는 흐름을 유지하지 않는 한, 그 이외의 다른 목적과 관심의 대상들은 중력같이 마음을 끌어당기고 흡입하여 땅으로 굽게(曲) 하는 힘이다.

이렇게 굽음의 상태에서는 우리가 설령 하늘을 향해 얼굴을 쳐들고 양손을 들어 올리고 하나님의 이름을 불러 대며 교회라는 이름으로 모여서 별의별 각종 계획을 세우고 상상도 못 할 충성과 열심과 성실로 그 계획들을 수행한다고 할지라도 결국은 우리의 마음이 하늘로 올라갈 듯 땅을 향해 굽어져 내려오게 되어 있다.

바로 이러한 예배당 모임이 영적인 수양버들들의 화류계이며 각각의 사람이 다 노류장화인 상태다.

수양버들 가지의 마지막 끝처럼 마음의 끝이 땅을 향해 있는 이 상태에서 우리들의 예배당 조직은 이제 그야말로 겁 없이, 주저 없이 못하는 소리가 없다.

땅 위에서의 번영과 성공과 안정이 하나님의 교회가 진리를 따라 향하고 있는 궁극적 내용이기라도 하듯이 열을 올리며 교인들의 마음이 땅의 형통한 삶을 향하도록 노골적으로 혹은 교묘하게 이끌고 있다. 쉽게 말해 소위 교회라고 불리는 예배당 조직은 곧고 좌우로 치우침 없이 하늘을 향하는 직(直)함의 교인들 대신 행궁 주변에 심겼던 수양버들의 군집 장소요 수양버들의 양산 공장이 되어 버렸다.

지극히 높은 보좌에 계신 아버지를 잠시라도 향하는 이유, 높은 하늘의 아버지를 찾는 이유가 모두 수양버들의 수많은 가지처럼 결국에는 땅을 향해, 또한 땅의 가치관에 먹혀 버린 자신을 향해, 다시금 굽어 내려오려는 목적 때문이다.

떡잎부터 알아봤다

주의 깊게 살펴 마음에 새겨야 할 예수님의 말씀 다시 한번 눈 크게 뜨고 읽어 보자.

" … 나로 말미암지 않고는 아버지께로 올 자가 없느니라"(요14:6)

그러나 실제 상황을 고려하면 이 말씀을 대하자마자 덧붙여야만 할 말이 있다.

"주님! 맞습니다. 십자가 못 박히시어 죽고 부활하시고 승천하셔서 보좌 오른편에 이르신 주님만이 사람의 마음이 아버지께로 가는 길이십니다. 그러나 문제는 교인이라는 사람 중에서 아버지께로 가고 싶어 애달파하는 자들을 좀처럼 발견할 수가 없습니다. 목사인 저부터 아버지 자신보다는 교회의 수적 부흥으로 가고 싶을 뿐입니다."

당신은 아버지께로 가는 것이 소원인가? 그렇다면 진심으로 사과드린다. 그러나 기분 가라앉히고 좀 더 이야기해 보자.

정직이 무엇인가? 교인의 경우 마음이 좌로나 우로나 다른 대상에 관심하여 치우침이 없이 바르고 곧게 하나님에게로 가는 것이다. 이 말을 예수님은 아버지께로 가는 것이라고 표현하셨다. 아버지께로 가 버리는 것이다.

아버지께로 가 버리는 것이란 아버지가 궁극적인 도착 지점이 된다는 것이다. 마음이 아버지께 가서 아버지를 만나고 느끼고 좋아서 그곳에 주저앉는(止) 것이다.

다른 어떤 곳에도 더 이상의 좋은 가치, 높은 가치, 행복함, 기쁨이 없기에 다시는 다른 곳으로 가려고 하지 않고 하나님을 아버지로 얻게 된 것이 인생 최대의 유일한 나의 기업(一)인 줄 알고 그곳에서 소위 마음잡는(止) 것이다.

마음이 오직 하늘에 계시는 아버지께 머물러 있기를 원하는 것은 온전히 세상 밖으로 떠나서 하늘에 계신 아버지께로 가 버리는 것을 뜻한다. 이것이 그리스도인들의 마음의 직선적 행적이 되어야 한다.

아버지께로 가 버린 마음, 그래서 도대체 이 땅에서는 그 어떤 대상에게서도 내 마음의 소재를, 마음의 흔적을, 마음의 자취를 찾을 길이 없는 것, 그것이 바로 하나(一)이신 하나님께 마음이 머무르면서(止) 눈을 크게 뜨고, 하나님 사랑이 온전히 잘되길 원해서 지켜보는(直) 교인의 정직이요 참신앙이다.

수양버들처럼 애당초 땅을 향해 드리워질 것을 기약하고 하늘을 향해 올라가는 것, 땅을 위해서 잠깐 하늘로 올라갔다가 다시 땅을 향해 내려오는 것, 땅에 속한 이유가 있어 하늘을 찾은 뒤 결국은 그 땅에 속한 이유의 완성을 위해 하늘 향함을 중단하고 땅으로 방향을 바꾸는 것, 이것은 아버지께 가는 것이 아니다.

그리고 이 경우는 하나님에 대한 정직도 아니고 그래서 신앙도 아니다. 물론 부정직하지는 않다. 단지 땅에게만 정직할 뿐이다.

정확히 말하자면 하늘을 향하는 듯 위장된 땅에 대한 정직이다. 하나님을 유일한 대상으로 인정하면 이런 상태는 무조건 거짓이다. 그러나 정직(正直)의 자형(字形)상의 논리를 기준으로 보자면 거짓이라고 하기보다는 완전히 다른 정직이고 완전히 종자가 다른 신앙이라고 하는 것이 더 적절하다.

여기서 루터 인간론의 유명한 명제를 기억해 보는 것도 괜찮을 듯싶다. "in curvatam in se" '자기 자신 안으로 굽어짐' 안에 있는 인간 존재를 일컫는 말이면서 동시에 그 당시 중세 스콜라주의 신학이나 르네상스 인문주의 인간론으로부터 복음적인 인간론을 확연히 구분하여 주는 명제이다.

하나님을 향한 인간의 직선 관계가 원천적으로 불가능함을 선언한 것이다. 이상한 일은 모든 사람은 이 땅에 있는 모든 대상 중에 그 하나(一)를 정하여 마음이 머무르기(止)는 너무나 자연스럽게 특별히 애쓰지 않아도 이루어진다. 그래서 세상 것에 관해서는 저절로 정(正)하고 직(直)한 관계가 가능하다. 즉 그것이 무엇이 되었든지 이 세상 것에 정직하여서 마음과 뜻과 힘을 다하여 사랑하지 않고 사는 사람은 없다.

 그런데 유독 하나님에게만은 이 정직함이 절대로 자연스럽게 저절로 안 된다. 선천적으로 마음이 하나님에 대해서만은 정직할 수 없도록 굽어 있다.

 그래서 예수님이 오셔서 유독 하나님을 향하여서만은 완전히 굽어버린 사람의 마음을 직선으로 펴기 위한 역사를 행하신 것이다. 그 역사가 바로 십자가에서 죽으시고 부활하시고 승천하시어 보좌 오른편으로 가신 그리스도 연쇄 과정이었다. 마음이 이 그리스도 연쇄 과정의 길 안으로 들어와서 예수님을 따라감으로써 하늘을 향하여 억지로 곧게 펴지지 않는 한 누구도 하나님께 가서 마음이 머무는 정직함을 이룰 수가 없다. 예수님 전에는 돈에 정직하였듯이 그렇게 자연스럽게 하나님께 정직할 수 없었다. 그러나 이제 이 세상 모든 것에 정직할 수 있듯이 예수님의 십자가와 그에 이어지는 연쇄 과정을 따라감으로써 하나님께도 정직할 수 있는 길이 열린 것이다. 그럴 마음만 있다면 말이다.

 소위 교인이라는 그 어떤 사람도 그의 마음이 그리스도의 연쇄 과정 안에 들어와 있지 않은 한 수양버들이다. 수양버들은 그것이 수양버들인 한, 뿌리의 처소인 땅을 향해 굽어지도록 결정되어 있다. 이것은 행위 이전에 존재의 문제요, 종자의 문제다. 인격의 DNA의 문제다. 인격성의 종자 자체가 애초부터, 그리고 결국은 자기 자신에게로 굽어져 돌아가게 결정되어 있다. 모든 고상한 동기의 장황한 언행의 결과가 끝내는 자기 자신에게로 굽어져 들어가게 되어 있다. 하늘에 계신 아버지께로 가는 것이 아니라, 땅에 있는 자기 자신에게로 돌아간다. 루터가 이해하는 한 아담 이후 타락한 인간은 천성적으로 아무도 아버지께로(一) 직선으로 가서 거기서 끝내고 머물기를(止) 원치 않는다.

수양버들이 노래하는 '정직'

이렇게 자신에게로 되돌아오는 인격적 유전 형질 때문에 소위 교회 안에서는 심지어 '정직'을 말해도 언제나 정직함으로 인해서 얻게 되는 이 세상적인 이득을 계산한다. 정직함이 형통한 삶의 여정에 훨씬 더 도움이 된다고 선전하는 경우를 왕왕 접한다. 수양버들의 기질은 '정직'조차 땅에서의 형통을 위한 수단으로 변질시켜서 패전의 전리품처럼 마귀에게 내줘 버리는 것이다.

이 땅 위에서 형통한 삶은 우리가 다그쳐 요구할 것이 아니다. 그것은 마음이 아버지께로 직선으로 정직하게 가서 그곳에 머무는 자들의 삶 속에서 사랑과 긍휼에 풍성하신 하늘 아버지 스스로가 이루실 아버지 자신의 몫이요 아버지의 자유와 뜻에 맡겨져야 할 일이다. 이 땅의 형통한 삶은 절대로 우리가 마음의 시선을 집중하여 노려야 할 것도, 기억해야 할 것도, 윤리적인 차원의 어설픈 정직을 설득하기 위해 동원될 미끼도 아니다.

만약 땅 위의 형통한 삶이 눈앞에 명백하게 약속으로 제시되는 가운데 교인의 정직이 말해질 수밖에 없다면 그러는 동안 우리는 어쩔 수 없이 수양버들이 된다. 그토록 바라는 이 땅 위의 형통한 삶은 자체가 그 하나(一)가 되어 우리 마음에서 하나님을 대체해 버리기 때문이다. 정직이란 형통한 삶이라는 미끼를 두고 유혹한다고 실천할 수 있는 일이 처음부터 아니다. 정직 자체의 본질과 가치에 눈뜨기 전에는 어떤 다른 미끼로 유혹하고 설득해도 하나님에 대한 정직은 없다.

나는 진정한 의미에서 정직한 자의 마음이 이 세상에서 형통한 삶을 살 것을 전혀 믿지 않는다. 오히려 이 세상을 떠나 아버지께로 가는 것과 그가 하늘 아버지에게서 마음을 머무르며 지고의 행복을 누릴 것을 믿는다.

참신앙인이라면 마음의 바람은 아버지께로 가는 것으로 끝이 나야 한다.

아버지 하나님 얻고 끝나는 것이다. 하나님을 넘어서는 그 이상의 바람은 있을 수가 없다. 그러면 하나님께만 정직함은 이미 포기된 것이다.

이것이 정직의 논리에 따라 이해되는 교회와 교인의 참신앙이다. 교인임을 자처하는 우리는 교인 아닌 사람들에 비하여 겉으로만 보면 당연히 아버지에게 온 사람들 같다. 그러나 실제로는 마음이 아버지에게 머물지 않는다. 다만 아버지를 부르며 찾을 때 마음에 필요해서 계산해 두었던 세상적인 이득만 챙긴 뒤 다시금 그 아버지를 삶의 현장에서 늘 찾고 부르기조차 중단하고 만다.

선민의 이러한 행태는 어제오늘의 문제가 아니었다. 이사야 선지자를 통한 하나님의 한탄을 다시 한번 들어 보자.

"이 백성이 입술로는 나를 공경하되 마음은 내게서 멀도다"(마15:8)

선민이라는 사람들의 마음이 머무르는(止) 그 하나(一)가 입술로 부르는 '하나님'이라는 이름이 가리키는 실제 하늘의 아버지 자신이 아니고 전혀 다른 이 세상의 대상들이 되었다는 의미이다.

그런데 정말 그렇게 하늘 아버지를 떠나 꼭 멀리 가야 할 만큼 좋고 대단한 목적이 이 땅 위에서 우리에게 있을 수 있다는 말인가? 만일 그렇다고 마음이 느끼는 상태라면 그 자체가 이미 신앙의 마음은 아니지 않은가?

어떻게 '하나님을 동원해서 이루고 싶은, 하나님 자신보다 더 크고 좋은 일'이 이 땅 위에 있을 수 있단 말인가. 아니다, 그럴 수 없다.

비유컨대 지금 기독교 종교가 되어 버린 교회는 일정한 무게의 납을 얻기 위해 수만 배 더 되는 무게의 순금을 물물교환하고 있다.

땅에 대한 정직의 순조로움의 순간에 즉 땅에서 마음을 다해서 관심을 쏟는 일이 원하는 대로 잘되는 형통함의 순간에, 하나님은 소위 교인들에게는 무슨 마라톤 시합의 반환점과 같다. 무슨 말인가? 삶의 순탄함을 허락하셨다고 하늘 아버지를 '좋으신 하나님'으로 소개하며 기릴 때면 언제나 하나님은, 도착하자마자 다시금 달려온 거리만큼을 더 달려가야 도달하는 최종 목적지를 향해 주저 없이 떠나야만 하는 마라톤 시합의 반환점이 되신다는 뜻이다. 왜냐면 하나님 자신은 교인들이 추구하는 최종적인 좋음 자체가 되지 못하고 계시기 때문이다. 언제나 세상 것의 좋음을 추구하기 위해 거쳐야만 하는 반환점이시다.

그러나 땅에서 순탄함을 주셔서 좋은 분이기 전에 아버지 자신이 내게 최고로 좋은 분이시다. 그러나 우리 마음이 향하는 최종 목적지는 애초에 아버지 자신이 아니었다. 루터의 말처럼 하늘 아버지와의 관계에서 내 마음은 이미 처음부터 온갖 땅의 것을 가득히 담고 있는 상태로 땅 위의 나 자신을 향해 굽어 있었다(曲). 그래서 믿음을 가지게 되었다고 하면서도 유일한 그 하나(一)가 되시는 하나님께 절대로 직선으로 가서 머물지를(止) 못한다.

이렇게 보면 의심은 한층 더해만 간다. 우리는 탕자의 비유에서처럼 그동안 마음이 멀리 갔다가 하늘 아버지께로 돌아왔다고 생각한다. 그런데 이 생각이 과연 맞는가? 그렇게 좋은 아버지께로 천신만고 끝에 돌아왔다가 그 아버지를 다시 떠나온다는 말이 성립되는가 말이다. 참으로 교인으로서 그 마음이 하늘 아버지를 만났다면 어떻게 교인이라는 우리의 마음이 그 좋은 아버지를 그리도 쉽게 떠나 이 땅의 온갖 것으로 되돌아올 수 있겠는가? 자기 안으로 굽은 체질로 인해서 본의 아니게 그 마음이 빈번히 땅으로 향하게 되더라도 일단 하나님 아버지께로 실제로 가 본 적이 있고 그래서 실제로 만난 적이 있는 사람은 이러한 자기의 끈질긴 굽은 체질과 지속하여 격렬하게 싸운다. 그러나 이 싸움이 교회의 역사 안에서 교인들에게서 일어났던 적이 얼마나 있었을까?

그렇다, 우리가 교인이라고 여기는 거반의 사람들은 아직 실제로 하늘 아버지를 만나기조차 못하고 있는지도 모른다. 아직도 온전히 하나님께만 정직해 본 적이 아예 없다면 실제로 아버지께 돌아온 적도 없는 셈이기 때문에 말이다.

다원주의 쌍둥이

예수님이 당신을 '길'로서 소개하시며 언급하신 그 '아버지'만이 우리의 마음이 머무를(止) 그 하나(一)여야 한다.

여기서 정말 깊고 넘어가고 싶은 것이 있다. 다원주의다. 혹시 이상한 혐의를 갖고 상상의 나래를 펴지게 될까 봐 급한 마음으로 선언한다. 나 자신은 종교적 다원주의에 대해 원수가 되기를 자처한다. 그리고 기독교 종교 안에 수많은 교단이 있지만, 이 모든 다양함을 초월해서 나와 같은 입장의 너무나도 많은 선후배 동료 목사님들과 교인들이 계신 것이 나는 마음이 뿌듯하고 펄펄 뛸 정도로 기쁘다. 그런데 이것이 웬 불행이냐? 종교적 다원주의를 철저히 반대하는 진영 안에서도 피치 못할 집안싸움이 예감되기 때문이다.

"나로 말미암지 않고는 아버지께로 올 자가 없느니라" 주님의 이 말씀 속에서 다원주의에 대한 지금까지의 비판적 문제의식은 주로 '나로 말미암지 않고는'에 제한되어 묶여 있는 형편이다. 그래서 바로 여기에 함정이 있다.

'아버지께로'가 너무 등한시되고 있다는 점이다.

예수님만이 '유일한 길'이라고 믿고 주장하는 교회 안에서 그 길의 '유일한 도착지'에 대한 경각심을 너무 느슨하게 풀어놓아 버렸다. '길' 되심을 언급하신 부분보다 조금도 못지않게 중요한 것이 '아버지께로 올 자가 없다'라는 길의 '도착지'에 대한 말씀이시다.

이 후반부의 도착지에 대한 지적을 등한시하는 동안 유일한 길이신 예수 그리스도의 교회 안에는 아버지 이외에 너무나도 많은 이단적이고 이방적인 사이비 목적지들이 생겨 버린 것이다.

예수님은 당연히 유일한 '길'이시다. 그처럼 아버지 하나님은 유일한 '목적지'이시다. 혹은 유일한 '도착지'이시다.

그런데 기독교 종교가 되어 버린 교회가 앞장서서 그 유일한 길에 불가분의 유일한 도착지를 혼란과 흑암 속에 밀어 넣어 버리고 말았다. 이제 예수님은 유일한 길이시면서 갖가지 목적지와 연합을 한다.

부자로 가는 길이고, 높아짐으로 가는 길이고, 순탄한 삶으로 가는 길이고, 건강으로 가는 길이고, 일류 대학 입학으로 가는 길이며 수적 부흥으로 가는 길이며 이 땅에서 소원하는 모든 목적지를 향한 길이 되었다. 그러므로 하늘 아버지께로 가는 유일한 길이신 예수님이 교인들에 의해서 땅에 있는 다양한 목적지와의 결합을 위해서 팔아 넘겨졌다는 인상을 지울 수가 없게 되어 버렸다. 왜냐면 예를 들어 가룟 유다에게도 역시 예수님은 마찬가지로 길이셨기 때문이다. 그리고 그 길의 최종 도착지는 결국 은 삼십 냥으로 귀결되었다. 이 사실을 두고 우리는 예수님을 팔았다고 가룟 유다를 비난하지 않았던가? 그러나 우리가 가룟 유다보다 낫나? 본래 그 유일하신 길 끝에 얻게 될 유일한 좋음이 되시는 하늘 아버지 자신의 소중하심에 비교하면 이 세상에서 얻고 싶어 예수님의 이름을 불러 가면서 도달하려는 모든 도착지는 모조리 다 은 30냥만도 못한 것들이 아닌가?

'도착지의 다원주의!', '목적지의 다원주의!' 예수를 팔아넘기는 가룟 유다의 행위를 반복하는 것이다. 이것이 '길의 다원주의'보다 그 해악이 못지않음을 절대로 잊어서는 안 될 것이다.

길의 다원주의와 도착지의 다원주의, 이 둘은 다원주의의 쌍둥이 형제다. 똑같이 치명적으로 위험하다.

예수님이 길이신 이유는 예수님의 십자가와 그에 이어 일어나는 부활, 승천, 보좌 우편까지의 과정 말고는 우리 마음이 달리 하늘 아버지께로 도달할 방법이 없기 때문이다. 예수님은 그 무엇도 그 누구도 아닌 아버지께로 가는 길이다. 이 땅 위에서 부자가 되는 길도 아니고, 손대는 일마다 순조롭게 되는 길도 아니며, 좀 더 고상하고 추상적인 가치들인 자유나 박애, 사회 정의, 생명의 경외 따위로 가는 길이 아니시다. 이 모든 종류의 목적지들은 우선 아버지께 가 놓고 나서 볼 일이다. 세상에서 이루어져야 할 일은 나의 목적지가 아니다. 그것들은 아버지께 직선으로 간 나를 통해 아버지가 땅에서 이루고 싶은 아버지 자신의 목적지로만 의미가 있다. 어떤 것도 교인이라는 사람들이 마음에 담을 그 하나(一)가 아니다. 그러면 하나님께만 정직한 대신에 다른 정직의 사람이 된다. 전혀 신앙인이 될 수 없는 완전히 다른 종자라는 뜻이다.

구약 성경에 보면 이러한 도착지들의 한 예로 풍요와 다산이 자주 등장한다. 이 도착지로 가는 길로서 표방되고 있는 것이 바로 가나안 족속들의 문란하기 그지없는 풍요의 주신(主神) 바알 숭배였다. 물론 그렇다고 그 누구도 이러한 물질적인 요소들이 없어도 삶이 무방하다며 당치 않은 거드름을 피울 처지는 못 된다. 그래도 역시 내 마음과 인격의 주관적인 역량이나 처지와는 상관없이 객관적으로 아닌 것은 아니다.

부자로 살건 가난하게 살건 하는 일이 잘되든 안되든 거듭 말하거니와 이 세상일은 엄연히 두 눈 시퍼렇게 뜨고 살아 계시는 하늘 아버지의 주권적인 자유와 아버지의 나를 향하시는 사랑과 약속과 결심에 위임되어야 할 아버지의 일이고 우리를 향하시는 아버지의 뜻에 속한 일이다.

우리가 마음에 담아야 할(正) 우리의 관심거리(直)가 아니다.

우리같이 악한 부모들도 자녀만은 잘되기를 바란다. 그런데 하늘 아버지는 마치 의붓아버지라도 되시는 듯 우리가 강압하지 않으면 아버지가 주시지 않을 것처럼 생각하여 교인이라는 사람들이 복과 형통 그리고 풍요와 다산을 향한 비전 등에 사로잡혀 난리를 치는 이유가 도대체 무엇인가. 일종의 영적인 고아 콤플렉스이다.

우리가 마음을 다해서 해야 할 일은 우리가 멋대로 그리는 순탄한 삶에 대한 비전을 품는 것이 아니다. 또 당연히 그곳에 도달하려고 길을 찾기 위해서 노력하는 것이 아니다. 또 그런 길의 하나로써 하늘에 계신 아버지를 찾는 것이 아니다. 그냥 우리는 가서 머물려는 목적으로 마음을 다해 직선으로 하늘에 계시는 아버지께 가는 것이다.

그냥 아버지(一)께 가서 도착했으면 그곳에 머무르고(止) 마는 것이고 아버지 자신을 얻은 것으로 내 인생의 기업이 완성되었다고(直) 여기는 것이다. 길의 다원주의가 교회에 미치는 악영향이 무섭다면, 그 질과 정도에 있어 도착지의 다원주의 혹은 목적지의 다원주의는 쌍둥이 형제 중에서 아마도 형벌에 해당할 것이다.

도착지가 다양해지면 길도 다양해질 수밖에 없다

"오직 의인은 믿음으로 말미암아 살리라"

하박국서에서 로마서로 인용되고 다시금 루터의 입에 담기면서, 성경의 그 어떤 말씀보다 유명세를 누리고 있는 구절이다. 예수님에 대한 믿음으로 말미암아 산다. 그 길밖에 없다. 그러나 기억하는가. 성경은 처음부터 길에 못지않게, 아니 길보다 더 먼저, 더 많이, 심지어는 길로서 오신 예수님 자신의 입을 통해서도 끊임없이 그 길의 최종 도착지에 대해 언급하고 있다는 것을.

"너는 마음을 다하고 뜻을 다하고 힘을 다하여 네 하나님 여호와를 사랑하라"(신6:5)

마음을 다해 사랑하라는 것은, 더는 하나님 외에 다른 대상을 사랑할 여력이 없을 만큼 그야말로 마음을 모두 다 쏟아부어 사랑하라는 말씀이다. 이 말을 바꾸어 《웨스트민스터 소요리문답서》 제1항에는 이렇게 묻고 대답한다.

"사람의 제일가는 목적이 무엇이뇨? 하나님을 영화롭게 하고 그분을 영원토록 즐거워하는 것입니다."

그렇다. 즐거워한다는 것은 마음이 한 분 하나님(一)께 기꺼이 머물며(止) 행복해하는 것이요, 영화롭게 한다는 것은 마음이 머무는 하나님이 나 자신과 내가 맺는 모든 관계에서 최상의 존재로 드러나시도록 눈을 부릅뜨고 지켜본다는(直) 것이다.

사실 따지고 보면 기가 막힐 따름이다. 길의 다원주의가 어디서부터 지원 사격을 받고 있는지 아는가? 예수님의 유일한 길 되심을 전매품처럼 고수하며 붙들고 있는 교회로부터다.

교회가 불난 집에 기름 붓듯 길의 다원주의의 폭발적인 확장에 적지 않을 정도로 빌미를 제공했을 수도 있다는 것이다. 천지를 지으시고, 그러나 인간 개개인을 개인적으로 인격적으로 관계하길 원하시는 여호와 하나님만이 저 유일한 길의 유일한 도착 지점이 되신다는 사실을 목숨을 걸고서라도 고수하지 않았다는 사실 때문에 길의 다원주의가 간접적으로 정당화될 수도 있었음을 부인할 수 없다.

인격적으로 우리를 향해 아버지이시기를 자처하신 바로 그 하나님께로 가는 길이 아닌 바에야 모든 종교에 구원이 있다는, 정신 나간 길의 다원주의자들의 말도 틀린 말이 아니지 않은가.

'천당'이라는 말을 먼저 사용한 불교의 해탈과 뚜렷이 구분도 안 가는 막연한 구원, 추상적인 무한한 자유, 생명에의 경외, 사랑과 박애, 종교적인 신비주의의 경험, 도덕 지상주의, 인생의 성공적 고지 탈환, 세상의 복, 가정의 행복, 원만한 인간관계, 치유와 다양한 은사, 성공, 출세, 형통 등등 이런 것들이 기독교 종교인들이 진심으로 도달하고 싶어 하는 도착지들이라면, 길의 다원주의를 주장하는 자들의 생각이 백번 타당하지 않은가? 도달해야 할 길 끝이 이 같은 것들이라면 굳이 예수님만 유일한 길이라고 고집할 필요 있는가? 이런 다양한 목적지를 표방하면서 정말 정신 나간 사람들처럼 유일한 길을 고집하는 기독교 종교는 그야말로 고리타분하고 편협할 뿐 아니라 다분히 고집스러운 무식쟁이들로 보이지 않겠는가. 유일한 길이신 예수님 이름을 소리 높여 외치면서 동시에 다양한 목적지를 입에 올리는 기독교는 일종의 영적인 변태 집단이다.

　전 세계 100대 재벌 중 진실한 기독교인이 몇 퍼센트나 되는지 누가 좀 조사해서 알려 주면 정말 고맙겠다. 나는 그런 것 조사하는 데 시간을 버리고 싶지 않다. 재벌 되는 것과 예수 믿는 것은 아무런 직접적인 상관관계가 없다고 믿고 있으니까. 그런데 말은 이렇게 번지르르하게 하는 나 자신을 보면 가관이다. 설교 중에 사용하는 예화는 어쩌면 그렇게 희귀종 중 희귀종인 예수님 믿는 갑부들의 이야기만 골라서, 마치 예수님 잘 믿으면 모두가 예외 없이 돈 잘 버는 목적지에 지름길로 가는 것처럼 설교할 수밖에 없을까? 나는 목사로서 이런 내가 정말 싫다. 이것은 장사다, 장사. 아주 악하고 치사하고 거짓으로 충만한 장사다.

　이런 상상을 해 보자. 일본의 대부분 재벌이 예수 안 믿는다는 사실을 잘 알고 있는 어떤 사람이 예배당에 발을 들여놓은 첫날 강단에서 울리는 설교를 통해서 재벌 되는 길로 예수를 소개받으면, 그는 당연히 다원주의자가 될 수밖에 없지 않은가. 그가 알고 있는 상식 안에서 꼭 예수님 아니라도 일본에서 이루어지고 있는 방식으로도 재벌은 될 수 있으니까 말이다.

　십자가에 달리신 예수님의 아버지 하나님을 그 하나(一)로 삼아 마음이 머물기(止)를 한순간인들 잊고 중단해 버리면 안 된다. 또 천지의 주재이신 창조주께서 예수 안에서 인격적으로 우리와 밀착하여 함께하길 원하신다는 이 사실을 잠깐이라도 뒤로 하면 안 된다. 하나님 대신에 나 자신을 그 하나(一)로 삼은 사랑과 관심의 울타리(止) 안에서 구원, 심판, 지옥, 천당, 아무리 떠들어 보아도, 다원주의자들은 틈바구니를 찾아 교회 안으로 스며들어 오게 되어 있다.

　기독교는 종교로서 구색을 갖추기 위해 이러한 단어들을 동원한다.

그런데 이런 단어를 마찬가지로 포함하고 있지 않은 다른 종교가 이 지구상에 있는지 나는 모르겠다. 종교의 이러한 일반적 특성을 잘 알고 있던 독일의 철학자 칸트(Immanuel Kant, 1724-1804)는 그래서 '실천이성의 요청'(Postulate der praktischen Vernunft)이라는 명제 아래, '요청'하는 세 가지 사항 중 '신'을 그 하나로 인간 세상에 소환하여 고맙게도 인생살이에 끼실 수 있도록 취직까지 시켜 드리고 있지 않았던가. 즉 도덕적인 삶이라는 또 다른 목적지를 그 하나(一)로서 마음에 품으면(止) 사람들은 그 목적지에 도달하기 위한(直) 하나의 수단으로 '신'이라는 초월적인 대상을 자기 삶에 취직시킨다는 뜻이다.

칸트에 따르면 실천이성의 주도하에 도덕적으로 예쁘고 착하게 살려면 상과 벌을 주시는, 종교에서 말하는 신이라는 존재가 최고의 선(summum bonum)으로서 요청된다는 말이다.

요청(要請)이라는 말에는 이런 뜻이 들어 있다. 신이 실제 있다 혹은 없다, 이따위의 무의미하고 불가능한 논쟁은 그만두자는 것이다. 하나님 자신이 진짜로 있거나 없거나 상관없이, 우리가 마땅히 도덕적 생활을 해야만 한다는 당위성은 분명하다는 것이다. 그런데 그러한 도덕적 생활의 당위성에 설득력을 부여하려면 신이라는 존재를 도덕적 의미에 있어 최고의 선이라고 설정해 놓자는 것이다.

다시 말하면, 상 주고 벌 주는 어른 없이는 아이들이 말썽만 피우고 말을 잘 안 듣는다는 것이다. 인생살이 사는 것은 운동장에서 선수들이 뛰듯 우리 인간들이 알아서 이 세상이라는 운동장에서 '자율적 이성'을 따라 뛸 것인데, 그래도 우리끼리 뛰면 박수도 비난도 함성도 야유도 없는 싱거운 짓거리가 될 테니, 신이라는 이름을 인정해 주는 대신 초청받고 세상에 오셔서 그런 것 좀 해 주시는 관객이 되시거나 아니면 판사의 옷을 입은 허수아비가 되어 달라는 것이다.

나 자신이 마치 무슨 칸트학파의 아류라도 되는 듯이, 도덕적으로 온전한 삶이, 길 되시는 예수님을 통해 도달해야 할 다양한 도착지 중의 하나인 것처럼 설교했던 기억들이 스스로 역겹다. 일찍이 유럽이나 한국의 선배 목사님들이 나처럼 그러지 않으셨더라면 좋았을 뻔하였다. 그랬더라면 '하나님에 대한 지식에 이르는 길은 오직 도덕적 양심을 통하는 길밖에 없다'라는 등의 불신앙적이고 반(反)복음적인 막말들을 신학이라는 이름 아래 마구 토해 내는 릿츨(Albrecht Ritschl, 1822-1889)학파 같은 칸트의 후예들이 많이 줄어들었을 것이 아닌가.

예배당 강단에서 울려 나오는 설교가 길 되시는 예수님을 통해 도달해야 할 도착지의 유일성을 잃으면서 예수님의 십자가 복음은 교인들 사이에서, 그렇다, 다른 어디도 아닌 바로 기독교 종교의 울타리 내에서 마구잡이로 유린당하여 왔고 지금도 유린당하고 있다.

기독교 종교가 복음을 무력화시킨다

왜 그리스도의 교회라는 이름 아래서 사람들은 마음을 이 땅 위에서의 풍요와 다산 그리고 형통한 삶과 다양한 인생의 비전 등을 그 하나(一)로 여기고 머무르는(止) 것일까?

도대체 왜 그리스도의 교회가 하나님을 그 하나(一)로 인정하여 머무르는 정직과는 전혀 종자가 이질적인 다른 정직의 사람들의 모임이 되어 버린 것일까?

왜 교회는 이 점을 구렁이 담 넘어가듯 은근슬쩍 뭉개고 지나가려고 하는 것인가?

인격이신 하나님 아버지 자신과 땅 위의 형통한 삶이 동급의 대상이라도 된다는 말인가. 이렇게 따지고 든다고 해서 내가 하나님께서 허락하시는 복과 형통, 건강, 재물 등을 나쁘다거나 불필요하다고 말하자는 것이 아니지 않은가.

그러나 하나님께서 주권적으로 관장하시는 이 땅 위에서, 몸으로 사는 짧은 동안 받을 복을 마음을 다해 사랑하는 것과 하늘에 계시는 영원하신 하나님 자신을 이 땅에서부터 마음을 다해 사랑하는 것은 전혀 같은 것이 아니지 않은가?

선민들에게 풍요와 다산을 주권적으로 관장하시고 삶을 순탄케 하시려는, 이 땅의 삶을 향하신 아버지의 사랑은 그야말로 아버지 자신에게 속한 사랑인 만큼 그분의 자유에 맡기고 제발 교인이라고 생각하는 우리 자신들만이라도 마음을 아버지께 첫 번째로 그리고 직선으로 드리는 일에 좀 신경을 써야 하는 일 아닌가?

"나로 말미암지 않고는 아버지께로 올 자가 없느니라"

이 말씀은 사실 아버지께로 가고 싶어 안달이 난 사람들 가운데서나 빛을 볼 수 있는 말씀이다. 아버지께로 가고 싶어 사방으로 그 길을 찾아 헤매며 애가 타서 죽어 가던 사람들에게 해 주셨어야 기쁨의 소리인 복음이 될 수 있었을 것이다.

그러나 우리는 애초에 아무도 하늘 아버지께로 마음을 다해서 가고 싶어 안달복달하다가 예수님을 만난 사람들이 아니었다. 아버지께로 마음을 직선으로 보내 드리고, 그곳에 마음이 머물고 싶은 열망이 없는 자들에게 십자가 복음은 복음으로서 효과를 거의 낼 수가 없게 된다.

왜냐면 복음은 아버지께로 가는 유일한 직선의 길이니까. 아버지께로 가는 것 말고 다른 목적지를 향한 길로의 역할은 결코 복음의 전공과목이 아니니까 말이다.

사업가에게 물어보자. 아버지께로 가는 것이 소원이었던 적 있는가? 자녀를 둔 어머니에게 묻는다. 하늘 아버지께 가고 싶어 안달해 본 적이 있는가? 목사인 나 자신에게 묻는다. 내 마음이 아버지께로 가고 싶은가 아니면 소위 성공한, 부흥하는 목회로 가고 싶은가? 왜 그렇게 열심히 기도하고, 왜 그렇게 열심히 심방하고, 왜 그렇게 설교를 잘하려고 애를 쓰고 있었던가?

'하나님께 맡겨라', '하나님께 순종하라', '하나님께 충성하라'라는 하나님 아버지에 대한 설교조차 목사 자신의 아버지께로 가고 싶은 열망과 교인들에게서 아버지께로 가고 싶어 하는 열망을 불러일으키기 위함인가, 아니면 결국 복음적으로 잘하는 설교라는 칭찬을 바탕으로 목회를 크게 일구어 보고 싶어서인가?

조금 더 다잡아서 한 번만 더 묻자. 힘차게 아버지께로 가야 한다고 설교하는 이유조차 내심 아버지께 가기 위함인가 아니면, 수양버들처럼 하늘에 계신 하나님 아버지라는 이름을 거쳐 다시금 땅으로 굽어 드리워지기 위함인가? 나 자신의 경우, 최소한 위에서 언급한 두 쌍둥이 다원주의의 위험을 역설할 만큼은 깨닫고 있음에도 불구하고, 내가 나에게 던진 질문에 대답이 궁색해진다.

루터가 말한 자기 자신에게로 굽어진 존재(in curvatam in se)라는 말은 바로 목사인 나 자신을 두고 한 말이다. 이것이 무슨 큰소리로 자랑할 일은 아니지만, 말하자면 나 자신이 영적으로 보자면 수나라 양제의 타락과 음탕을 상징하는 수양버들이요 노류장화다. 그리고 교인들을 수양버들로, 영적 화류계의 인사들로 만들어 예배당 안에 세워 놓고 수양버들 춤추는 길에 꽃가마 타고 시집가는 갑순이가 되고픈 사람이 바로 나다. 그래서 나 같은 목사들은 사실 옛날 수양제보다 더 그

죄질이 나쁘다.

종자가 수양버들이라서 "in curvatam in se"의 자신 안으로 굽은 유전 형질을 지닌 사람들이, 하늘을 향해 뻗은 길의 시작점인 십자가에 못 박히신 그리스도를 접하자마자 그 예수님의 길을 모두 땅을 향한 길로, 자기 자신에게로 회귀해 돌아오는 길로 임의로 굽게 만들고 말았다. 하기야 아예 종자가 달라 하나님에 대해선 이름을 부르며 올라가는 척하다가 다시 굽어 땅에 드리워질 수밖에 없는 수양버들인 자들에게 어떻게 직(直)하기를 기대하겠는가.

하나님을 향한 마음의 곧음에 대한 필요성을 우리가 혹시 자각한다고 할지라도 그 자각이 일어나는 내 인격 자체가 이미 모든 생각과 행위의 출발에서부터, 그 동기에서부터 하늘에 계신 하나님이 아니라 나 자신을 향한 굽음(曲)의 상황 안에 있음이 현실이다.

세상을 돌아보고 나서 방금 하늘나라 회의 석상에 도착한 사탄에게 순전하고 정직한 사람으로 오직 욥 한 사람만을 자랑하실 수밖에 없었던 하나님 아버지의 딱한 심정이나 '내가 아버지께로 가는 유일한 길'이라고 말씀하시면서도 또 한편으로는 "인자가 올 때에 세상에서 믿음을 보겠느냐?"(눅18:8)라고 회의하시며 말씀하시던 아들 하나님의 심정이 빼다 박은 닮은꼴이었을 것이다.

도착지의 다원주의! 길의 다원주의만큼 이것이 교회의 원수다.

복음을 위하는 섬김을 전매특허 낸 교회는 길의 다원주의 도전 때문에 망하는 법이 없다. 길의 다원주의는 언제나 정통 교회에 자극이 되었고 경각심을 불러일으키는 긍정적인 기능을 수반하기도 한다. 노골적으로 그리스도를 비난하고, 그분의 유일하신 메시아 되심에 흠집을 내려는 사람들 때문에는 언제나 교회는 더욱 강화되고 더욱 질긴 근성을 키우고 단합해 왔다.

그러나 교회는 도착지의 다원주의의 폐해를 감지하지 못함으로 인해서 내부로부터 붕괴하면서 기독교 종교로 전락해 버렸다. 왜냐면 도착지의 다원주의는 교회 외부가 아니라 내부에서 발생하고 그러므로 그것에 대항할 세력이 없기 때문이며 또한, 유일한 도착지를 다원화시켜 버리므로 결국은 교회의 근간인 길의 유일성까지도 무력화시키기 때문이다.

교인들이라는 사람들의 마음이 직선으로 세상 밖으로 나가 하늘에 계시는 하나님 아버지께만 가는 것으로 만족하여 끝내질 못하고 이 땅 위에 있는 다양한 다른 목적지를 향해 다시 굽어져 수양버들처럼 아래로 드리워질 때 어떤 일이 일어날까? 땅을 박차고 올라 하늘 아버지께로만 가는 유일한 길인 예수님의 복음은 소위 하나님이 아닌 다른 대상을 그 하나(一)로 삼고 있는 소비자 지향적으로 그릇 해석되고 선포된다. 즉 삶의 현실에서 땅에 마음을 붙이고 있는 사람들의 필요에 따라 하나님 이외의 다양한 목적지와 연결됨으로써 복음은 철저히 무력화된다. 그 결과 선민의 공동체와 교회는 구약 시대에 망했던 것처럼 지금까지 망해 왔고 또 앞으로도 망하게 될 것이다.

버스 터미널의 막차 풍경

늦은 시간 경기도 오산에 계신 어머니 댁을 가려고 서울 서초동 남부 버스 터미널에서 시외버스를 타야 할 때가 있었다. 서울에서 일을 보다 보면 때때로 막차를 놓치지 않으려고 안달복달을 하며 터미널을 향해 달려가야 할 때가 종종 발생한다.

그 시간대가 되면 오산 가는 차편만이 아니라 여러 노선이 막차를 세워 놓고 승객을 기다리고 있는 모습이 눈에 띈다. 버스 회사 종업원들이 이 막차를 놓칠 불행한 손님이 없기를 바라는 마음으로, 또한 한 사람이라도 더 태워야 회사에 보탬이 된다는 마음으로 최종 종점을 크게 소리 높여 외치는 광경을 접하게 된다. 안성 손님 안 계세요? 평택 손님 안 계십니까? 어떤 때는 빈 차로도 내려가야 한다. 그럴 때면 기사 아저씨도 버스 회사 종업원도 허전하고 쓸쓸하기 그지없겠다는 마음이 들곤 했던 기억이 난다.

이제 그 쓸쓸함을 예수님의 마음에 오버랩시켜 본다.

교회라는 종합 버스 터미널에서 예수님은 마치 버스 회사 직원이라도 되신 듯이 외치신다. '아버지께로 갈 손님 안 계세요?'

기적이라는 도시로, 형통이라는 도시로, 문제 해결이라는 도시로, 또는 더 종교적인 의미의 도시들 예컨대 사후 천당이라는 도시, 나의 죄 사함이라는 도시, 나의 구원이라는 도시 그리고 연금과 보험 등으로 보장된 안정된 생활이라는 도시로, 또 비교적 새로 생긴 신도시로서는 비전과 꿈이라는 도시, 인생의 괄목할 목적이라는 도시로 가는 차에는 승객이 바글바글하다.

그런데 마음이 세상 자체를 떠나야 출발할 수 있는 하늘 아버지께로 도착하는 길을 달려야 할 차에는 승객이 없다. 단지 소원하는 다른 도착지에 빨리 그리고 순탄하게 이르려고 지름길을 찾아 헤매는 자들에게, 능력과 지혜를 얻기 위한 잠깐의 경유지로서만 주목받을 뿐, 아무도 그곳을 종점 삼아 내리려는 사람은 없다. 교회라는 버스 터미널에서 하나님 아버지 자신에게로 가는 버스 노선만은 지속하는 적자 운행으로 거의 폐쇄 직전이다.

유일한 길과 유일한 목적지는 불가분이다

여기서 우리는 좀 더 심각한 문제에 봉착하게 된다.

과연 길과 최종 도착지를 따로 떼어서 생각할 수 있겠는가 하는 점이다.

아버지께로만 가는 유일한 길 되시는 예수님을 정말 바로 믿었는데 결국 아버지 말고 다른 종점을 향해 있거나 도달해 있을 수도 있는가 말이다. 목적지로부터 추상화되어 있고 별도로 격리된 길이란 있을 수가 없다. 이는 분명히 목포행 버스에 탑승했으므로 결코 부산에 도착할 수 없는 것과 같다.

그렇다면 아버지께로만 가지도 않으면서, 또 가고 싶어 하지도 않으면서 예수님의 유일한 길 되심을 주장하는 것은 참으로 이상하기 그지없는 일이 아닐 수 없다. 이는 마치 목포로 가고 싶은 사람이 부산 가는 버스를 올라타고는 이 버스가 목포 가는 유일한 버스라고 목숨을 걸고 주장하는 것과 무엇이 다를까?

정말로 처음에 목적지를 분명하게 정하고 그에 합당한 길을 바르게 선택했다면 목적지에 도달하는 것은 따로 특별한 노력을 들이지 않아도 되는 일이 아닌가? 처음에 목포행 표시를 확인하고 올라탄 기차는 내가 힘쓰지 않아도 목포로 간다. 길과 최종 도착지의 관계에서 성립하는 이러한 논리를 염두에 두고 가정해 보면 어떤가. 심지어 아버지께로 간다는 목적의식이 혹시 전혀 없다 할지라도 정말 길 되시는 예수님을 제대로 믿어서 올라탔다면, 그 길에 이끌리어 최종 도착지인 하늘 아버지께 도달하지 않겠는가? 그랬다면 하늘 아버지를 만났을 것이며 그리고 그랬다면, 아버지 자신의 매력에 빠져 마음이 그 옆을 떠난다는 것이 얼마나 끔찍한 일인가를 실감하게 되었을 것이 아니겠는가? 그랬다면 한국 교회의 상황은 지금과는 참으로 완연하게 달랐을 것이다.

어떠한 길에든지 바르게 올라섰다면 그 길이 우리를 특정한 최종 목적지로 이끌게 되어 있다.

그러므로 사정은 이렇다. 아버지께로 가지 않고 있다면 예수님을 믿는 것도 아니라는 것이다. 즉 하늘 아버지를 만나 그분 한 분(一)에게만 머무름으로써(止) 주어지는 평강과 완전히 만족한(直) 상태의 마음이 우리 안에서 발견될 수 없다면, 우리 한국 교회가 아무리 예수님을 유일한 길이라고 주장하고 변호하고 외쳐도, 우리의 신앙은 실제로 예수님이라는 유일한 참된 길 위에 올라 서 있는 것이 아니다.

길과 도착지 사이에 놓여 있는 지극히 상식적인 논리적 연관을 솔직하게 따라오다 보니 소위 교회라고 불리는 단체에 소속된 회원들이 실제로는 상당 부분 예수님을 전혀 믿고 있는 것이 아닐 수도 있다는 결론까지 도달해 버렸다. 참으로 나 자신도 황당한 느낌을 지울 수가 없다. 아무리 이 지상의 교회의 영적인 상황이 열악해서 무늬만 남았다고 해도 정말 이러한 지경까지 이르렀을까?

그러나 어쨌건 예수님을 십자가 복음이 제시하고 있는 그대로 믿는 것이 그렇게 쉬운 일만은 아닌 것이 틀림없는 사실인가 보다. 왜냐면 몸이 아직 살아 있는 동안에 마음은 벌써 예수님과 함께 부활, 승천, 보좌 우편까지 이르는 그리스도의 연쇄 과정을 따라서 이 세상을 떠나 있어야만 하기에 말이다.

"목사님들 예수 잘 믿으세요!"

한경직 목사님께서 은퇴하신 뒤 불편하신 몸을 의지하시기 위해 남한산성 사택에 머물고 계실 때 교계의 원로 중진 목사님들이 병문안을 목적으로 한경직 목사님을 방문하게 되었다고 한다. 대화가 진행되며 분위기가 무르익어 가는 가운데 어느 목사님 한 분이 말씀하셨단다.

"한 목사님, 모처럼 이렇게 교계 중진들이 한자리에 모였는데 좋은 말씀 한마디 해 주세요."

한참을 골똘히 생각하시던 목사님께서 간곡한 어조로 하신 한마디 말씀이 "목사님들 예수 잘 믿으세요!"였다는 것이다.

이 에피소드를 전하는 책에는 "순간 한 목사님의 간곡한 당부 말씀을 들은 교계의 원로 중진 목사님들은 당황했다"라고 회상하고 있다.

한국 개신교 전체의 목사님이셨던 한경직 목사님께서 당신의 뒤를 이어 개신교회를 이끌어 가시던 중진 후배 목사님들에게 주신 실로 당황스러운 이 권고의 의미가 무엇이었을까? 후배라고는 하지만 모두가 평생을 헌신하신 교계의 원로요 중진 목사님들이시다. 소위 예수님 믿기의 전문가요 달인들이라고 자타가 인정하는 분들이다. 그런 분들을 마음으로부터 무시하시는 말씀이셨을까? 연로하셔서 그만 그 장소가 목사님들의 모임이라는 사실을 잊으시고 새 신자반으로 착각하신 까닭이었을까? 아니다.

목사로서 신앙인으로서 그것도 비교될 수 없는 비중의 지도적 위치에서 한국 교회의 격동기를 겪으며 모든 인생의 역정을 통과하신 뒤 한경직 목사님 자신에게 결론적으로 남은 한 마디의 결론이 바로 '예수 잘 믿는 것'이었다.

개신교를 대표하는 큰 목사님께서 갖고 계시던 후배 중진 목사님들을 향한 한 가지 걱정은 목양 일념이나 교회 부흥에 대한 것이 아니었다. 그렇다고 예배당 건축에 관한 것도, 넉넉한 재정에 관한 것도, 전

세계를 품는 선교 비전에 관한 것도, 정의로운 사회를 위한 사회 참여나 구제와 봉사의 강화를 위한 프로젝트 개발에 관한 것도, 교회력에 맞춘 이벤트 구상에 관한 것도 아니었다. 오직 각자가 '예수님 잘 믿음'에 관한 것이었다. 한경직 목사님조차 예수 믿는 것의 참의미가 무엇인지를 아시게 되는 데까지 마치 평생이 걸리신 것처럼 느껴지게 하는 이야기다.

나 자신이 그 한경직 목사님이 세우신 영락교회에서 섬기던 마지막 해 가을, Visiting Scholar로 미국 프린스턴 신학교로 떠나기 얼마 전 장로님 한 분과 함께 남한산성을 찾았던 적이 있었다. 한 목사님께서 돌아가시기 7, 8개월 전쯤으로 기억한다. 가을 날씨의 쌀쌀함을 막기 위해 담요로 무릎을 두껍게 덮으시고 휠체어에 앉으시어 바깥마당에서 신선한 남한산성의 공기와 햇살을 즐기고 계셨다.

다가가서 인사를 올린 뒤 동행하신 장로님께서 말씀을 건네시는데 이제 더는 대화를 못 하신 채 그저 반갑게 웃기만 하셨다. 연세가 근 백 세가 다 되시는 근접하기조차 어려울 지경으로 존경하는 주님의 노종을 뵙자 혹시 이 만남이 마지막일지도 모른다는 생각에 마음에 밀려오는 감격을 주체하기가 어려웠다. 그래서인지 가벼운 경련이 느껴지는 한 목사님 손을 잡으며 나 자신이 황망 간에 목사님께 드린 말씀이 다음과 같았다.

"목사님, 이제 한국 교회 걱정하지 마시고 편안히 하나님 아버지께로 가십시오."

비록 말씀은 못 하지만 아직 총기가 그대로이신 크고 크신 어른 목사님을 향해 이 무슨 햇병아리 목사의 망언이란 말인가. 동행하셨던 장로님께서 당황하셔서 내 옷자락을 잡아당기시던 일이 기억날 때마다 참으로 오랜 세월이 지난 지금까지도 얼굴이 뜨끈뜨끈해진다.

그러나 목사로서 신앙인으로서 생의 시간이 지날수록 얼떨결에 드렸던 그 말씀 가운데 목사님의 한국 교회에 대한 걱정 운운한 부분은 그리 많이 틀린 내용은 아니었다는 생각을 하게 된다. 원로 중진 목사님들에게 예수 잘 믿으시라고 권면하시려면 그러실 수밖에 없는 마음의 이유가 있었음에 틀림이 없었을 것이다.

그렇다면 그렇게 중진 목사님들의 믿음조차 염려스러운 상황을 염두에 두시고 한국 교회를 보고 계시는 동안 그 어른이 어찌 한국 교회를 등 뒤로 하시고 마음 편히 하늘 아버지께로 가실 수 있었겠는가.

그때 만일 위의 에피소드에서처럼 나 자신이 한 목사님께 좋은 말씀 한마디 부탁드렸다면 무엇이라 하셨을까 생각해 본다. 정말 정신없이 하늘 아버지께로 가시라고 말씀을 드리는 순간 당황스럽기에 족할 만큼 압박감이 느껴질 정도로 내 손을 꼭 쥐셨던 일을 기억한다. 지금 생각해 보면 '좋은 말씀' 대신 그토록 꼭 내 손을 쥐셨다는 느낌이다.

그러면 그 뜻은 무엇이었을까? '네 이놈!'이라는 호통 대신이었을까. 아니다. 그렇게 생각하기가 어려운 이유는 손에 힘을 주시면서 나를 바라보시는 얼굴에는 여전히 너무 해맑게 웃음이 가득하셨기 때문이다.

정확히는 모르겠지만 이제 짐작은 간다. 한경직 목사님께서 교계 중진 목사님들에게 '목사님들 예수 잘 믿으세요!'라고 하셨다면 틀림없이 나같이 여러 면에서 애송이인 목사에게는 '잘' 자를 빼시고, 불쌍히 여기시는 사랑의 마음으로 다음과 같이 말씀하셨을 것이다.

"태 목사, 이제 다 그만하고, 예수님 믿기만 시작해!"

한경직 목사님께서 생의 마지막에 한국 교회와 교인들을 바라보시면서 그 마음에 붙잡으신 간절한 목표는 어떤 이유에서건 예수 잘 믿는 것이 되어야 했었다. 지금 한국 교회 아니 모든 지상의 교회에서 '예수님 믿음'은 교인들 각자에 의해 이미 잘 처리된 기본 중의 기본으로 치부되고 있다. 그런데 바로 그 기본 중의 기본인 믿음의 문제를, 한 목사님은 한국 교회의 지도자적인 목회자로서 삶을 다 사신 뒤 생의 마지막 구간에서 새삼스럽게, 원로 중진 목사님들 앞에 목표로 내세우시며 한 신앙인으로서 생을 마치셨다. 휠체어에 앉으신 채로 쇠약해질 대로 쇠약해지신 상태에서 힘을 다하시기라도 하듯 내 손을 꼭 쥐시던 그 어른의 뜻을, 나는 나름대로 또 이렇게 생각하며 마음에 새기고 있다.

'태 목사 내가 지금 자네 손을 있는 힘을 다해 쥐듯이 그렇게 십자가 예수님 붙잡고 여호와 하나님만을 마음과 뜻과 힘을 다해 사랑해야 해!' 즉 오직 하나님께만 정(正)하고 직(直)하라고 말씀하신 것이라고.

천당은 마음이 머물(止) 그 하나(一)가 아니다

예수 천당! 불신 지옥! 이라는 길거리 전도자들의 우렁찬 외침이 떠오른다. 길이신 예수님 믿으면 천당 간다. 그러나 우리 자신에게 분명히 해 두자. 천당으로 가려고 예수 믿는 마음은 복음적인 정직(正直)이 아니고 그래서 참믿음도 아니다.

천당이라는 단어 자체가 불교에서 나온 것임을 자존심 상해할 필요는 없다. 그 단어의 속 내용을 복음적인 것으로 채우면 되니까. 천당이라 하거나 천국이라 하거나 여기서는 같은 의미임을 기억하자. 그러나 어쨌든 믿음 속에 들어있는 정(正)과 직(直)의 논리로 볼 때 마음이 머물러야 할(止) 그 하나(一)로 천당을 선택하는 믿음은 전혀 복음적이지 않다. 이 역시 나 자신을 향한 굽음(曲)이다.

예수님은 아버지 자신께로만 가는 길이지 천당으로 가는 길이 아니다. 내 마음이 머무르는 대상의 문제를 이제는 면도칼로 베듯이 정확하게 구분해 내어야 한다. 이제 더는 두루뭉술하게 넘어가려 하지 말자. 예수님의 아버지께로 가서 보았더니, 그 아버지의 보좌가 있는 곳이 천당이고 천국인 것이다.

천당 가려고 예수님 믿는다는 말은 전혀 이방 종교적인 다른 정직이다. 사후에 내가 있을 최고의 장소를 그 하나(一)로 삼는다는 뜻이기에 그렇다.

천당을 그 하나(一)로 삼아 교인들의 마음이 머물러(止) 있는 한 극락왕생을 외치는 불교와 다를 바가 없다는 다원주의자들의 말이 힘을 얻게 되어 있다.

우리는 천당이 아니라 하늘 아버지께만 가려고 예수님 믿는다.

먼저 그 마음으로 하나님 아버지를 본 자가 천당을 보게 되고 가게 된다는 것은 맞는 말이고 또, 그렇게 될 수밖에 없다. 그러나 마음에서 천당을 먼저 본 자가 하나님을 본다는 것은 거짓이고 실현 불가능하다.

우리의 마음이 하나님 아버지보다 더 먼저 보는 천당은 하나님의 보좌와 주님이 계신 실재의 천국이 아니라 종교적 상상력이 만들어 내는 망상적 희망 사항에 불과하다.

예수님 십자가의 복음이 나 자신 안에 들어와 심하게 굽어 버린 마음을 통과하다가 결국 믿음의 최종 목적이 내가 갈 천당이 되어 버리고, 그래서 종래는 마음이 머무르는(止) 그 하나(一)가 '천당 갈 나' 혹은 '천당에 있을 나' 자신임이 판명되어 버리고 마는 것이다. 이 경우 나는 복음의 정직과는 이질적인 다른 정직 안에서 하나님 아버지 자신이 아니라 '천당 갈 나' 자신에게 정직한 것이고 궁극적으로는 하나님이 아니라 바로 '나' 자신을 경외하는 것이 되어 버린다.

그럴 리가 없겠지만, 우리의 생각을 분명하게 할 필요가 있어서 말도 아닌 가정을 하고 질문을 던져 본다.

하늘 아버지가 천당에 안 계시고 그런데 천당은 지금의 천당 그대로 실제로 좋고 황홀한 곳이라면 우리는 어떻게 해야만 하는가.

다시 말하거니와 우리의 생각을 분명하게 할 필요가 있어서 가정하는 것이다. 아버지 계신 곳과 영원히 머물기에 그렇게 좋다는 천당이 서로 다른 곳이라면 아버지께 갈 것인가 천당 갈 것인가? 당연히 예수님을 믿는다면 천당 포기하고서라도 아버지께 가야 한다. 예수님은 천당이 아니라 아버지께 가는 길이시니까. 이런 가정하에서는 꼭 천당을 가려면 하늘 아버지도 그리고 그 아버지께 가는 길인 예수님 믿는 일도 포기하여야 한다. 만약 예수님도 하나님도 안 계시는 천당을 눈에 보이게 드러나도록 보여 준다면 지금 현재의 추세로는 교인이라는 사람들 대부분은 예수님 하나님 다 등지고 천당으로 곧장 달려갈 것이 분명하다.

일단 이렇게 가정해서 오직 아버지께만 정직한 것이 무엇인지를 정확히 하고 분명히 하였다면, 인정해야 할 당연한 사실은 아버지가 계신 곳이 바로 천당이라는 것이다.

천당 간다고? 어디로 가겠다는 것인가. 찬송가 가사처럼 '높은 산이 거친 들이 초막이나 궁궐이나 내 주 예수 모신 곳이 그 어디나 하늘나라'인 것이 맞다.

실천적인 측면에서 우리가 찾아야 할 천당은 따로 없다. 아버지를 찾으면 천당은 바로 그곳에 있다.

이것도 말도 안 되는 가정에 불과하지만, 혹시 하나님 아버지 계신 곳이 환경적인 측면에서 아주 열악하다면 어쩔 것인가. 천당이 아버지가 있는 곳은 맞는데 이 세상보다 더 좋은 면이 없는 곳이라고 하면 갈 것인가 말 것인가? 그래도 아버지께 우리는 가야 한다.

그러니 엄밀하고 정확히 이해해야 한다. 하늘 아버지 자신만을 그 하나(一)로 하여 마음이 머무르는(止) 정직함이 없는 한, 천당의 실재함을 믿고 있다는 고백 자체도 신빙성이 거의 없는 낭설이나 자기기만에 불과하다. 비록 아직 내가 이 땅 위에 살아 있는 동안에도 천당이 막연한 희망이 아니라 구체적인 나 자신의 현실로 나의 기업이라고 믿어지고 실감될 수 있는 이유는, 길이신 예수님을 믿음으로써 천당에 계신 하나님 아버지에 대한 정직(正直) 즉, 참사랑이 활성화되고 있기 때문이다. 꼭 집어서 하나님 아버지 자신(一)에게만 마음이 가서 머무름(止) 없이 천당이 있음을 믿는다고 하는 확신은 다 교회의 왜곡 형태인 기독교 종교에 속은 오류이고 자기기만이다.

이러한 하나님 아버지께만 정직한 마음을 다하는 사랑 없이 말하는 천당은 실재의 천당을 실감해서가 아니라, 죽음 이후의 세계에 대한 막연한 두려움과 종교적 망상이 만들어 내는 사후 보험에 불과하다.

그리고 실재하는 천당을 내가 믿고 있는지는 천당 가기 위해서라면 지금이라도 죽고 싶은가를 스스로 물어보면 정확히 진단할 수 있다. 다른 곳도 아니고 바로 천당을 실제로 느끼고 있는 마음에 어찌 이 땅 위에서의 무병장수가 복으로 느껴지겠는가. 사도 바울의 고백 같은 말씀이 기억난다.

"우리가 담대하여 원하는 바는 차라리 몸을 떠나 주와 함께 거하는 것이라"(고후5:8)

"내가 그 둘 사이에 끼었으니 차라리 세상을 떠나서 그리스도와 함께 있는 것이 훨씬 더 좋은 일이라 그렇게 하고 싶으나"(빌1:23)

그러면 여기서 아버지 하나님을 그 하나(一)로 하여 마음이 머물며(止) 그분에 대한 사랑의 충만함과 그분의 뜻이 온전하게(十) 성취됨을 위해 눈(目)을 부릅뜨고 숨어(乚) 지키듯 애쓰는 정직(正直)함이 없으면 결코 천당을 실감하는 믿음이 성립할 수 없다는 사실을 예를 들어 비유적으로 설명해 보자.

천국에 관한 참믿음 거짓 믿음

내가 독일에서 유학한 곳은 당시 남쪽으로는 튀빙겐과 하이델베르크 그리고 북쪽의 뮌스터와 더불어 독일의 4대 대학 도시 중 하나인 당시 인구 13만에 불과한 괴팅겐이라는 도시였다.

유학을 결정하고 어머니께 알려 드렸더니 물어보신다. 정확히 독일이 유럽의 어디에 있으며 더구나 괴팅겐은 독일의 어디쯤인가 하는 궁금증이 발동하신 것이다.

그 뒤로 유학 기간 5년 남짓한 기간을 하루같이, 대한민국 할머니 중 십중팔구가 전혀 알지도 못하시고 알 필요도 없으신 독일의 대학 도시 괴팅겐을 어머니는 꿈에도 잊지 않으시고 기억하시며 마음으로 보고 계셨다. 독일 땅 안에 괴팅겐이 존재한다는 사실은 모든 한국 할머니들에게 동일한 객관적인 사실이다. 그러나 이 작은 대학 도시의 존재가 다른 할머니들에게는 마음을 두어야 할 삶의 현실이 아니라 단지 알 필요도 없는 단순한 사실 그 자체일 뿐이었다.

그러나 어머니의 경우는 달랐다. 어머니에게 괴팅겐은 단지 하나의 사실이 아니라 특별한 관심의 대상으로 승격한 사실 즉 현실이었다. 독일도 아닌 옆 나라 프랑스에 폭우만 쏟아져도 어머니는 어김없이 괴팅겐으로 전화를 하셔서 안부를 묻곤 하셨다. 그러면 왜 어머니의 마음에 유럽의 작은 도시 괴팅겐이 그리도 지속적인 관심의 대상이었으며, 당신 자신 삶의 현실로서 편입되어 늘 마음에 뚜렷하게 보였을까? 그곳에 사랑하는 아들이 가 있었기 때문이었다.

그러나 그 아들이 유학을 마치고 괴팅겐을 떠나온 뒤로, 내 기억이 맞는다면, 어머니는 강산이 몇 번이나 변할 그 긴 세월 동안 두 번 다시 이제 더는 아들이 없는 그 대학 도시 괴팅겐을 언급조차 하지 않으셨던 것 같다. 어머니의 의식에서 괴팅겐은 완전히 사라져 버리고 말았다.

천국에 대한 관계에서도 경우는 동일하다.

기회만 되면 천국 관련 찬송을 힘차게 불러도, 실은 무병장수가 여전히 지금 당장 죽어 천국 가는 것보다는 훨씬 더 마음에 끌리는 복으로 느껴지는 까닭은 무엇일까? 사도 베드로와 초대 교인들이 보았듯이, 스데반 집사님이 보았듯이, 사도 바울이 보았듯이 그렇게 천국을 우리 마음이 보고 있지 못하기 때문이다.

그렇다면 왜 천국이 마음에 안 보이는 것일까?

어머니께서 괴팅겐을 마음으로 보시게 된 이유를 거꾸로 생각하면 알 수 있다. 사랑하는 아들이 없었다면 어머니는 괴팅겐을 보실 수도 보실 필요도 없으셨다.

이처럼 무엇인가 엄연히 실재하는 사실이라도 사랑하는 마음이 가서 닿을 이유가 없으면 그 어떤 사실도 단지 무관한 사실일 뿐 내 현실이 될 수가 없다.

마찬가지로 하나님 아버지께만 정직하여 그분만을 사랑하지 않으면 아버지가 계신 천국이 마음에 안 보이게 마련이다.

이 땅 위에서 사는 동안 내가 마음으로 못 본다고 객관적인 천국의 실재에 문제가 생기는 것은 아니지만, 못 보는 자에게 천국은 마음과 동떨어진 무관한 사실일 뿐 실감되는 현실이 아니다. 먼저 하나님 아버지께 마음을 드려야 비로소 그 아버지가 계신 천국이 마음에 보이고 나의 현실이 될 수 있는 것이다. 4차원의 천국이 3차원을 사는 우리에게 현실감의 대상이 될 수 있다는 사실이 그저 놀랍지 않은가?

이처럼 마음이 하나님께만 정직하기 때문에 보이는 현실로서의 천국이 아닐 경우, 그러한 내 생각 속의 천국은 지옥 갈 것이 두려워 채택한 하나의 심리학적 대안이거나 사후 세계에 대한 보험으로서, 안개에 덮여 있는 막연한 일반 종교적 소망이다. 그런 천국은 십자가에서 죽었다가 부활하신 주님께서 약속해 주시고 먼저 올라가 계신 그 실재의 천국이 아니다. 즉 천국에 대한 거짓 신앙이 되어 버리고 만다.

종교가 되어 버린 기독교의 회원인 교인들이 요즘처럼 기독교 울타리 밖에서 사는 일반인들에 못지않게 이 땅 위에서의 안정된 삶과 성공에 열광하는 이유는 간단하다.

길이신 예수님을 통해서 하나님 아버지께만 정(正)하고 직(直)하지 않고 그래서 하나님을 전혀 사랑하지 않으며, 따라서 예수님과 하나님이 계신 천국이 마음에 현실로 느껴지지도 않고 보이지도 않기 때문이다.

세상을 뚫고 하늘로 향하는 예수님을 따라가야 하는 마음의 길이 차단된 자들에게 하늘 아버지가 계신 진짜 천국에 지금 가고 싶은 대신에 이 땅의 안정된 삶이 열망의 대상이 되고 꿈과 비전이 되는 것은 당연한 일이 아닐 수 없다.

이처럼 아버지가 계시는 곳이라는 이유가 아니라 자기 자신의 사후를 위해서 필요한 천당을 얻으려고 예수님을 믿는 것 역시 도착지의 다원주의인 이유는 마음의 움직임이 결국에 천당 가 있는 나를 하나님 자신보다 더 사랑하는 한계를 못 벗어나기 때문이다. 이처럼 마음을 다해서 하나님과 천당까지 끌어들여 사랑하는 대상이 궁극적으로 나 자신이 되어 버리기에, 복음적으로 정직(正直)하지도 않고, 물론 그렇다고 부정직하지도 않지만, 전혀 종자가 이질적인 다른 정직(正直)의 사람이며, 동시에 진정한 믿음의 사람이 아니다.

왜냐면 길이신 예수님을 향한 믿음이란 오로지 하나님만을 그 하나(一)로 인정하며 마음을 직(直)선으로 보내어 머무르고(止) 있는 정직의 상태를 말하기 때문이다.

예수님은 천당이 아니라 아버지께 가는 길이시고, 천당은 아버지가 계신 처소라서 동시에, 자연히 그 길이신 예수님을 따라 아버지께 가게 된 나의 처소도 되는 것뿐이다. 천당을 말하고 그리워하는 단 하나의 이유는 이처럼 오직 유일하게 좋음은 하늘 아버지뿐이기 때문이다.

죄 사함도 마음이 머물(止) 그 하나(一)가 아니다

죄 사함도 마찬가지로 우리 마음이 머물(止) 그 하나(一)가 아니다. 죄 사함을 받아 구원 얻으려고 예수 믿는다는 말을 우리는 너무나 아무런 거리낌 없이 되풀이한다. 그러나 그러한 마음인 한, 죄 사함 그 자체가 아무런 의미도 효과도 낼 수가 없다.

죄가 도대체 무엇인가? 죄는 공중을 표류하다가 나 자신의 인격이라는 무인도에 도착해 홀로 살아 있는 로빈슨 크루소가 아니다. 관계를 떠나면 죄도 성립이 안 된다. 죄가 무서운 이유는 나 자신에게 주어질 멸망 때문이 아니라 거룩하신 나의 하늘 아버지께로 못 가게 만드는 장애요 더러움이기 때문이다.

내가 심판받고 지옥 갈 것이 두려워, 죄 사함을 받고 그것으로 기뻐

뛰며 노래함으로 끝난다면, 우리는 죄 사함을 받았다는 확신 안에서조차 또다시 현실적으로 역사하고 있는 죄의 속박 속으로 다시금 빠져들어 가게 된다. 죄에서 나와 다시 죄로 점프해 들어가는 셈이다. 넓게 흐르는 시궁창에서 왼쪽에 있다가 오른쪽으로 위치를 바꾸는 것과 다름없다.

　죄 사함이 예수님의 십자가 사건을 통해 일어나고 주어지는 이유는, 나의 죄 사함 그 자체를 위한 것이 아니라 하나님 아버지께만 가기 위한 것이다. 다시 말해 하늘 아버지와의 실제적인 만남이 우리 쪽에 죄가 있어선 이루어질 수 없는 일이기에 죄 사함이 은총으로 주어지는 것이다. 십자가 보혈로 죄의 더러움이 깨끗이 씻겨야 거룩하신 하늘에 계신 하나님 아버지께만 마음이 가서 안길 수 있고, 그러한 마음으로만 내가 하나님을 안을 수 있기 때문이다.

　우리는 죄 사함을 받은 후에도 여전히 여기 땅에서 살아 있다. 그러면서 마음이 직선으로 가서 만나고 가지기를 간절히 열망하는 대상이 모두가 여전히 이 땅에 있는 것들이라면, 도대체 죄 사함이 무엇 때문에 필요한 것인가? 마음이 다른 대상을 향하느라 아버지한테서 떨어져 있는 것이 죄가 아닌가?

　수양버들처럼 올라갈 듯 다시 굽어져, 땅 위의 성공과 출세와 형통 등으로 돌아가는 데에는 전혀 죄 사함이 필요 없다. 대통령 되고 장관 되고 판사 되며 총장 되고 사장 되는 등 이 세상에서 출세하는 일에는 죄 사함이 필요 없다. 사업가 되어 돈 잘 버는 데는 죄 사함이 왜 필요한가? 일류 대학 들어가는 데 왜 십자가 죄 사함이 필요한가? 또 죄 사함을 받지 않은 자들이라고 반드시 돈을 벌지 못하거나 혹은 부정한 방법으로 버는 것만도 아니다. 죄 사함 없다고 모두가 질병에 걸리고 단명하는 것 역시 아니고 일류 대학 못 들어가는 것은 더더욱 아니다.

그렇다면 우리가 그토록 땅에 있는 것들을 향하여 정(正)하고 직(直)한 상태를 조금도 위축시킴조차 없이 유지하면서도 되풀이하여 외쳐대는 죄 사함은 결국 무엇을 위함인가? 결국에는 수양버들처럼 하늘로 올라간 듯 땅으로 내려오는 나 자신의 속임수를 의롭다 여김을 받았다는 기만적인 확신으로 더욱 강력하게 감추고 정당화하기 위함인가?

아! 이 질기고 무서운 인간의 악한 굽음(曲)이여! 하나님을 향한 듯 다시 땅을 향해 드리워지는 수양버들의 유전자여!

루터는 또 다른 말로 이처럼 지독히도 자기 자신에게로 회귀하는 이 고질적인 굽음을 탄식한다. "sibi inflectere" '자기 자신에게로 굴곡된 존재'라는 것이다.

새삼스럽게도 정(正)과 직(直)의 형식적 의미, 정직의 논리가 너무나 고맙다. 이렇게 집요한 나 자신 안에 있는 굽음을 정말 투명하고 정확하게 들여다볼 수 있게 해 주니 말이다.

축복과 형통도 마음이 머물(止) 그 하나(一)가 아니다

예수님 믿으면 하나님께서 축복을 주신다. 그러나 자기 주도적으로 축복 자체를 겨냥하며 받기를 목적하여 예수님 믿는 사람에게는 진정한 축복이란 주어질 수가 없다.

아버지께로 가는 길이신 예수님을 믿으면서, 하나뿐인 내 마음의 초점이 아버지가 아니라 이 세상의 축복이라면 이보다 더 큰 저주와 손실이 어디 있는가? 정말이지 창조주요 주권자이신 나의 하나님 아버지 팔아 기껏 이 땅의 축복 따위를 사 먹는 것보다 더 큰 어리석음과 망조가, 이 세상에서 사는 동안에는 다시 없을 것이기 때문이다.

왜 우리의 마음은 하늘로 가 아버지에게서 머물며(止) 그분 하나로(一) 족하게 여기면서, 거꾸로 세상을 향해서는 그렇게 좋아하는 아버지 자신의 기쁨이 될 수 있는 일들을 자발적으로 조금씩이나마 생각하며(直) 살지 못하는 것일까?

아버지 한 분(一)으로는 기쁨과 행복이 불가능하다는 듯, 꼭 그렇게 재물로, 세상의 형통 등으로 보충이 되어야만 하는 듯, 입만 열면 축복과 세상일의 순탄함을 노래 불러야만 하는 것일까? 정말 세상의 복이 그렇게 고프고 목말라 죽겠는가 말이다.

나 자신 역시 이 세상의 복에 대한 굶주림으로부터 전혀 자유롭지 못한다. 그러나 그렇더라도, 날마다 입으로만 고난과 충성과 훈련을 외쳐대는 신앙의 낭만주의적 성향만큼이나 비전과 축복과 형통을 노래하는 신앙의 실용주의적 성향 역시, 이제는 너무 식상하여 듣고 대하기가 힘들고 버겁다.

신앙의 논리상 그것이 가능한가? 믿음의 솔직성 안에서 반추할 때 하늘 아버지를 실제로 만났는데도 이 땅 위의 무엇인가에 대해 결핍함이 느껴진다는 것이 도대체 가능한가?

창조주 여호와가 아버지로서 나의 목자이신데도 부족함을 느끼는 양이 있다면 그 양은 그야말로 기적적으로 희귀하고 변태스러운 양이 아닐 수 없다. 다른 누구도 아니고 천지를 지으신 여호와 하나님께서 목자라면서, 어떻게 '부족함'이라는 느낌 자체가 마음에 가능한 것일까? 하나님이 목자로서 혹시 파업이라도 했으면 모를까 말이다. 분명히 해두어야 한다. 축복과 형통 그 자체가 나쁜 것이 아니라 그것들을 마음이 붙잡게 되는 상태가 다른 신앙이요 다른 정직이고 아예 예수님을 믿지 않는 상태이고 파멸로 귀결되는 악이다.

혹시 참 내 것과 내 것이 아닌 것을 가려내는 방법을 알고 있는가? 꼭 기억하자. 죽음을 통과할 때 내 옆에 끝까지 남아 있을 것만이 진정한 내 것이다. 이 땅 위의 어느 것도, 내가 죽음을 지나면서 육체가 소멸할 때 나를 따라붙을 수 없다면 내 것이 아니다. 그러므로 부모, 아내, 남편, 자식, 돈, 지위 등 모두 다 내 것이 아니다.

하나님께만 드려야 할 마음을 이런 세상의 대상들에게 영원히 같이할 동반자나 된 것처럼 생각하며 함부로 선심 쓰며 줄 일이 아니다. 내 몸이 죽을 그때에는 오직 예수님 자신과 예수님을 내가 반드시 가야 할 유일한 길로 허락하신 하나님 아버지만이 내 곁에 남아 계실 뿐이다. 바로 그 아버지 한 분이 내가 죽기 전에도 이미 이 세상의 삶 속에서 나의 기업이요, 내게 허락된 유일하신 내 소유이시다.

그러므로 내 마음이 아버지께로 하늘을 향해 가 버리는 것은 하늘에 가서 아버지를 내 기업으로 얻게 되면서 더 보탤 수 없고, 보탤 필요도 없는 현실적인 기쁨과 만족을 마음에 얻는 상태를 말하는 것이다.

비전?! 목적?! 갈증?! 쓰임 받는 사람?! 열심?! 형통?! 성공?! 이런 구호들, 이제 교회 안에서 사라질 때도 되지 않았나? 경이로운 것은 그러한 구호를 외쳐대는 사람들, 정말 힘도 좋다. 이런 소리가 안 들리는 지구가 어디에 또 하나 없을까? 이제는 우리 모두 제발 잠시라도 하나님 아버지 자신 이외의 것을 향한 외침을 잠잠히 쉬는 법을 배웠으면 좋겠다.

한 사람의 교인에게 있어야 할 것이 무엇일까? 실제로 사는 삶의 현장에서 하나님께만 정직함으로써 항상 기뻐함과 쉬지 않는 기도와 범사에 대한 감사가 있고 또한 이런 것들이 충만함을 이루는 정직(正直)한 인격을 통해 하나님이 직접 행하셔서 이루어 가실 하나님의 뜻만 있으면 되는 것 아닌가?

이 땅 위에서의 무슨 비전 따위를 말하기 전에 그런 미래의 비전들 백 개를 모아도 상대도 안 될 만큼 크고 크신, 더구나 이미 주어져 있는 나의 영원한 기업이 있지 아니한가. 이미 허락하셔서 주어져 있는 하나님 아버지가 있지 아니한가.

전라남도 사람들이 즐겨 먹다 전국적으로 유행이 된 잘 삭힌 홍어회의 코를 쏘는 강렬한 맛을 알려 해도 적지 않은 세월이 필요한데, 나의 영원하신 기업으로 주어져 있는 광대무변하신 우리 하늘 아버지의 맛을, 그렇게 바쁘게 땅의 것들을 침 흘리며 쫓아다녀서야 어디 끄트머리라도 알 수 있겠는가?

어쨌든 하늘 아버지께로 가는 노선버스에는 마음이라는 손님들이 없다. 아버지께(一) 마음을 머물고 싶어(止) 좌로나 우로 치우침이 없이(直) 그래서 이 세상에 대한 미련 없이 마음이 깨끗하게 가 버리는 사람을 참으로 찾아보기 어렵다.

나라도 마음이 머물(止) 그 하나(一)가 아니다

교회는 참으로 자주 그리고 아주 크게 광고하면서 나라의 정치와 사회의 안정 그리고 경제 부흥과 나라의 평안을 위해 예수님 이름으로 하나님께 기도한다. 누가 뭐라 하겠는가. 그러나 예수님은 말씀하신다.

"나로 말미암지 않고는 아버지께로 올 자가 없느니라"

예수님은 사회 안정으로 가는 길이 아니시다. 예수님은 나라의 평안으로 가는 길도 역시 아니시다. 예수님은 국가의 부국강병으로 가는 길이 아니시다.

오직 한 사람의 마음이 하늘 아버지께만 가는 길이시다.

예수님을 길 삼아 오직 아버지께만 마음이 가는 사람들 때문에 하나님의 주권적인 뜻을 따라 나라의 평안함이 더 쉽게 정착될 수는 있을는지 몰라도 예수님 자신은 나라의 평안과 부국강병으로 가는 길이 아니시다.

제발 애국자 좀 덜 되자. 그래도 된다.

교회가 나라를 위한 기도를 한답시고 다양한 형태로 대형 집회를 계획하고 모일 때마다 감초처럼 반복되어 들리는 성경 본문이 사무엘의 이스라엘을 위한 기도의 다짐이다.

"나는 너희를 위하여 기도하기를 쉬는 죄를 여호와 앞에 결단코 범하지 아니하고 … "(삼상12:23)

그러나 교회 내에서 횡행하는 이런 식의 나라 관련 생각은 정말 코미디 중에서도 웃지 못할 코미디다. 사무엘이 '너희를' 위한 기도를 쉬는 죄를 범치 않겠다고 했을 때, 그 '너희'가 지금 우리가 생각하고 있는 바로 그 나라와 민족을 말하는 것인가?

참으로 사무엘 선지자가 말한 '너희'가 백성과 나라를 뜻한다고 하더라도 소위 그 나라를 위한 기도의 내용이 정치 안보상의 안정을 위한 것인가? 혹은 이념 간의 충돌에 돌파구를 찾으려는 기도인가? 아니면 불안한 나라의 경제 현실을 위한 기도인가? 어쩌면 그 정도로까지 아전인수 격으로 성경을 이해할 수 있는지 기절할 일이다.

위하여 기도해야 할 나라는, 제시한 성경 본문에서 혈연과 지연을 중심으로 한 단순한 조국의 의미를 넘어, 출애굽의 구원 역사를 통해 태동하고 율법과 할례로 맺어진 언약을 정체성의 근간으로 삼는 선민 이스라엘을 일컫는다.

그러므로 사무엘이 말한 나라라는 단어를 요즈음 말로 정확히 번역

하자면 전 세계를 통해 하나뿐인 인종과 국경과 문화를 초월한 예수 그리스도의 공(公)교회를 말한다. 따라서 당연하게도 소위 그 나라를 위한 기도의 내용은 다름 아닌 선민 이스라엘 백성이 오직 하나님께만(一) 마음을, 그것도 좌우로 치우침 없이(直) 다 드릴(止) 수 있는 백성이 되도록 해 달라는 기도였다.

앞서 "오직 너희의 마음을 다해 여호와를 섬기라"(20절)라고 한 당부를 사무엘 선지자는 또다시 되풀이하며 바로 다음 구절에 이렇게 요청한다. "너희는 여호와께서 너희를 위하여 행하신 그 큰일을 생각하여 오직 그(一)를 경외하며 너희의 마음을 다하여(止) 진실히 섬기라(直)"(24절)

다시 말해 나라의 백성이 모든 면에서 안정되게 살도록 기도한다는 것이 아니고, 어떠한 역사적 현실이 다가와도 출애굽을 경험한 선민으로서 두려움에 휩싸이지 말고 하나님만(一)을 경외함으로 마음을 다하여(止) 진실히 섬기는(直) 공동체가 되도록 기도한다는 것이다.

그리고 이 사무엘상 12장의 사무엘의 가르침은, 백성들 스스로 나라의 안정을 꾀하기 위하여 이방 나라를 본 따 생각해 낸, 왕 제도를 도입하기 원하는 상황에서 주어졌다. 즉 이스라엘 백성들이 여호와 하나님 한 분보다 제도적인 왕을 더 의지하려는 불신앙을 나무라며 주신 말씀이었다.

소돔과 고모라의 심판 전에 의인 열 명을 찾으시던 아버지 하나님께서, 길이신 예수님을 통해 그 마음이 아버지께로 온 사람들을 보시고 그러한 의인들이 섞여 사는 사회와 나라에 부흥과 안정과 평안을 주실 것은, 주셔도 안 주셔도 아버지의 일이요, 독생자까지 아끼지 아니하신 아버지의 사랑 안으로 회수되어야 할, 하나님 자신의 주권에 속한 일이다.

제발 하늘 아버지께서 인간의 삶과 역사에 대해서도 스스로 사랑과 생각이 있으신, 살아 계신 주권자이심을 믿자.

사회가 불안하고 국가에 위기가 초래될수록, 교회는 안정된 나라가 아니라 하나님 아버지 자신을 길이신 예수님을 통해 도달할 수 있는 유일한 도착지로 소개해야 한다. 왜냐면 국가의 위기는 하나님의 주권 안에서 좌우되는 것이고 하나님의 주권은 하나님께만 정직(正直)한 선민의 상태를 기준으로 이 땅에 펼쳐지기 때문이다.

우리가 하나님 아버지가 참으로 살아 계신 분이며, 역사의 주권자라고 믿는다면 세상을 향하시고, 우리나라를 향하시는 하나님 아버지의 통치 행위와 행보는 아버지의 자유에 맡기고, 교회는 오직 아버지 자신(一)을 향한(止) 참된(正) 길을 치우치지 말고(直) 걸어야 한다.

마음에서 나라를 깜박 잊을 정도로 하늘 아버지만을 마음과 뜻과 힘을 다해 사랑하는 것이, 지상에 흩어져 있는 예수님의 교회가 각자 자기가 속한 나라를 가장 잘 사랑하는 방법이다.

현실을 외면하는 언급처럼 들리는가?

구약 성경 전체를 관통하는 주제가 무엇인가?

하나님을 마음을 다하고 뜻을 다하고 힘을 다하여 사랑하면, 허락하신 땅에서 세월이 장구하리라는 것이었다. 여기서 하나님을 사랑하는 일은 우리 선민의 몫이고 복지를 허락하시고 장구한 세월의 역사를 허락하시는 일은 하나님 자신의 몫임을 잊지 말자.

도대체 교회가 스스로 나서서 하나님 아버지께로 가는 길인 예수님을 도착지의 다원화를 추구함으로써 방해하고 저항하며 생난리 치는 이유가 무엇인가. 왜 교회가 교인들에게 예수님을 엉뚱한 목적지를 위한 길로 소개하고 있는가? 이 질문은 그 답을 몰라서 묻는 것이 아니다.

우리 교회에 뿌리를 내리고 있는 심각한 문제는 역사의 지평 위에 살아서 역사하시는 하나님을, 실제 살아 있는 분으로 실감하고 기대하며 믿지 못한다는 데 있다. 삶에 관련된 일 모두 다 인간인 내가 나서서 해야 한다는 강박 관념이 지배적이다. 인간으로서 스스로 내린 결론과 세운 계획 중에서, 하나님이 인간의 부름을 받고 땅으로 달려오셔서 부지런히 수행하실 일을 지시하는 것까지도 포함해, 교인들은 너무너무 바쁘고 분주하다. 인간의 주체적인 의욕과 소위 역사에의 참여가 애국 애족이라는 명분 아래 하나님이 주신 사명인 양 주장되는 동안 영적인 혼란이 가중되고 있을 뿐이다.

예수님은 역사에의 참여로 가는 길이 아니시다.

우리가 예수님을 통해 가게 될 유일한 목적지는 땅에 있지 않고 하늘에 계신 아버지 하나님이시며 그 하늘에 계신 하나님이 내 머리털 개수부터 땅에 떨어지는 새를 포함하여 이 땅 위의 모든 나라와 민족의 역사까지 남김없이 주관하신다는 사실을 이젠 제발 좀 믿자.

그리고 동시에 잊지 말자. 길이신 예수님을 믿음으로 마음이 하나님께 도착한다. 그러면 하나님은 그 사람들 안에서 그들이 몸으로 맺고 있는 이 세상의 모든 관계를 이용하신다. 즉 이 관계들을 통로 삼아서 하나님이 주도적으로 인간 역사에 관여하신다.

그러나 바로 이 지점에서 정직(正直)하자. 내가 진정 하나님을 사랑하는가, 아니면 역사를 아니 더 정확히 역사에 참견하기를 사랑하는가. 나라의 역사가 아니라 먼저 하나님을 사랑하는 자의 마음은 하박국 선지자의 노래로 증명될 수 있을 것이다.

"무리가 우리를 치러 올라오는 환란 날을 내가 기다리므로 썩이는 것이 내 뼈에 들어왔으며 내 몸은 내 처소에서 떨리는도다 비록 무화

과나무가 무성하지 못하며 … 외양간에 소가 없을지라도 나는 여호와로 말미암아 즐거워하며 구원의 하나님으로 말미암아 기뻐하리로다"(합3:16-18)

뼈에 사무칠 정도로 강렬한 두려움을 가져다주는 나라와 민족에 닥친 환란이 제아무리 커도 아버지로서 내 옆에 와 계신 창조주 하나님 자신보다 더 크지는 않다. 바로 가까이에 계신 하나님께만 정(正)하고 직(直)하기를 포기하며 지나쳐 버린 상태에서, 하나님으로 인한 기쁨과 즐거움이 전혀 없는 마음으로, 역사에 대한 인간적인 관심과 열망을, 역사에 대해 하나님이 주신 교인의 사명인 양 목청을 돋우지 말자. 하나님 자신보다 역사를 더 좋아하는 세상 마니아들의 광기에 불과하다.

하나님으로부터 주어지는 사명으로서 나라를 위한 기도는, 아마 전혀 나라에 대한 염려도 관심도 없이 하나님 한 분만이 좋아서 기뻐하며 세상모르고 지내는 어느 산골 촌부에게 임하면 임했지, 나라 사랑을 목청 돋우어 세상을 향해 외쳐대며 하나님 아버지께 가야 할 교인들의 마음을 온통 나라와 민족이 처한 상황으로 쏠리게 하는 그 어떤 목사나 애국자 교인에게도 결단코 임하지 않을 것이 분명하다.

다시 말한다. 역사에의 참여가 참사명인지를 알려면, 즉 하나님의 일로서 하나님 자신이 우리를 통해 행하시는 것임이 분명하려면 역사의 일과 연관하여 완전히 내 일이 아닌 듯 여기며 하나님 한 분으로 완전히 행복한 마음으로 머무는 시간이 지나야 한다.

이렇게 완전히 나라의 상황이 내 일이 아닌 상태가 전제되지 않고, 나라와 민족의 처지로 인해 생긴 걱정과 염려와 분노와 격정에 쫓기며 출발하는 모든 나라 사랑은 아무리 하나님의 사명 운운해도 그것은 단지 인간의 일이요 다른 신앙이고 다른 정직일 뿐이다.

가장 안정적으로, 모델이 될 만한 영적 환경을 조성했던 예루살렘 교회에, 하나님은 집사 선출로 시작된 조직화 과정과 그로 인한 안정과 평안 대신에, 핍박을 통한 흩어짐을 강요하셨다. 또 사회적으로 정치적으로 가장 안정된 국가 형편과 교회 상황이 현실이 되었던 중세는 종교 개혁을 통해 통째로 깨어져야 하는 영적 화석화 현상에 빠져들었었다.

우리가 말하고 원하는 안정이 대체 무엇인가? 순탄함이 무엇인가? 솔직히 무엇이, 어떤 상태가 우리 교회와 그다음 세대에 영적으로 도움이 되는지 판단할 수나 있는가? 도대체 우리는 국가와 사회와 가정과 교회와 이웃과 나 개인의 상황이 어떠한 것이 좋고 나쁜지를 어떻게 알 수 있다는 말인가. 영적으로 볼 때 정말 나라의 경제적이고 정치적인 안정이 무조건 좋기만 한 것일까? 구약 성경 시대의 교회이면서 금송아지 숭배로 만연되었던 북 왕국이 여로보암 2세 때 역사상 전대미문의 최고 번영을 이룬 역사적 사실을 우리는 알고 있다. 그런데 그런 최절정의 번영 뒤에 북 왕국은 불과 30년 만에 지상에서 완전히 자취를 감추어 버리는 멸망의 길로 접어들었던 사실은 왜 함께 기억하지 못하는가?

교회가 예수님께서 가라 하시는 하늘 아버지께만 갈 생각도 안 하면서, 또 심지어는 이 땅을 사는 동안 매일의 일상에서 마음을 다해 하나님을 사랑한다는 것이 무엇을 뜻하는지에는 관심조차 없으면서, 스스로 땅을 향한 소위 거룩한(?) 사명감에 도취해 나라의 정의와 안정 운운하며 온통 교인들의 마음을 다 모아다가 엉뚱한 구덩이로 인도하는 것은 아닐까?

다시 말하거니와 이 땅을 위해 필요한 것들을 준비하시고 채우시는 길은 하늘에서 땅으로 내리뻗어 있는 아버지가 걸으셔야 할 아버지 자신의 길이다. 우리의 창조주 하늘 아버지가 연로하셔서 돌아가시거나 아니면 졸음에 겨워 지금 역사의 상황을 깜빡하시거나 아니면 기운이 빠지셔서 역사를 주관하시는 일을 폐업 정리하지 않으셨다. 역사의 주관자는 과거도 현재도 미래도 살아 계신 하나님 아버지이시다.

반면에 우리는 마음을 다해서 하늘 아버지 자신을 향한 하늘길을 걸어야 한다. 그리고 교회는 이 땅에서 사는 동안 하늘을 향해 사는 일이 무엇이며 어떠한 것인지를 그리고 또한 하늘에 계신 하나님 아버지께서 이 땅을 사랑하시어 이끌어 주시는 역사는 어떻게 이루어지는 것인지에 대한 구체적이고 현실적인 체험을 교인들에게 가르치고 제시할 수 있어야 한다.

이것이 되지 않는다면 하나님이라는 이름도, 그 이름에 대한 신앙도 단지 추상화된 이념이나 심리학적인 대체물에 지나지 않거나 종교적인 구색 갖추기와 제스처에 불과하게 된다. 예수님은 어디로 가는 길이신가. 스스로 말씀하신다.

'하늘 아버지께로 갈 자는 내게로 오너라!'

하늘과 땅을 잇는 양방 통행

번영과 쇠락, 또는 순탄함과 환란, 성공과 실패같이 세상살이 중에 우리가 만나는 이 모든 상황은 실제로 살아 계신 하나님 아버지의 결정권 안에 있는 일이다. 철저히 아버지 자신의 과제다. 우리를 이끄시는 아버지의 주권적인 뜻이 이루어지는 길이요, 그분 나름의 다양한 사랑의 표현 방식이다. 반면 우리의 길은 아버지만을 향해 있다.

요 3:16 말씀을 보자.

"하나님이 세상을 이처럼 사랑하사 … " 분명히 말씀하신다.

우리가 살아 있는 세상은 하나님이 사랑하신다. 우리도 같이 세상을 사랑하면 하나님 우리 아버지는 누가 사랑을 하는가.

주권자이신 하나님의 길은 세상을 향하신다.

그러나 우리의 길은 세상을 떠나 하늘에 계신 하나님 아버지를 향해야 한다.

예수님은 그런 의미에서 하나님 아버지께도 길이 되신다. 예수님을 통해 아버지는 우리에게로 오시고 같은 예수님을 통해 우리는 아버지께로 간다. 우리의 사명은 예수님을 통해 하늘의 아버지를 향해 실현되고, 아버지의 사랑은 예수님을 통해 우리가 살아 있는 이 땅에서 구체화 된다. 서로 다른 방향의 이러한 두 가지의 삶이 예수님을 통해 성취된다.

상반된 방향으로 움직이는 내 마음과 하나님의 주권적 사랑의 뜻이 하늘과 땅 사이에서 오직 직선으로 뻗은, 예수님이라는 한 길을 위로 아래로 통과하고 있다. 다시 말하거니와 한 분(一) 하나님께 마음을 드리는(止) 이 길은 직선이다. 수양버들의 회귀하는 곡선이 아니라 드려 버리고 말아야 하는 직선의 길이다. 기존의 소유를 강화하고 확장하기 위해 하나님을 찾는 것이 아니라 마음에서 다 팔아 버리는 것이고 그 빈자리에 하나님 한 분만 사들이는(?) 것이 바로 믿음이다.

"천국은 마치 밭에 감추인 보화와 같으니 사람이 이를 발견한 후 숨겨 두고 기뻐하며 돌아가서 자기의 소유를 다 팔아 그 밭을 사느니라 또 천국은 마치 좋은 진주를 구하는 장사와 같으니, 극히 값진 진주 하나를 발견하매 가서 자기의 소유를 다 팔아 그 진주를 사느니라"(마 13:44-46)

아버지! 아버지! 나의 아버지!

언젠가 이산가족 상봉 프로그램에 관하여 어떤 보고를 접한 적이 있었다. 20대 나이에 두 어린아이와 뱃속 아기를 데리고 남편과 생이별하게 된 여인의 이야기였다. 세 아이를 데리고 40년 동안이나 수절하시면서 38선으로 인해 잃어버린 남편을 마음에 담고 살다가 먼저 세상을 떠난 지 10년이 지난 어느 날, 이북의 작은아버지가 찾는다는 소식을 장성한 세 자녀가 듣게 된다. 그리고 우여곡절 끝에 작은아버지를 만나고, 그리고 두근거리는 가슴을 안고 작은아버지에게 물었다.

"우리 아버지 살아 계셔요?"

"1년 전에 돌아가셨단다."

혹시나 했던 50년의 기대가 무너지며 모두가 그 자리에 주저앉아 목놓아 울었단다. "1년만 더 살아 계셨어도….''를 반복하면서 말이다.

이제 나이 50세가 넘은 자녀들, 만일 아버지께서 살아 계셔도 80세가 훌쩍 넘으신 노인이시며 더구나 이북에서 사셨던 분이다. 사정이 이런데 이들 삼 남매는 뭐가 그렇게 슬프다는 것일까?

아버지가 전지하신가 아니면 능력이 있으신가? 아니면 아버지에게 명성이 있으신가? 이북에서 재산을 모았을 리도 만무하지 아니한가? 그동안 연락이 있어서 정이라도 들었는가? 만나 뵈어야 짐밖에 안 될 무용하신 노인네에 불과하지 않은가? 왜 그렇게 슬퍼하며 우는 것인가? 뭐가 그렇게 아쉽다는 것인가? 아직 볼 일이 남았는가?

계속해서 나 스스로 질문을 해 보았다. 그러나 모두가 다 바보 같은 질문이다. 질문의 반어법적 의도가 예상하게 하는 모든 답이 타당하다. 아버지라고는 하지만 만나 봐야 조금만치도 득이 될 상황이 아니다. 짐밖에 안 되신다. 그러나 그래도 그분이 바로 1년 전에 돌아가셨다는 사실이 마음이 찢어지게 슬프다.

왜? 아버지니까.

아무 도움이 안 되신다. 그러나 미치게 보고 싶다.

왜? 아버지니까.

다른 이유가 더 필요한가?

예수님은 말씀하신다. 하늘의 하나님은 기독교라는 종교의 신이 아니라, 우리의 하늘 아버지이시라고. 종교 울타리 안에 들어가야만 만날 수 있는 아버지가 아니다. 아버지란 공부하고 연구하고 정의를 내려야 하는 대상이 아니다. 하나님은 아버지이시기에 만나야 하는 대상이시다. 그것도 우리의 마음이 제일 처음으로 직선으로 달려가서 만나야 할 대상이시다. 남북으로 갈려서 50년 헤어져 살던 아버지에 대해 당연히 아무것도 모른다. 그러나 단지 아버지라서 만나고 싶어 한다. 세상에서조차 아버지와 자녀는 그런 관계이다.

하나님 아버지의 전지전능하심과 무소부재 하심, 창조주 되심, 그분의 나를 향한 복된 구원과 죄 사함과 인생의 계획들과 천당, 심판 등등 아버지와 관련된 너무 많은 것들을, 나 자신을 향해 굽은 마음으로 너무나 열심히들 공부하고 반복하여 기억하며 붙잡고 있다. 그렇다. 그 누구도 아닌 바로 나 자신을 그 하나(一)로 삼아서 향하여 길을 걷는 중이다.

그러나 이제는 모두 다 뒤로 하고서라도 우선 만나자.

우선 아버지께로 가자.

우리 마음이 첫 번째로, 직선으로 가서 만나 뵙고 난 뒤에 그분의 능력과 무한하신 지혜에 관해 이야기해도 늦지 않다. 다시 말하지만 그래도 전혀 늦지 않는다. 한계 상황에 처한 딱한 사정의 사람이 그것을 극복하고 싶은 소원을 위해 신을 찾듯이 종교인으로 하나님 아버지를 찾지 말고, 이제 우리의 아버지를 아버지로서 찾아야 하겠다. 이 일을 위하여 예수님의 십자가 죽음과 그에 이어 연쇄적으로 발생한 부활과 승천과 보좌 우편으로 이르신 일련의 사건들이 하나로 연결되어 길이 되어 준다. 하나님께만 정(正)하고 직(直)할 수 있는 유일한 길이다.

우리 자신에게 물어보자. 좀 극단적인 가정이긴 하지만 말이다. 만일 하나님이 전능하신 아버지가 아니라 이북에서 지내시던 아버지라면 안 찾으려는가? 만일 아버지 하나님이 우리의 삶에 전혀 보탬이 되는 분이 아니라면 그 아버지 안 찾으려는가? 만일 하나님이 천당의 주인이 아니라면 그런 아버지 우리에겐 필요 없는가? 아니다. 만일 사정이 정말 그렇다면 우리는 천당 버리고서라도 아버지께로 가야 하지 않나?

이북에서 50년을 헤어져 살다가 1년 전에 돌아가셨다는 소식 앞에 아버지를 향한 그리움으로 목 놓아 울었다는 그 세 남매의 심정으로 단 한 번이라도 마음으로 살아 계신 아버지를 보고 싶어서 울어 본 적이 있는가? 내 신세 때문에 울었고 내 남편과 아내 때문에 울었고 자식 때문에 목이 쉬도록 울어 본 적은 있다. 나름대로 나라 사랑하는 마음에 대통령과 정치인들을 비난하며 국정에 참여(?)하느라 목이 쉬어 본 적은 있다. 그러면 우리의 하늘 아버지는 현실적으로 우리 자신에게 어떤 의미의 존재이신가?

마음이 아버지를 그 하나(一)로 머물러(止) 주목하고(直) 뜨거운 마음을 가져 본 적이 없다.

"나로 말미암지 않고는 아버지께로 올 자가 없느니라"

이 한마디 말씀을 하시기 위하여 이 낮고 낮은 땅에 내려오실 때 하늘에서 하나님과 천사들은 얼마나 기뻐했을까? 태초 이래 헤어져 있던 이산가족 상봉의 길이 열린 것이 아니겠는가. 이 땅에서 50년 만에 만나는 것도 그 기대로 인한 기쁨과 만날 수 없는 좌절의 굴곡이 그러할진대 하물며 하나님 아버지와 그의 자녀들의 만남이랴!

  그런데 놀랍게도 아버지께로 가는 길이신 예수님을 바로 그 유일하고 절대적인 도착지를 향한 길로 기뻐하며 맞이하는 사람이 없다는 것이다. 모두 다 수양버들의 가지이기 때문이다. 그래서 하늘 아버지를 만나지 못하고 살아도 아무런 아쉬움이 없다. 터미널의 승객 없는 막차 옆에서 외치는 버스 회사 종업원처럼 예수님은 외치고 계신다.

  '하늘에 계신 아버지께로 갈 사람 없느냐?'

  우리는 존재론적으로 나 자신 안으로 곡(曲)해 있는 마음의 길 안에서 머물고 있다. 정직을 이야기하고 있는 지금 이 순간에조차 말이다. 마치 달려가는 경부선 하행 열차 안에서 기차 칸을 뒤 칸으로 옮겨 왔다고 서울에 가까워진 것으로 믿는 어리석은 사람의 모습을 연출하면서 말이다.

Ⅳ.
욥의 정직 "야샤르"

우리 자신에 대해 스스로 가하는 '영적 화류계'라는 비난이 결코 흔쾌하거나 즐거운 일일 수는 없다. 진심으로 수긍이 갈 만큼의 설명이 있지 않으면 참으로 무책임한 노릇으로 보이기까지 한다. 그렇다면 우리 자신의 하나님 관계에서의 굽음에 대비하여 밝히 볼 수 있는 어떤 거울 같은 참신앙인의 모델은 없을까? 왜 없겠는가. 성경에는 "말하려면 시간이 부족"(히11:32)할 정도로 많은 참신앙인들이 있다. 여기서 우리는 그들 중 하나님 스스로 사탄에게 자랑하시면서 '정직하다' 하신 욥의 이야기에 주의를 집중해 보자.

하나님은 직선(直線)을 굉장히 좋아하신다

"우스 땅에 욥이라 이름하는 사람이 있었는데 그 사람은 순전하고 정직(正直)하여 하나님을 경외하며 악에서 떠난 자더라"

구약 성경 욥기서 1장 1절의 말씀이다.

여기서 순전이라는 단어는 흠과 나무랄 데가 없다는 말이다. 그리고 정직에 해당하는 히브리어 '야샤르'라는 말은 좌로나 우로 치우치지 않았다는 것이다. 다시 말하면 곧게(直) 뻗었다는 말이다. 마음이 하나님이라는 한 특정한 대상(一)을 향해 관계하는데(止) 좌로나 우로나 치우침 없이, 직(直)한 선(線)으로 움직여 도달했다는 것이다. 이것이 바로 성서가 말하는 정직이며 하나님 경외의 구체적인 내용이다. 핵심은 마음의 동선이 직선(直線)이라는 점이다.

순전하다는 것은 바로 이렇게 '하나님을 관계하는 마음의 움직임이 곧바른 직선이 되어야 한다'라는 기준에서 볼 때 욥은 하등의 오류가 없었다는 것이다. 하나님은 직선을 되게 좋아하시며 비중 있게 여기시는 모양이다. 얼마나 좋으셨으면 천상의 회의 석상에서 사탄에게 욥의 정직(正直)한 직선(直線)의 마음을 자랑까지 하셨을까.

위에서 인용한 욥기 1장 1절의 내용이 하나님께서 사탄을 향해 의기양양하셔서 말씀하시던 자랑의 내용이기도 하였다.

욥 역시 수양버들인가?

이 욥기 1장 1절을 이제까지 살펴본 정직의 논리를 염두에 두고, 다시 한번 써 본다.

" … 그 사람은 하나님(一)을 관계하는(止) 데 있어 흠잡을 수 없을 만큼 좌우로 치우침이 없이 곧게(直) 직선으로 마음을 드리고 있었기에 그는 하나님을 참으로 경외하고 악에서 떠난 자였다"

그러므로 '하나님 경외'와 '악에서 떠남'은 흠잡을 데 없는 욥의 정직(正直)함에 관한 또 다른 표현에 불과하다. 그런데 바로 욥의 이 하나님을 향한 정(正)하고 직(直)함에 대해 사탄이 이의를 제기하고 나선다.

도대체 사탄이 이의를 제기하면서 겨냥한 정확한 목표물이 무엇인가? 하나님을 경외하는 욥의 정직(正直)이다. 여기서 '정직'이란 언급했듯이 히브리어의 '야샤르'라는 단어로서 하나님을 향해 '좌우로 치우침이 없이 곧게 뻗은' 욥의 마음을 일컫는다.

그래서 사탄은 다름 아닌 바로 이 하나님(一)을 관계하는(止) 마음의 곧음(直)을 시샘하며 트집 잡으려고 달려든다. 하나님께서 좌우로 치우침이 없이 당신에게만 마음을 드리는 인간의 정직을 특별히 좋아하시는 것을 알아채고 바로 그 점을 배 아파하며 시비를 걸어온 것이다.

그렇다면 하나님(一)을 관계하는(止) 욥의 마음은 사탄의 항의를 이겨 낼 만큼 염려할 필요 없이 정말 곧게(直) 뻗은 것일까? 정말 흠잡을 데가 없을 만큼 마음의 곧음이 순전한 것일까?

이 욥의 신앙 역시 한 그루의 수양버들이기를 바라며 사탄은 이렇게 9절에서 속에 품은 악한 의심을 표현한다.

"사탄이 여호와께 대답하여 이르되 욥이 어찌 까닭 없이 하나님을 경외하리이까?"

여기서 성서가 정의하는 정직의 개념이 아주 구체적으로 드러난다. 즉 '까닭 없이' 하나님께 마음을 드리고 관계함이 정직이요 참된 경외이다.

단순히 '좌우로 치우침이 없다'라는 표현을 사용할 경우, 우리는 자연스럽게 기하학적인 개념인 직선을 연상케 된다. 정해진 두 점 사이를 좌우로 치우침이 없이 잇는 선은 오직 하나의 직선밖에 없다.

그런데 이 직선이라는 기하학적인 개념을 사탄은 '까닭 없이'라는 말로 바꾸어서 하나님과 욥, 두 인격 간에 성립하는 관계의 개념으로 바꾸었다.

만일 욥이 어떤 다른 대상(一)을 하나님 자신보다 먼저 마음 드리며 (止) 관계했다면, 바로 그 앞선 대상은 욥이 하나님을 찾고 관계하는 '까닭'이 되는 것이다.

이 상태가 바로 사탄이 욥에게서 그토록 간절히 확인하기를 소원하는 순전치 못한 마음, 곧 하나님에 대해 굽어 버린 수양버들의 마음인 것이다. 왜냐면 수양버들은 하늘을 향해 오르기 훨씬 전에 미리 땅과 연분이 난 사이이기 때문이다. 그래서 반드시 아래로 그 사랑하는 땅을 향해 다시금 내려올 것을 기약하고 땅을 위해 하늘로 올라가는 척하기 때문이다.

반면, 대나무와 같이 마음이 하나님께로 뻗어 곧장 직선으로 가 버리고 마는 것이 신앙이요, 또한 욥에게서 볼 수 있는 신앙적인 정직인 것이다.

이제 사탄의 항의를 풀어 보면 이렇다. 욥에게 허락된 재산 때문에 혹은 자녀 때문에 건강 때문에, 등등 무엇이든지 '까닭'이 있어 욥은 하나님을 경외하는 것처럼 보였다는 것이다. 사정이 만약 그러할 경우라면 정직의 논리를 따라 생각할 때 바로 이 '까닭'이 욥에게 있어서 마음이 머무는(止) 그 하나(一)가 되어 버리고 만다. 그리고 하나님에 대한 신앙은 이렇게 더 우선적인 '까닭'인 이러한 재산이나 자녀 등이 온전한(十) 상태에 이르기를 집중적으로 바라보며(目) 파수를 보는 심정으로(ㄴ) 이루어 나가기 위해서 후차적으로 동원하는 한 가지 방법에 불과하게 된다.

그러나 다행스럽게도 욥의 신앙에 대한 하나님의 생각은 확고하셨다.

왜냐면 욥의 신앙에 대해 굳이 '까닭'을 말해야 한다면 하나님 자신이 유일한 '까닭'이라고 하나님은 믿으셨기 때문이다.

여기서 좌우로 치우침이 없다는 말과 '까닭 없이' 마음을 준다는 말은 서로 다른 표현으로서 하나의 상태를 가리키는 말이라고 했다. 그리고 이렇게 이미 마음이 어떤 다른 지점인 '까닭'에 이른 상태에서 맺어지는 하나님 관계는, 하나님에 대해서 좌우로 치우침이 없는 직선의 관계가 성립될 수 없도록 굽어 버리거나 꺾여 버린 것이다.

예를 들어 재정 문제가 심각해서, 그 문제를 위해 하나님을 찾았다면, 마음이 먼저 달려가서 도달하여 머물러(止) 있는 곳(一)은 재정 문제이고, 그곳에서 문제의 해결을 위해 비로소 하나님을 찾기는 하지만,

마음의 움직임은 벌써 굽거나 꺾여 버렸고 결국 마음이 되돌아가 머무는 궁극적인 체류 주소는 돈인 것이다. 결국에 땅에 속한 돈 때문에 하늘의 하나님을 찾는 것처럼 보였던 마음은 언제나 다시금 돈이 있는 땅을 향해, 수양버들이 방향을 돌려서 아래를 향해 흐느적거리듯이 그렇게 땅으로 드리워질 수밖에 없다. 결국에 돈에 정직하기 위해서, 돈에 마음이 머무르며(正) 돈과 관련하여 그림 그려 놓은 온전한 상태에 도달하기 위해서(直) 하나님까지도 끌어들인 셈이다.

그러므로 이런 경우 좌로나 우로 치우침이 없는 '야샤르'의 정직(正直)이 이루어지지 않는 것이고 동시에 하나님을 경외하는 것도 아닌 것이 되어 버린다. 여기서 우리는 욥의 정직과는 완전히 종자가 다른, 돈에 대한 정직(正直)을 발견하게 된다. 돈에 대하여 정직한 마음은 아무리 그 사람이 하나님의 이름을 불러 대도, '하나님에 대해서 믿음은 있지만 부정직한 상태'가 아님을 잊지 말자. 그 마음은 하나님께만 정직해야 성립하는 믿음과는 아무런 관계가 없는 전혀 종자가 판이한 다른 정직의 마음인 것이다. '개 꼬리 삼 년 묻어도 황모 될 수 없다'라는 속담처럼, 돈에 마음이 직선으로 가서 머무는 상태가 유지됨으로써 돈에 대해서 정(正)하고 직(直)한 마음은 목사, 선교사, 총회장, 장로, 권사, 집사, 교인 등등의 직분을 천년을 하고 만년을 해도 하나님께 정직한 신앙인으로 저절로 바뀌는 법은 없다.

두렵고 무서운 것은 이렇듯 종자가 완전히 달라도 하나님을 부르고 찾는 신앙인이라고, 구원을 받은 선민이라고 교회 안에서조차 오해되고 있다는 점이다.

하나님 '승', 사탄 '패'

이 논쟁을 종식하기 위해 하나님은 사탄에 의해 언급된 소위 '까닭'들의 후보들인, 재산과 자녀와 건강과 사회적인 명예나 체면 등을 사탄 스스로가 욥에게서 제거하도록 주권적으로 허락하신다.

만일 욥의 마음이 머무는(止) 그 하나(一)가 하나님 자신이 아니고, 하나님보다 앞선 여러 가지 다른 '까닭' 중에서 어느 하나라도 있었다면, 그것들을 사탄이 없애 버렸을 때 욥의 마음은, 하나님께로 도달되어야 할 징검다리의 연결 고리들을 잃게 된다. 그럼으로써 결과적으로 욥의 마음은 완전히 하나님에게서 떨어져 나가게 될 것이었다. 마치 욥의 아내가 이 시련을 견디지 못하고 떨어져 나갔듯이 말이다.

"그 아내가 그에게 이르되 당신이 그래도 자기의 순전을 굳게 지키느뇨 하나님을 욕하고 죽으라"(욥2:9)

이런 '까닭'으로 힘을 발휘할 만한 것으로서 인간에게 소위 복이라 여겨질 수 있는 모든 항목을 사탄은 하나님의 허락하에 욥으로부터 완전히 제거해 버린다.

그러나 욥은 사탄이 지적한 모든 '까닭'을 깡그리 상실하는 무섭고 참담한 상황에도 불구하고 사탄의 예측과는 달리 끝내 하나님을 떠나지 않았다. 기어코 자기 마음과 하나님 사이를 직선 관계로 유지해 낸 것이다.

이렇게 해서 '야샤르' 즉 하나님에 대해 좌우로 치우침이 없는 욥의 직선(直線)적인 정(正)하고 직(直)한 마음이 증명된 셈이다.

사탄은 주장했었다.

욥이 재물이나 자녀나 건강 등의 앞선 '까닭' 때문에 좌우로 치우침이 없이 하나님께로 마음을 드리는 것처럼 보일 뿐이라고.

반면 하나님은 믿으셨다.

욥은 하나님을 제일 먼저 직선으로 관계하며 오히려 하나님 자신이 욥에게는 하나님을 관계하는 가장 우선적인 '까닭'이 되신다는 사실을. 그리고 재물이나 자녀나 건강 등에 대해서는 오직 하나님을 우선하여 직선으로 만난 다음 그렇게 하나님 만나고 있는 마음 상태에서만 나올 수 있는 태도로써 관계하고 있었다는 것을.(욥1:4-5)

이처럼 좌우로 치우쳐 다른 '까닭'을 먼저 거쳐 지남 없이, 직선으로 곧장 하나님께 마음을 드리는 것, 이것이 바로 성서가 말하는 신앙적 정직인 '야샤르'이다.

불신앙은 없다, 다른 신앙이 있을 뿐이다

기독교 신앙 고백의 내용을 축약해 놓은 사도 신경을 라틴어로 크레도(Credo)라고 한다. 이 단어를 풀어놓으면 '나는 믿는다'라는 뜻이다. 그런데 이 라틴어 단어는 심장(cor)이라는 명사와 주다(dare)라는 동사의 합성어이다.

'나는 믿는다'라는 뜻의 크레도(Credo)라는 말은 그러므로 '나는 나의 심장을 무엇엔가 준다'라는 뜻을 의미한다.

그렇다, 심장을 주는 것이 곧 신앙이다. 그러므로 무엇엔가 하나(一)에 마음이 직(直)선으로 가서 머무름(止)이 정직함이요, 곧 심장을 주는 것이며 또한 그 자체가 신앙인 것이다.

우리는 흔히 이렇게 생각한다. 하나님을 믿는 신앙인이 먼저 있고, 그리고 그런 신앙인으로서 이제부터 정직할 것인가 말 것인가를 결단하고 실행에 옮겨야 할 것이라고.

다시 말하면 존재와 행위라는 도식 안에서, 신앙인의 존재 됨이 앞서 있고, 그리고 신앙인다운 행위의 덕목으로 '정직'을 눈앞의 과제로 두고 있는 것처럼 생각한다. 이 말은 마치 수양버들이 이제부터 대나무가 되어야 할 과제를 앞두고 있다는 뜻과 다를 바가 없다. 수양버들은 지구가 멸망해도 대나무는 될 수가 없다. 그 씨의 단계에서 수양버들과 대나무는 이미 결정된다.

신앙적으로 정직함의 여부는 일단 세례받고 신앙의 사람이 된 후에 정직 관련 행위를 어떻게 하느냐에 따라 결정되는 문제가 아니다.

정직함은 거듭 말하거니와 행위 이전에 그 인격의 속성을 결정하는 존재의 문제다. 신앙인이 참다운 신앙적 존재로 될 수 있는 이유가 바로 정직의 차원에서 결정된다. 마음을 다해 무엇인가(一)를 사랑하며 그 대상에 마음이 가서 머무는(止) 상태 자체가 이미 '심장을 준다'라는 의미에서 Credo의 신앙이 아닌가. 예를 들어서 내가 배우자나 자녀나 건강이나 돈이나 승진 등에 마음을 주면 이 상태만으로 이미 나는 Credo의 의미에서 그 대상을 신앙하고 있다는 뜻이다.

그러므로 사정은 이렇다. 하나님을 믿는 신앙인이 된 자가 이제부터 정직하게 살아야 하는 것이 아니라 정직이 곧 신앙인 것이다. 마음을 곧게 첫 번째로 하나님께 드리는 정직함이 신앙인 됨 자체이기에, 아예 출발서부터 하나님께만 정직함이 없으면, 부정직한 것이 아니라 하나님에 대한 신앙 자체가 아예 성립조차 되지 않은 것이다. 다른 말로 예수님을 전혀 믿지 않는 것이다. 왜냐면 인격적인 존재의 종자 자체가 전혀 바뀌지 않고 있기 때문이다.

욥에게서 사탄이 빼앗아 간 것은 재물, 자녀, 건강, 아내, 우정, 사회적 지위와 체면과 위신이다. 육신을 입고 사는 사람이 이에 무엇을 더 뺏길 것이 있겠는가. 다 빼앗긴 상황에서 욥에게 설상가상으로 심리적인 고통을 더한 것은, 주권자이신 하나님 자신이 이 모든 것들을 자기에게서 다 빼앗아 가셨다는 사실을 뻔히 믿고 알고 있었다는 것이다. 얼마나 큰 낙심과 더불어 배신감이 들었겠는가? 그러나 그는 하나님을 버리지 않았다. 왜냐면 욥의 마음에서는 첫 번째 직선상의 대상이, 하나님이 주신 것들이 아니라 하나님 자신이었기 때문이다.

"이르되 내가 모태에서 알몸으로 나왔사온즉 또한 알몸이 그리로 돌아가올지라 주신 이도 여호와시요 거두신 이도 여호와시오니 여호와의 이름이 찬송을 받으실지니이다 하고"(욥1:21)

욥이 이 시련을 견디고 버틸 수 있었던 이유는 그가 하나님을 관계하며 사랑하는 데 있어 하나님보다 앞선 다른 '까닭'이 없었기 때문이었다.

욥이 빼앗긴 것은 참으로 인생에서 얻을 수 있는 모든 것이었다. 그러나 정직의 관점에서 보자면 그가 상실한 것들은 결국 본(本)이 아닌 부(副)요, 정(正)이 아닌 종(從)이었다. 그리고 바로 이러한 마음의 상태를 정직 혹은 경외요, 바른 믿음이라고 성경은 일컫는다.

세상을 다 잃어도 하나님 한 분만 있으면 진짜 잃었다는 상실감이 궁극적인 효력을 내지 못하는 상태. 이 상태가 바로 하나님께만 정직함의 결과인 것이다.

그렇다면 욥이 빼앗긴 여러 이 세상의 가치 중에 어느 하나를 하나님보다 앞서서 첫 번째 직선 대상으로 삼고, 그 후에 비로소 하나님을 찾는 모든 사람은 신앙인이면서 동시에 불신앙인이라고 할 수 있다.

신앙인이라고 말할 수 있는 이유는 '마음을 주는 것이 신앙'이라는 'Credo'의 기준으로 볼 때, 예를 들어 재물을 첫 번째 직선 대상으로 삼아 마음을 주었다면 재물을 신앙하는 것이기 때문이며, 자녀를 첫 번째 직선 대상으로 삼았다면 자녀를 신앙하는 신앙인이라는 뜻이고, 그러나 동시에 불신앙인이라 할 수 있는 이유는 그런 상태에서 아무리 입으로 하나님의 이름을 부르며 형식적인 예배를 드리고 자타가 공인하는 교인으로 살아도 그 사람의 마음은 하나님께 직선으로 가지 않고 다른 대상에 먼저 가 있기 때문이다.

가령 내가 돈에 마음을 주면 이미 돈에 정직한 자요, 돈을 신앙하는 자가 된 것인데, 그 상태에서 뒤늦게 덧대듯이 하나님의 이름을 부른다는 이유로 하나님을 신앙한다고 생각하는 것은 정말로 자기기만이고 거짓이라는 뜻이다.

재물과 자녀 건강 등등이 첫 번째 관심의 대상인 상태에서 하나님을 찾는 것은 아무리 열심히 하나님 이름을 불러도 하나님을 믿거나 경외하고 있는 것은 아닌 불신앙이라는 것이다.

아니다. 또 우리가 습관의 관성으로 실수를 했다. 단어 사용이 틀렸다. 불신앙이라는 말이 이젠 정말 적절하지 않다. 정말 정확하게 표현하자면 칼 바르트의 말처럼 '불신앙'(Un-glauben)이 아니라 '다른 신앙'(Anders-glauben)인 것이다.

사정이 이렇다면 아예 하나님의 이름을 전혀 못 들어 보았거나 들었어도 전혀 부르지 않고 있는 비기독교인의 경우가 차라리 더 낫겠다는 생각마저 든다. 신앙인이 될 가능성에서 더욱 개방적이기 때문이다. 그런데 실제는 다른 신앙인이면서 참신앙인인 줄로 착각하는 경우는 실로 그 참담하기가 비교할 수도 없는 지경이다. 참신앙으로의 길이 아예 막혀 버렸다는 느낌을 지울 수가 없기 때문이다.

땅이 까닭이 된 상태에서 하늘을 찾는 듯 보이는 모든 수양버들은, 그들이 하늘을 노래하고 있어도 결국 하늘에 속한 자가 아니다. 그들은 부족한 신앙인이 아니라 다른 신앙인들이며 실제로는 하늘 아버지께로 가는 길이신 예수님을 전혀 안 믿는 자들이다.

3부

정(正)하고 직(直)함을 하나님께만 실제로 하기

V.
살상의 현장에서만 피는 정직의 꽃

참신앙은 '정직의 논리'로 측정하여 모순이 없어야 한다. 정직은 어떤 하나의 대상(一)에 첫 번째로 관계하여 마음이 머물고(止), 그 대상이 온전한 상태에 이르기를 바라면서 파수꾼처럼 숨어서 눈을 부릅뜨고 지켜보며(直) 그 온전함에 이르는 길을 굽게 하고 방해하는 모든 장애물을 제거해 나가는 마음의 활동이다. 그리고 이런 마음의 활동인 '정직'(正直)을 삶의 현장에서 수행하지 않는 사람은 없고, 수행하지 않는 순간도 없다. 무엇에 정직한가만이 문제다. 하여간 무엇에든지 모두가 다 정직함에는 사람마다 차이가 없다. 그래서 이 하나(一)를 위하여 다른 모든 대상을 마음 안에서 죽이는 살상이 없으면 정직(正直)은 불가능하다.

죽이지 않으면 곧을 수 없다

참신앙을 구분해 낼 수 있는 복음적 정직(正直)은 형식적인 차원 즉 그 논리의 측면에서는 일반 세계의 정직(正直)과 차이가 없다. 다만 그 하나(一)의 첫 번째 직선의 대상이 예수님이 십자가를 통해 계시하신 하나님 아버지라는 점이 다를 뿐이다.

그러나 이 한 가지 차이가, 결과적으로 실제 현장에서 삶을 대하는 마음가짐이 너무나 다르게 나타나도록 한다. 하나님께만 정직한 마음이 생활 현장에서 겉으로 드러날 때와 하나님 이외의 대상에 정직한 마음이 생활 현장에서 겉으로 드러날 때는 전혀 유사점이나 같은 점이라고는 현미경으로 들여다보아도 찾아낼 수가 없게 된다.

하나님에 대해 좌로나 우로나 치우침이 없이 직선으로 관계하는 것이 복음적 의미의 정직이다. 그러면 이러한 정직 위에 서 있는 참신앙은 어떤 모습일까? 특히 하나님 이외의 다른 것들에 정직한 자의 시각에서 보자면 어떨까? 아니면 우리 마음을 끌어당겨 그 움직임을 좌우로 굽게 할 수도 있는 강력한 하나님 이외의 관심거리들이 마치 눈이라도 달려서 하나님께만 정직한 마음 상태를 바라보면 어떤 모양으로 보일까?

또 다른 말로, 우리 마음이 하나님 아버지에 대해 첫 번째로, 그리고 직선으로 관계하는 참신앙의 상태가 된다면, 그때 신앙하는 마음 상태는 하나님 이외의 대상들에 대해선 어떤 관계의 양상을 보이는 것일까?

이런 비슷한 뜻의 질문을 반복하는 이유는 한번 전혀 다른 각도에서 참신앙을 바라보자는 것이다. 참신앙이 작동되는 정(正)하고 직(直)한 마음 상태를 하나님을 기준으로 하는 대신에 그 하나(一)의 자리를 놓고 하나님과 경쟁하는 대상들의 기준에서 그림 그려 보자는 것이다.

유명한 미국 시니어 골퍼 래리 넬슨(Larry Nelson: 1947년~)의 잘 알려진 에피소드 하나를 여기서 생각해 본다. 우승과 준우승을 판가름하게 될 어느 대회의 마지막 퍼팅을 앞두고 래리 넬슨은 클럽을 두 손에 받쳐 들고 머리 숙여 기도했다고 한다. 되게 긴장이 되기는 했었나 보다.

어쨌든 밀레의 만종을 연상케 하는 보기에도 경건한 느낌이 들 정도로 비장한 짧은 기도의 시간이 끝났다. 이제 이어서 시도한 마지막 퍼팅에서 하얀 골프공은 파란 잔디 위를 굴러 홀 안으로 들어가게 되었다고 한다. 우승이 결정되는 순간이었다. 그런데 바로 이러한 환희와 감격과 환호성의 순간이 찾아왔을 때 절친한 친구가 다가와 질문했다고 한다.

"축하하네, 그런데 아까 진지하게 기도할 때 우승할 수 있게 해 달라고 기도했나?"

래리 넬슨의 대답이다.

"아니야, 반대로 기도했네, 하나님! 우승컵을 갖고 싶어 하는 이 마음의 욕심을 없어지게 하여 주시옵소서라고 기도했지!"

해 놓고 보니 뭐 그다지 눈여겨봐야 할 특별한 구석이 있는 이야기도 아니다. 욕심을 없애고 마음을 비우면 온몸이 긴장하여 불필요하게 힘이 들어가는 일이 생기지 않게 되고, 그래서 더 효과적으로 자세를 취하고 필요한 동작을 적절하게 수행할 수 있다는 것은 스포츠 전 종목에서 통하는 상식이다. 그리고 이 상식이 어찌 운동선수에게만 해당하는 것이겠는가? 정치인 사업가 예술인 등 모든 분야에서 적용되는 원리 아니겠는가?

전 세계적으로 명상과 요가가 유행하는 것도 아마 그 이유 때문일 것이다. 요가의 효능과 목적을 긴장된 마음의 왜곡을 수정하는 데 둔다고 해도 크게 잘못은 아니라는 것이다.

마음의 왜곡(歪曲)! 마음이 직선 상태를 유지하도록 곧지 못하게 뒤틀리고 굽어 버린(曲) 상태가 아닌가. 즉 정(正)하지 않고(不), 직(直)하지 못하고 굽어(曲) 버렸다는 것이다.

어쨌든 래리 넬슨의 기도는 자신의 마음이 우승컵이라는 자석의 자력에 끌려, 굽어 버린 것을 곧게 펴려는 의도를 담고 있었던 것으로 여겨진다. 아무런 장애와 오차 없이, 좌로 우로 치우치지 않고 파란 잔디 위를 굴러가서 홀 안으로 골인한 하얀 골프공의 궤적은 기도를 마친 래리 넬슨의 마음의 궤적을 겉으로 드러내 표현한 것에 불과하다.

단 한 번의 퍼팅에 홀 컵 안으로 골인하기 위한 골프공의 궤적은, 홀과 클럽의 두 지점 사이에 역시 단 하나가 있을 뿐이고, 바로 그 선상에서 좌우로 비껴가는 오차 없이 공이 굴러가게 하도록 래리 넬슨은 기도하였다. 이 기도의 구체적인 기능은 우승컵에 대한 마음의 소원과 집착을 잘라내고, 조금 심하게 말해, 죽여 버리는 것이었다.

조용하고 경건해 보이는 그 기도의 순간은 그러므로 조용한 것도, 평화스러운 것도 아니었다.

그 순간은 전쟁이고 학살이었다.

죽이는 전쟁이었다.

마지막 퍼팅 그 자체에 마음을 직선으로 다 쏟으려 하는데, 그의 마음을 좌로나 우로 빼앗고 끌어당겨서 그 길을 굽게 하려는 원수가 그때 그 순간에는 누구냐? 두말할 나위 없이 다름 아닌 우승컵이다. 그는 바로 이 우승컵을 마음에서 죽여 버린 것이다.

이런 의미에서 그 옛날 지혜의 왕 솔로몬은 말했나 보다.

"노하기를 더디 하는 자는 용사보다 낫고, 자기의 마음을 다스리는 자는 성을 빼앗는 자보다 나으니라"(잠16:32)

이 잠언에서 사용된 용어, '용사'도 싸우는 자요, '성을 빼앗는 것'도 전쟁을 말한다. 마음을 다스리는 것, 그것은 성을 빼앗는 전쟁의 경험이 직접, 간접으로 풍부했을 왕으로서의 솔로몬에겐, 실제의 전쟁보다 훨씬 더 치열한 마음 안의 전쟁을 통해서만 가능한 것을 알았기에 그렇게 이야기하지 않았겠는가.

마음 안에서 벌어지는 연쇄 살상

그렇다. 죽음 혹은 죽임이 연쇄적으로 벌어짐 없이는 정직의 논리 기준을 만족할 수 있는 신앙이 불가능하다. 래리 넬슨이 우승과 준우승을 판가름하는 초긴장의 순간에 자기 마음에서 우승컵을 죽였던 것처럼, 실제 삶의 현장에서 내 마음을 잡아끄는 것들은, 마치 게릴라처럼 나타나 끊임없이 내 마음을 공략한다. 이때 이 모든 것을 끊임없이 죽여 가는 연쇄 살상 없이 하나님께만 정직한 신앙이 유지되는 다른 법은 없다.

죽이는 전쟁이다!

마음이 어느 하나(一)에 머무르려면(止), 끌어당기는 힘을 지니어 마음의 길을 굽게 만들 수 있는 다른 대상은, 나타나자마자 마음에서 계속해서 죽여야만 한다. 어감이 확실히 살벌한 것은 틀림없다. 그러나 순전히 노파심으로 덧붙이는 말이지만, 내 밖에 있는 실재 대상의 죽음을 말하는 것이 아니라, 내 마음 안에 들어와 있는 대상들의 죽음을 말하는 것이다.

어떤 대상이든 내 마음을 가만히 내버려 두기만 한다면, 다시 말해 무엇엔가 그 하나(一)를 향해 가야만 하는 내 마음의 곧은(直) 궤도를 굽게(曲) 하지만 않는 대상이라면, 마음 바깥에서야 별의별 것이 다 존재하면서 온통 별나게 요동치며 뛰어놀지라도 그것은 아무런 상관이 없다.

직(直)이란 말 자체가 감시한다는 뜻을 포함하고 있다고 했다. 감시란 타자(他者)의 접근과 침입을 막아 낸다는 것이고, 방해와 장애를 죽인다는 것이다. 예를 들었던 것처럼 세금을 안 내는 이유가 무엇인가. 말할 것도 없이 돈에 정직하기 때문이다.

돈이라는 하나의 대상(一)에 마음을 머무르고(止) 좌로나 우로나 치우침이 없이 마음을 쏟아붓고 있는데, 조세법이 각양각색의 형태를 띠고 나타나 이리 뜯어내고 저리 뜯어 가며 돈을 향한 내 마음의 길을 굽게 만들려 한다. 그래서 그 세법을 마음에서 죽여 버린다. 이 죽임이 돈에 대한 정직이면서 동시에 탈세다. 그러므로 탈세는 범법이기는 하지만 절대로 부정직하다고는 못하고, 오히려 돈에 대해서 순교적 각오로 정직하기 때문에 벌어지는 일이라고 우리는 이미 말한 바 있다.

돈 좀 모으려 하는데 부모님께 용돈을 드려야 한다는 윤리적 문화적 통념이 마음을 끌어당기면서 귀찮게 한다. 그래서 마음 안에서 부모님의 존재감을 지워 버린다. 이것이 바로 돈에 대한 정직이며 동시에 불효다. 그러므로 이 경우의 불효자식도 잘못이 있다면 그 하나(一)로서의 돈에 정직했다는 잘못밖에는 없다.

우리의 믿음은 무엇인가. 그리고 우리의 하나님 사랑은 무엇인가. 길이신 예수님을 믿어서 직선으로 하나님만을 정직하게 관계하는 것이다. 그러나 하나님(一)께 내 마음을 머무르게(止) 하는 일이 전혀 쉽지만은 않다. 그렇다고 무슨 피땀 흘리며 수고롭게 행위를 해야 한다는 뜻은 아니지만, 마음에 대해 흡인력을 지니는 온갖 종류의 '래리 넬슨의 우승컵'들을 마음 안에서 모두 다 죽이지 않으면 안 된다. 눈에 보이고 귀에 들리는 이런저런 다양한 우승컵들이 살아서 마음을 잡아당기고 있는 한, 눈에 보이지도 귀에 들리지도 않으시는 하나님을 향해 정(正)하고 직(直)하기는 불가능하다.

그러므로 어느 하나의 대상에 대해 첫 번째로 직선으로 관계하는 정직은, 그 마음의 궤적을 굽게 하는 모든 강력한 인력을 지닌 대상들이 죽어 버린 현장, 즉 다양한 '넬슨의 우승컵들'의 죽음이 쉬지 않고 연쇄적으로 일어나는 과정을 통해서만 성립하고 지속한다.

한 번뿐인 인생의 파란 잔디 위를 지나 하나님께로 골인할 수 있는 선은 좌우로 쏠림 없이 가야 하는 하나의 선이 있을 뿐이다. 어제까지 그 선을 지나오지 못했다면 오늘이라는 달라진 지점으로부터 새롭게 또 하나의 선이 주어져 있고, 내일 또한 마찬가지일 것이다.

십자가에서 죽고 부활하시고 승천하셔서 아버지 우편에 이르러 계시는 예수님이 길이 되어 주시는 한, 언제나 아버지께만 정(正)하고 직(直)할 수 있는 길은 날마다 새롭게 주어져 있는 셈이다. 언제든지 거듭거듭 십자가 예수님을 바라보며 그 죽음을 나의 죽음으로 동일시하면 되니까. 즉 우리는 우리만의 '넬슨의 우승컵'들을 예수님의 십자가로 죽이는 것이다. 그러나 구체적인 삶의 현장에서 내가 실제로 이 길을 걷는다는 것이 무엇을 뜻하는 것일까? 혹은 달리 말해 모든 '넬슨의 우승컵'들을 마음에서 연쇄적으로 죽이는 일이 실제 삶의 현장에서 일어나면 그 상황은 과연 어떤 그림으로 나타날까?

야간 촬영

복음서에 보면 자그마치 열두 해를 혈루병으로 고생한 여인의 이야기가 나온다. 그 속에 소개되는 사건의 개요를 보면 이렇다. 예수의 소문을 듣고 몰려온 큰 무리가 서로 밀고 밀치는 가운데, 이 여인 그 큰 무리 사이를 비집고 예수님께로 다가와 옷자락에 손을 대었더니, 그 뿌리 깊던 혈루의 근원이 말라붙듯이 싹 나았다.

여기서 눈에 띄는 것은 예수님의 의도적이고 능동적인 행위나 별도의 승낙 없이 치유의 기적이 일어났다는 점이다. 단지 여인 쪽에서 시도한 접촉을 통해 능력이 예수님에게서 여인에게로 저절로 빠져나갔다. 그리고 당신에게서 능력이 빠져나간 것을 아신 예수님은 그 많은 무리 중 유독 이 한 여인만을 찾으시고는 여인이 예수님 앞에 나서며 사정을 털어놓자 평강을 빌어 주시고 보내셨다.

수많은 무리가 예수님의 소문을 듣고 몰려와서 법석을 떨며 그중에 많은 사람이 예수님의 몸에 접촉하고 부딪혔어도 참으로 예수님을 만난 사람은 혈루병을 앓고 있던 이 여인 한 사람뿐인 셈이었다. 하나님께서 온 세상을 두루 돌며 살피고 천상의 회의에 참석한 사탄 앞에서 오직 욥 한 사람만을 자랑하셨던 장면이 생각난다.

이렇게 '유일한 만남의 여인'을 탄생시킨 이 이야기 속에서, 이 여인의 병을 낫게 한 능력이 예수님으로부터 결재 없이 빠져나온 것은 생각할수록 특이하다. 왜 그랬을까? 여인이 자기의 환부를 부끄럽게도 공개적으로 드러내 언급하면서 치유를 간청할 처지가 못 되는 딱한 사정이 있음을 이미 헤아리셨기에 하나님 아버지께서 상황을 그렇게 주도하셨을까? 궁금하기 짝이 없고 게다가 그렇게 결정적인 예수님과의 만남을 단 한 번에 이루어 낸 여인이 무척 샘난다.

예수님의 말씀은 이러했다.

"딸아 네 믿음이 너를 구원하였으니 평안히 가라 … "(막5:34)

'네 믿음'이라고 하신다. 그러면 이렇듯 예수님의 능력을 결재 없이 인출해서 자기 안으로 끌어들인 이 여인의 믿음이란 도대체 그 내용이 무엇일까? 마치 몰래 뒤로 와서 예수님에게 빨대를 꽂고 그 안에 운행하던 하나님 아버지의 능력을 쏙 빨아먹은 듯한 느낌이다.

그러니까 이런 상황이 바로 살상의 현장에서 핀 꽃이요, '정직의 논리'에 모순이 없는 참믿음인 셈이다.

아! 이러한 하나님을 향한 '정직'과 참신앙의 희귀함이여. 모두가 모든 것에 정직한데 유독 하나님을 향한 정직만 없다. 세상에 정직한 자가 하나도 없다는 구약 성경의 미가 선지자의 탄식은 주관적인 편견이 아니었나 보다. 보편타당한 객관적인 진술이었다는 것을 이리저리 미루어 알 수 있을 것 같다.

"경건한 자가 세상에서 끊어졌고 정직한 자가 사람들 가운데 없도다"(미가7:2)

당연히 하나님께 정직한 자를 말씀하심이다. 하나님께만 정직한 사람답게 말하고 행동하는 자가 없다는 뜻이다.

욥의 시대엔 욥 한 사람이 하나님께만 정직하더니, 소문을 듣고 몰려온 큰 무리가 모두 예수님을 주목하며 야단법석을 떨고 있는 가운데 이 여인만 예수님께 정직했다. 곧게 뻗은, 굽지 않은 마음의 길이 이 여인 한 사람과 예수님 사이에서만 열렸기에 예수님 안에 계시던 하나님께서 당신의 능력을 막힘없이 콸콸 쏟아져 들어가게 하신 것이었다. 즉 이 여인은 이 순간 예수님 안에 거하시던 하나님에게 정직한 셈이었다.

이 여인이 군중 사이를 비집고 다가와 예수님을 터치하는 그 순간을 스냅 사진으로 찍어 보면 어떻게 보였을까?

하늘과 땅을 구분할 수도 없을 만큼 온통 새까만 야간 배경에 예수님이 홀로 조명을 받으며 서 계시는데, 그 칠흑 같은 어둠 속에서 앙상하고 창백한 여인의 손 하나가 툭 튀어나와 예수님의 옷자락을 스치는 다분히 엽기적인 모습으로 나타날 것이다.

부정(不淨)해서 정직(正直)할 수 있었다

그러나 이 엽기적인 느낌의 그림이 바로 하나님께만 정직한 참 신앙이 삶의 현장에서 실제 가동 중인 상황을 사진으로 찍었을 때의 모습이다. 이제부터 정직함의 X-ray 촬영과도 같은 이 사진의 내막을 한번 깊이 살펴보자.

왜 배경이 그토록 새까만 어둠이었을까? 이 여인의 삶이 그랬다. 혈루병이 그 당시 이스라엘 선민 사회 내에서 갖는 의미가 어떠한 것이었는가? 한마디로 참담하다. 구약 성경 레위기 15장에 이 혈루병에 대한 규정이 자세히 나온다. 유출병이라고도 부르는 이 병을 앓고 있는 환자가 발생한 상황에 관한 규정이다.

그 유출병 환자가 누웠던 상도, 앉았던 자리도 모두 다 부정(不淨)하고, 만지는 것도 모두 부정하며, 더구나 일단 그 환자가 접촉한 상이나 자리나 물건에 닿는 멀쩡한 사람도 다 부정하다고 율법으로 규정해 놓았다. 그러므로 유출병자가 만진 질그릇은 다 깨뜨려서 버려야 했고 목기는 빡빡 씻지 않으면 그 목기를 만지는 모든 사람이 모두 다 부정했다.

사정이 그렇다면 부정(不淨)하다는 율법적 규정이 뜻하는 바는 무엇인가. 이스라엘 선민이라면 누구에게나 주어져 있던 성전에 나가 하나님께 예배할 수 있는 자격을 박탈당하는 것이었으며 하나님의 이름으로 열리는 모든 모임과 행사에서 배제되어야만 했다. 왜냐면 하나님께 나갈 수 있을 만큼 깨끗하지 못하기 때문이다. 그러므로 하나님이 택하신 선민인 이스라엘의 공동체 안에서 선민으로서 누릴 수 있는 특권뿐만 아니라 한 여인으로서 일상적이고 기본적인 삶의 가능성조차 모두 정지되는 것이었다.

한마디로 부정(不淨)하다는 것은 그 당시 성전 중심의 여호와 하나님 신앙을 기본 축으로 해서 돌아가던 유대 사회의 삶의 서클 안에서는 '당신은 선민으로서 복지를 누리며 행복할 자격이 없다.' 혹은 '당신은 선민의 사회 구성원으로 살아갈 자격이 없다.'라는 낙인인 셈이었다.

이 낙인을 풀어 버릴 수 있는 장치로 그에 합당한 제사법이 없었다면 이것은 헤스더의 가슴에 새겨진 '주홍 글씨'보다 더 혹독한 굴레가 될 수도 있었을 것이다.

그런데 이 무서운 낙인의 이유가 되는 유출병을 12년 동안 몸에 달고 살았던 이 불행한 여인의 경우를 생각하면 무엇인가 느껴지는 감이 특별하다. 계속 유출이 되는 동안에는 부정함이라는 굴레를 해제하는 제사법이 100가지가 된들 무슨 소용이 있었겠는가. 12년 동안 어느 가정에서 딸로서 살았다면 그 집안에 그릇이 남아났을 리가 없다.

그 여인과의 직접적인 접촉은 고사하고 그 여인이 만졌거나 앉았거나 닿았던 모든 물건을 통해 간접 접촉만 일어나도 함께 부정한 자가 되어 예배고 제사고 모임이고 행사고 모든 핵심적인 공적 생활이 금지될 판인데, 무슨 수로 누가 12년을 이 여인과 몸을 부딪치며 그 좁은 집에서 함께 생활할 수 있었겠는가.

이 여자와 함께 사는 한 이 여자뿐 아니라 동거 동숙하는 전원이 종교, 사회, 경제 등 제 분야에서 아예 삶이 막혀 버리고 말 일이다. 그러니 이 여인의 당시 나이가 몇 살인지 모르겠지만 함께할 수 있는 가족이 있었겠는가. 친구가 있었겠는가. 하다못해 자신의 형편이 좋지 못해 할 수 없어서 이런 여인이라도 고락을 함께하겠다는 애인이라도 한 사람 있었겠는가.

삶 자체가 죽어 버린 여인이었다. 목숨은 있었으나 삶이 없었다. 새까맣게 칠흑같이 어두운 삶의 죽음으로 둘러싸여 있는, 그러나 아직은 죽지 않은 병든 육체의 목숨을 하루하루 연장해 나가야 하는 상황이 곧 이 불행한 여인의 삶의 전체 내용이었다. 모든 여자가 어떻게 더 예뻐질까를 생각하면서 누구를 만나 결혼할 것인가를 꿈꾸며 고민할 때

이 여자는 애당초 생각으로라도 여자로서의 인생을 시작조차 하지 못하고 있었다. 이 여인의 삶은 보통의 여자들에게 가능한 삶의 모든 분야에서 진행 상황 제로(0)였다.

도대체 이 처지에 무엇을 계획하며 꿈이라도 꾸어 보겠는가. 누구를 사랑하겠으며, 누구를 만나겠는가. 골퍼 래리 넬슨에게 있었던 우승컵 같은 것은 아예 이 여자에겐 그림자도 없었다. 아니 생사화복의 주관자이신 하나님이 모든 래리 넬슨의 우승컵들을 모조리 다 죽여 버리신 셈이다. 그래서 마음을 잡아 끌어 굽게 만드는 대상을 마음에서 죽이기 위한 넬슨의 기도 같은 것은 처음부터 필요조차 없을 만큼 이 여인은 이미 마음속에 이 세상 모든 것에 대한 죽음이 12년 동안이나 자리 잡고 있었다.

삼라만상이 눈앞에서 제 자리를 지키고 현실의 파노라마가 전개되고 있기는 그 여자에게나 혈루병이 없던 여자들에게나 마찬가지였다. 그러나 이 여인, 그런 것 중 어느 하나의 작은 부분도 마음 안에 들여놓고 관계를 맺을 수가 없었다. 왜냐면 모든 대상이 자기로 인해 부정해지니까. 자신은 부정함이 샘솟는 옹달샘과도 같으니까. 그래서 그 모든 대상에 대해 마음이 죽었다. 칠흑 같은 밤처럼 까맣게 말이다.

이렇게 삶 자체가 철저하게 죽어 버렸다. 그런데 이제 그 길을 굽게 할 정도로 마음을 잡아끄는 모든 '넬슨의 우승컵들'의 존재가 죽어 버리고 흔적도 없이 지워진 이 여인의 마음 안으로 사람들의 입에서 입으로 전해지는 소문을 통해 한 사람의 이름이 들어온다.

'예수!'

그 안에 창조주 하나님이 아버지로 거하시던 유일한 인간 '예수!' 였다. 그리고 삶에 대해 이미 완전히 차단된, 살았으나 죽은 한 여인이 그 소문의 주인공이신 예수님을 찾아간다.

그리고 그 낯선 청년 예수님께 손을 댄다. 그나마 손에 손을 맞잡은 정도도 아니고 그냥 군중이 예수님을 둘러싼 채 가까이 있던 사람들은 서로 밀리고 밀치느라고 예수님과 접촉이 불가피한 상태에서 이 여인 군중 틈을 비집고 들어와 그저 옷자락에 손을 댄다.

바로 이 순간, 이 장면을 놓치지 말자.

이 장면이 바로 성경과 복음이 말하는 정(正)하고 직(直)함이요 마음과 뜻과 힘을 다하는 하나님 사랑이고 참신앙이다.

삶이 벌어지는 현장에서 만나게 되는 이 세상의 모든 대상에 대한 죽음이 유지되는 동안 그 어떤 것에도 빼앗기거나 지급되며 있지 않던 마음이 처음으로 접촉한 대상이 하나님을 안에 모시고 있던 예수님이었다. 마치 예수님은 이 여인과 당신 속에 계신 하나님이 만나는 일에서 잠시 제외된 듯한 느낌마저 든다. 예수님은 이 여인이 만날 수 있게 하나님을 옮겨다 주신 무슨 배달부 택배 아저씨가 되신 느낌이다. 이렇게 하나님을 안에 모신 예수님과 이 여인 두 사람의 접촉을 관통하는 마음의 길은 굽지 않은, 아니 굽게 만드는 모든 대상과 이유가 죽어버려 굽을 수도 없는 직선이었다.

혈루병이 곧 자기의 정체성이 되어 버린 상태, 그래서 혈루병과 자기가 구분될 수 없는 상태, 모든 대상과 관계의 단절을 뜻하는 혈루병에 의해 침투되고 정복되어 버린 삶. 그래서 아무것도 누구도 붙잡고 사랑하며 관계할 수 있는 대상 자체가 없는 그 상태, 바로 그곳에 천국 능력이 결재 없이 들어갈 수 있는 직선 도로가 예수님과의 접촉을 통해 열린 것이다.

그리고 예수님이 그리스도로서 십자가를 지신 이유도 바로 이렇게 십자가를 받아들이는 모든 사람에게 이 한 장면이 동영상처럼 지속하기를 바라셨기 때문이다.

바로 이 시점으로부터 비로소 이 여인의 삶은 시작된다.

예수님 안에 계시던 하나님이 여인의 삶을 시작하게 하신 제1 원인이시다. 그 누구도 아닌 그리고 그 무엇도 아닌 하나님에게서 시작이 된 삶을 살기 시작한다.

마음이 이미 무엇인가 다른 대상과 만나고 접촉함에서 시작하여 진행 중인 기존의 삶의 틀과 내용을 고스란히 유지하며 그 위에 하나님 관계를 덧대듯 만나고 모셔 오는 것이 아니라, 이 여인처럼 하나님 때문에 비로소 시작하게 된 삶, 오히려 세상 관계를 먼저 이루어진 하나님과 만남에 덧대어 나가는 삶 그 자체가 바로 복음 안에 들어있는 정직함에 근거된 참신앙의 원형적인 모습이다.

혈루병에는 남녀 구별이 없다

그러면 이 여인에게서 일어난 삶의 죽음, 모든 대물(對物) 대인(對人) 관계가 죽어 버린 상태 즉, 하나님만을 그 하나(一)로 하여 마음을 직선으로 보내는 정직함을 꽃 피울 수 있는 마음속 동공 상태가 나에게는 어떻게 현실적으로 일어날 수 있을까. 이 질문에 답하기 전에 우리는 우선 나 자신의 상태가 이 여인과 비교할 때 어떤 상태인지부터 알아야 한다.

나는 12년을 앓던 그 여인처럼 혈루병자가 아니지 않은가. 맞다. 우리는 서로 만나 본 적은 없지만 대부분 혈루병자는 아닐 것이다. 그런데 그래서 우리는 모두 더 무서운 혈루병자다. 표시가 안 나거나, 혈루병을 앓고 있는지를 자각하기가 너무나, 정말 너무나 힘든 혈루병자이다. 실상은 만지는 것마다 접촉하는 것마다 다 부정하게 만들어 놓았으면서, 또 앞으로도 그럴 것이면서도 전혀 그 해악을 눈치채지 못한 채, 온갖 관계를 아무런 주저함 없이 맺고 발전시켜 나가는 이 이상한 혈루병의 상태를 사도 바울은 이렇게 탄식했다.

"오호라 나는 곤고한 사람이로다 이 사망의 몸에서 누가 나를 건져내랴"(롬7:24)

예수님을 믿고 죄 사함 받은 사실을 알고 있음에도, 여전히 사망의 몸을 본부로 삼아 실제로 힘을 발휘하는 죄의 줄기찬 활성화 상태 앞에서 내뱉은 탄식이었다.

그러면 죄가 활성화되는 상태에서는 도대체 무엇이 유출된다는 뜻이냐? 마음이다. 마음과 뜻과 힘이다. 마음과 뜻과 힘은 한 방울도 남김없이 모두 다 하나님께만 흘러가야 한다. 마음이 하나님께만 흘러가는 상태가 정(正)하고 직(直)함이 아니었던가.

그런데 사도 바울의 탄식에 따르자면 마음이 계속하여 몸으로 만나는 대상들에 유출되어서 흘러간다는 것이다. 모든 인간은 하나님께만 해야 하는 정(正)하고 직(直)함을, 사망의 몸으로 만나는 다른 대상을 향하여 흘리고 있는 마음 유출병에 걸렸기에 죄인이라는 것이다. 즉 하나님께만 정직함을 이루지 않고 있는 죄인으로서 마음도 뜻도 힘도 사방팔방으로 이런 일 저런 일, 이 대상 저 대상에게 흘리고 다닌다. 그러면서 마음을 유출하여 접촉하는 모든 대상에 부정함과 저주를 불러들이고 있다.

그런데 문제는 12년 혈루병을 앓고 있던 여인과 같은 처지에 놓인 사람들이 자신에 대해서 전혀 모르고 있다는 사실이다. 알았다면 이 여인처럼 몸은 살아 있어도 삶은 죽어야 마땅했다. 자신이 유출병자라는 사실을 모르기 때문에 그 부정함을 사방에 흩뿌리고 다니며 삶을 극단적인 활성화 상태까지 밀고 나간다.

그래서 성경은 말씀하신다. 우리가 마음과 뜻과 힘을 다하여 하나님을 사랑하라는 말씀을 떠나 좌로나 우로나 치우쳐 하나님께만 정직하기를 하지 못하여, "하나님 여호와의 말씀을 순종하지 아니하면 … 네가 성읍에서도 저주를 받으며 들에서도 저주를 받을 것이요, 또 네 광주리와 떡 반죽 그릇이 저주를 받을 것이요, 네 몸의 소생과 네 토지의 소산과 네 소와 양의 새끼가 저주를 받을 것이며 네가 들어와도 저주를 받고 나가도 저주를 받으리라"(신28:15-19)

우리의 마음은 본래부터 하나님 아버지 말고는 다른 대상을 향하여 흘러가면 안 되는 것이었다. 왜냐면 내 마음의 흐름은 영적인 피이기 때문이다. 아버지 하나님과 맺는 살아 있는 연결 관계는 나의 마음이라는 피가 끊임없이 흘러야 하는 유일한 혈관이다. 그러므로 내 마음이 하나님과 맺은 관계의 혈관 밖으로 유출하여 하나님 이외의 대상에가 닿을 때, 그 모든 대상에는 병에 걸린 여인에게서 유출된 피가 묻듯이 그렇게 내게서 유출된 마음인 영적인 피가 묻는 것과 같다.

그런데 우리는 무엇을 믿고 그러는지는 몰라도 정말 겁이 없다. 죄의 혈루를 그대로 지닌 채, 바울에게서와 같은 '나는 곤고한 자'라는 뼛속 깊이 아로새겨진 자각도 탄식도 일상 속에서 표현되지 않고 있다. 그리고 그러한 상태에서 버젓이 유출되는 영적인 피인 마음으로 남편을 만지고, 아내를 만지고, 자녀를 만지고, 친구를 만지고, 이웃을 만지고, 내 돈을 만지고, 내 건강을 만지고, 내 일을 만지고, 내 미래를 만지고 있다. 모두에게 흘러간 내 마음은 다 유출된 피다.

그래서 나타나는 결과가 무엇이냐? 부정(不淨)함이다. 즉 내 마음이 유출되어 신경을 쓰면서 만지는 모든 대상에게서 부정함이 발생하면서 그 결과 내가 마음으로 만지는 대상마다 생명과 복의 근원이신 하나님의 창조적이고 복된 사랑과 계획과 뜻에서 단절된다. 내가 마음을 써서 깊이 개입하는 모든 대상을 향한 하나님의 뜻이 나로 인해서 부정해짐으로써 끊어져 버린다.

"네가 성읍에서도 저주를 받으며 들에서도 저주를 받을 것이요, 또 네 광주리와 떡 반죽 그릇이 저주를 받을 것이요, 네 몸의 소생과 네 토지의 소산과 네 소와 양의 새끼가 저주를 받을 것이며 네가 들어와도 저주를 받고 나가도 저주를 받으리라"

도대체 우리가 뭘 안다고 누구를 막론하고, 아내든 남편이든 자식이든 이웃이든, 왈가왈부 그들과 관련된 일에 끼어들어 영적인 피인 마음을 쏟아 유출하면서 가르치고 참견하고 판단하고 있는 것일까?

하여간 기억해 두자. 생각과 말을 통해서든지 행동하면서든지 관계하는 모든 대상이, 내가 마음을 유출하면서 주체적으로 관계함을 통해 나의 혈루병인 죄로 인해, 나와 접촉한 대상들이 부정해지고 생명과 복의 근원으로부터 단절되고 있다는 사실을. 어디 이러한 사정이 사람에게만 해당할 뿐인가? 일이나 사업에 관해서도 마찬가지다.

다시 한번 말씀을 보자.

"네 하나님 여호와의 말씀을 순종하면 … 성읍에서도 복을 받고 들에서도 복을 받을 것이며 네 몸의 소생과 네 토지의 소산과 네 짐승의 새끼와 우양의 새끼가 복을 받을 것이며 네 광주리와 떡 반죽 그릇이 복을 받을 것이며 네가 들어와도 복을 받고 나가도 복을 받을 것이니라 … 네 창고와 네 손으로 하는 모든 일에 복을 내리시고 … "(신 28:2~)

여호와의 말씀을 진정으로 순종하는 일은 근본적으로 우리의 인위적이고 의도적인 행위를 요구하는 것이 아니다. 여호와이신 하나님 아버지를 좋아함과 사랑과 그리움이 없으면 순종은 절대 불가능하다.

그러므로 말씀에 대한 행위의 순종은 하나님께만(一) 마음이 가서 머무르며(止) 하나님의 뜻만이 온전히 이루어지기를 바라는(直) 정직한 마음 상태가 앞섰을 때 이루어지는 결과이며 증거다. 그러므로 순종하라는 말씀의 근본적인 뜻은 그런 행위가 나올 수 있도록 존재의 뿌리를 바꾸라는 의미이다. 수양버들처럼 결국에 나 자신이 받을 이 세상 복으로 돌아올 것을 목적으로 출발한, 속이 뻔히 들여다보이는 뿌리를 유지하는 그런 마음으로는 순종이란 아예 실현될 수도 없다.

즉 하나님께만 마음을 다 드리는 정직함이 없으므로 인해서 참순종이 일어나지 않는 죄의 상태에서는 이렇듯이 내 마음으로 만지는 대상마다 내가 만졌다는 그 이유 하나로 저주의 대상이 되어 버리고 마는 것이다.

그러므로 하나님(一)께만 마음을 직선(直)으로 드리며 머무는(止) 정직함의 상태가 이루어졌음이 분명히 확인될 수 없다면, 그래서 내 마음 유출병이 치유되었다는 증거를 확보할 수 없다면, 사랑하는 모든 대상에 대해서는 오히려 아무 대책이 없더라도 무조건 마음의 손을 떼는 것이 절대로 더 현명한 일이다. 그래도 그런 모든 대상을 향한 하나님의 주권은 임하고 있으니까.

생의 목표는 삶이 아니라 죽음이요, 죽임이다

위대한 바울 사도와 우리의 차이는 정말 종이 한 장의 차이같이 여겨진다.

그는 우리 사람이 만지는 대상마다 부정해질 수밖에 없게 하는, 사람 안에서 생생하게 꿈틀거리는 유출병의 현실적인 힘을 보고 있었다. 그 반면에 우리는 죄 사함에 대한 알량한 성경 공부 지식과 그런 지식에 이끌려서 하는 죄 사함을 받았음에 대한 기계적인 고백 안에서 죄의 문제는 끝난 것쯤으로 여겨 버린다. 그 결과 이토록 심각한 유출병의 실제 생활 현장에서 일어나는 활성화 상태를 자각하지 못하고 있다는 것이다.

죄의 사함을 받았다는 입술의 고백은 있으되, 현실의 구체적인 삶 속에서는 여전히 살아서 역사하는 수양버들의 근성에 묶인 채로, 하나님 이외의 엉뚱한 대상들을 첫 번째 직선으로 상대하여 마음을 유출하면서 그 대상을 봉사하고 섬기기 위해 하나님의 능력을 찾고 요구하며 산다. 게다가 마음 유출병 상태에서 부정하게 됨에 대한 아무런 깨달음이나 두려움이나 조심성 없이, 내 몸에서 난 소생과 떡 반죽 그릇과 광주리와 창고를 마구 만져 대고 있었다는 것은 정말 소름이 돋을 만큼 끔찍한 일이다. 이렇게 살아 놓고도 삶의 불행과 원망의 이유를 타인이나 환경으로 돌린다면 우리는 구제 불능의 자기기만에 빠진 상태이다.

바울 사도의 솔직한 탄식을 나의 탄식으로 받아들이고, 여기서 우선 급한 대로 우리 삶의 목표부터 좀 바꾸어야 한다.

세상 사람들의 기준을 따라서 안정되고 성공적으로 잘 살겠다고 애쓰며 수고하는 삶이, 마땅한 신앙인의 일상적인 생활로 받아들여져서는 안 된다. 왜냐면 이 자연스럽고 마땅하게 여겨지는 일상을 사느라 진짜 우리는 제대로 하나님의 자녀답게 살아 보지도 못한 상태로 끝내 망하고 말 것이기 때문이다.

우리 삶의 목표를 이제 어찌하든 버둥거리면서라도 살아남겠다는 데에 두어서는 안 된다.

수정된 목표는 삶이 아니라 죽음이다.

자살하자는 말이 아니라 마음에서 이루어져야 하는 삶의 죽음을 목표로 삼자는 것이다.

예를 들어 보자. 자녀를 둔 부모 같으면 겁 없이, 죄인이라는 마음 유출병자 처지에, 함부로 유출하는 마음으로 자녀에게 접촉하지 말고, 내 마음에서 자녀를 몰아내든지 아니면 자녀에 대한 내 마음이 죽든지, 하여간 자녀에 대한 마음의 머무름(止)을 끊어 내는 것을 목표로 하는 것이다. 이와 같이 하여 남편, 아내, 부모, 사업, 일 등 모든 관계를 마음에서 죽이거나 아니면 그들에 대한 내 마음이 죽자는 것이다. 12년 동안 혈루병으로 인해서 그 여인에게 부득불 벌어진 일을 이제 의도적으로 나에게 행하자는 뜻이다.

내 마음으로 이 모든 대상을 붙들고 있어 봐야 삼중의 상실만 주어진다. 첫째, 마음이 머무는(止) 그 하나(一)가 하나님 이외의 것이어서 하나님을 잃어버린다. 둘째, 내가 유출병자이면서 접촉하는 바람에 모든 대상을 부정하게 만들어서 은총과 창조적인 뜻으로부터 떨어져 나와 불행 안으로 빠져들게 만든다. 마지막으로는 더러운 마음 유출병으로 내 생애의 모든 순간을 먹칠한 나 자신을 결국에는 스스로 심판 속으로 던져 버리고 말 것이다.

너무 살벌한가? 실제 삶의 상황에서 죽이자는 것이 아니라 실제 삶의 상황에 있는 동안 내 마음에서 죽이자는 것인데도? 맞다. 살벌하다. 그런데 죄송하지만, 이 살벌한 말씀의 원조가 누구인지 우리는 알고 있는가? 다음의 말씀들이 누구의 말씀인지 생각해 보자.

"내가 세상에 화평을 주러 온 줄로 생각지 말라 화평이 아니요 검을 주러 왔노라 내가 온 것은 사람이 그 아비와 딸이 어미와 며느리가 시어머니와 불화하게 하려 함이니 사람의 원수가 자기 집안 식구리라"(마10:36)

칼을 들고 원수로 여겨 불화하며 싸울 대상이 집안 식구라는 말씀이다. 내 마음 안에 들어와 있는 모든 가족을 마음 안에서 칼로 죽이려는 각오가 없으면 예수님을 믿을 수가 없다는 뜻이다. 예수님을 믿는 이유가 결국 하나님께만 정직(正直)하려는 것이 아닌가. 그러므로 이 땅 위에서 만나고 맺게 된 관계 일체에 대해 예수님이 주시는 검을 휘두르며 마음속에서 그 모든 존재를 죽여 없애기 전까지는, 하나님을 첫 번째 대상으로(一) 직선으로(直) 관계하여 마음을 머무르는(止) 일이 불가능하다는 말씀이다. 모든 가족 구성원이 내 마음을 잡아당겨 굽게 하는 저 '래리 넬슨의 우승컵'이 될 수 있어서다.

하나의 '래리 넬슨의 우승컵'으로서, 내 마음을 굽어지도록 하는 내 가족 모두는 하나님을 내게서 빼앗아 가는 원수다. 왜냐면 어떤 사람이 내게 원수인 이유는 내게서 소중한 대상을 빼앗아 가기 때문인데, 가족은 내게서 첫 번째로 그리고 직선으로 대할 때만 만날 수 있는 가장 소중한 하나님을 빼앗으면서 동시에 내게서 영원한 생명과 평강, 행복 등 모든 것을 빼앗아 가 버리기 때문이다.

바로 이러한 이유로 벌어진 사건이 다름 아닌 아브라함이 이삭을 번제로 드린 일이다. 약속을 받은 지 25년이 지난 뒤 100세가 되어서야 낳게 되어 청년으로 잘 자란 외아들 이삭을 번제를 위한 장작더미 위에 올려놓고 칼을 들어 죽이려 했던 살인 미수 사건이었다. 그런데 바로 이렇게 외아들을 죽이려 했던 살인 미수의 현장에서 아브라함은 믿음의 선조라는 영구불멸의 타이틀을 획득하게 된다. 왜냐면 마음 안에서는 이미 진짜로 아들 이삭을 죽였기 때문이었다. 그렇게 함으로써 아브라함은 여호와 하나님에게로 직선으로 가려는 자기의 마음을 굽어지도록 잡아당기는 가장 강력한 원수인 아들 이삭을 마음에서 제거한 셈이었다.

하나님께만 정(正)하고 직(直)한 상태인 믿음이란 무엇인가? 하나님만을 마음과 뜻과 힘을 다해 사랑하는 과정이다. 그러므로 믿음은 살상의 과정과 함께 간다. 내 마음에 끼치는 힘이 강력하여 내 마음을 하나님에게서 조금이라도 빼앗아 가는 원수들을 계속해서 마음에서 제거해 나가는 살상의 과정이 없으면 하나님을 믿을 수가 없다. 정리하자면, 믿음은 마음과 뜻과 힘을 하나님께만 드리기 위해 다른 모든 대상을 마음 안에서 예수님이 주신 검으로 지속하여 죽여 나가는 연쇄 살상의 과정이다.

말씀의 살벌함에 이유 있다

"사람의 원수가 제 집안 식구니라" 이 말씀을 설교했다가 정말 난감하고 죄송한 경우를 경험한 적이 있다. 캐나다에 와서 길지 않은 세월이지만, 수없이 많은 사람을 만났다. 그런데 이분처럼 젊은 분이 신실하고 내 주관적인 느낌에 남자답다고 느껴 본 사람이 그리 많지 않다. 어느 젊은 남편이자 아빠인 남자의 이야기이다. 그런데 이 본문으로 행한 내 설교를 들으시고 시험에 드셨다는 것이 아닌가. 사실 "사람의 원수가 제 집안 식구니라"라고 하신 당사자는 내가 아니라 주님이신데도 말이다.

이혼율이 급증하고 문제아가 속출하며, 집은 있어도 가정은 없다는 생각이 상식이 되어 가는 세상에, 교회가 가족 간의 돈독한 사랑을 외치며 가정의 화목을 선도해 나가도 시원치 않을 판에 있을 수 없는 설교라는 반발이었다.

처음에 이 소식을 접하고는 그저 믿음이 약하신 성도님들에게서 흔히 나타날 수 있는 불평 정도로 생각했다가 얼마 뒤, 머리를 철퇴로 얻어맞은 듯한 소식을 듣게 되었다.

그 청년 집사님이 고아로 자라신 분이라는 내용이었다. 당시 그 집에는 너무나 참한 젊은 아내와의 사이에 보기만 해도 마음이 기뻐져서 웃지 않고는 못 견딜 만큼, 깨물고 싶은 귀엽고 사랑스러운 어린 두 딸이 함께 살고 있었다.

고아 출신으로 자라면서 정상적인 가정의 모습이 인생의 꿈이었을 젊은 집사님의 마음에 사람의 원수가 제 집안 식구라서, 서로 불화하게 하려고 검을 주고자 오셨다는 예수님의 말씀이 도대체 어떻게 들렸을까를 생각하면 현기증이 날 지경이었다. 너무너무 미안해서 말이다. 그 성실한 젊은이의 어릴 적 상처에서 돋아났을 인생의 꿈에 다시 한 번 칼을 꽂은 셈이 되어 버린 것이다.

20세기의 교부라 불리는 독일의 신학자 칼 바르트가 인간의 언어로 수행해야 하는 신학이나 설교를 인간의 죄성을 고려할 때 "불가능한 가능성"(die unmögliche Möglichkeit)이라고 말한 이유를 생의 현장에서 실감하게 되는 순간이었다.

그 뒤로 우여곡절 끝에 결국 집사님께서는 설교의 본뜻을 바로 이해하시고 그 취지를 흔쾌히 받아들이시게 되었고, 다시 누구보다 성실히 사시며, 누구보다 신실하게 믿음의 길을 가시게 되었다. 그러나 상처는 오히려 내게 더 깊이 남게 되었다. 너무나 지독하게 미안했던 것이 마음에 상처가 되어 버렸다. 그러나 그러던 중에 그 상처를 끌어안고 흘린 마음의 진액이 그만 진주로 변하기라도 하듯, 마음에 참 중요한 사실을 한 가지 깨닫게 되었다.

설교를 들을 때 그 집사님이 가족들 관계에 대해 가지셨을 아픈 마음과 하나님 아버지의 마음을 오버랩시키면서 얻게 된 깨달음이었다. 예수님께서 저 살벌한 말씀을 하실 때, 내가 저 집사님의 마음을 생각하며 아파한 것보다 몇 배, 몇백 배 더 아파하시며 우셨을 것이 틀림없다는 사실이다. 하늘 아버지의 마음을 생각하시면서 말이다. 만약에 이처럼 예수님의 마음에서 눈물이 흘러나왔다면 그 참이유가 무엇이었을까. 그처럼 눈물을 나오게 했을 수도 있었을 예수님 마음의 아픔을 같이 생각해 보면 좋겠다.

예수님을 우시게 한 우리는 정말 나쁘다

남자가 결혼해서 아내가 아이를 갖게 되면, 예비 아버지의 사랑은 태어나기 전부터 이미 시작된다. 아니 그보다 앞서서 아기를 기다리는 경우 아내가 임신하기 전부터, 아버지는 잉태되지도 않은 아기를 벌써 사랑하기 시작한다. 아직 실제로는 없는 아이를 사랑하며, 세상에 태어나기를 기다리는 아버지의 안타까운 자녀 사랑의 심정으로 말하자면 나보다 더 깊이 체험한 사람은 흔치 않으리라.

나는 안다. 결혼하자마자 다음 달부터 기다린 아기가 결혼 후 17년 만에야 세상의 빛을 보게 되었으니까. 그 아이는 방금 태어났어도 이미 17년 동안 아빠의 사랑과 관심을 받아 오던 중이었다. 이렇게 계산하면 이삭은 태어나는 그 순간 이미 아버지 아브라함의 사랑을 무려 25년간이나 받아 오고 있던 존재였다.

이런 방식으로 또 계산해 보자. 무엇을 말인가? 하늘 아버지로서 나를 향하신 하나님 아버지의 부성애 역사를 말이다. 나를, 그리고 우리 중 하나하나를 하나님 아버지가 사랑하시기 시작한 시점은 도대체 언제쯤일까?

태 씨 문중에 들리는 말에 의하면 이순신 장군이 쓰던 칼을 태 씨 조상 중 대장간을 하시던 어느 할아버지가 만드셨단다. 이순신 장군의 성이 이 씨가 아니라 태 씨라면 모를까 그것도 무슨 자랑거리라고, 얼마나 떠들어 댔으면 문중 모임에 한 번도 참석하지 않은 내 귀에까지 다 들려왔을까. 하여간, 그 대장간의 할아버지 안에 내가 태어날 것이 하나님 편에서는 계획이 되어 있었을까, 아닐까?

아무래도 더 거슬러 올라가야 할 것 같다. 태 씨의 시조가 발해를 세운 대조영이란다. 그러면 그 대조영 할아버지가 세상을 살 때 그 몸의 핏줄을 통해 이 땅에 태어나 지금껏 살게 된 나는 하나님 아버지의 계획에 있었을까 없었을까?

하나님의 전능하신 창조주 되시고 섭리의 주관자 되심과 전지하심에 대한 우리의 믿음 안에서 양심껏 말해 당연히 '있었다'로 답할 수밖에 없다. 그러면 삼국 시대 말기의 대조영 할아버지까지만 따져도 하나님 아버지가 나를 사랑하신 햇수가 도대체 몇 년이냐? 어림잡아도 1300년은 족히 되지 않겠는가. 신령한 일은 혈과 육에 속한 것이 아닌데, 혈의 역사를 따라 계산해 보려는 태도에 거부감이 일어난다면 정말 죄송하다.

그러면 이제 우리 믿음의 선조 아브라함을 생각해 보자. 하나님이 찾아오셔서 아브라함을 이끌어 집 밖에 세우시고 밤하늘의 별을 보게 하셨다. 그리고 그 하늘의 별처럼 많은 자손의 조상이 될 것이라고 약속해 주셨다.

"그를 이끌고 밖으로 나가 이르시되 하늘을 우러러 뭇별을 셀 수 있나 보라 또 그에게 이르시되 네 자손이 이와 같으리라"(창15:5)

그러면 아브라함이 지금으로부터 4000년 전 바라보던 그 밤하늘의 별 중에, 나는 그리고 당신은 있었을까 없었을까? 있었다. 그래서 우리는 하늘에 떠 있는 스타다. 사정이 그렇다면 하나님 아버지가 우리 중 각자를 사랑하신 햇수가 대충 계산해 봐도 몇 년이냐? 약 4000년이 된다.

그리고 이 계산을 머릿속에 담고 또 한 번 계산해 보라. 그토록 애지중지해서 우리 마음 안에, 하나님 아버지가 들어서실 수도 없을 만큼 빽빽하게 채우고 있는 우리의 아내들과 남편들을 만나 산 햇수는 이제 몇 년째인가. 그리고 생명처럼 귀하게 생각하는 우리의 자녀를 낳아 기른 것이 몇 년인가. 우리 각자가 자녀를 만나 지낸 시간이 그리도 굉장한가?

자식을 둔 부모 마음이라면, 또 부모가 아직 안 되었더라도, 자식 된 자로서 부모의 마음을 헤아려 보면 4000년, 아니 정확하게는 아담을 지으실 태초에 이미 우리 각자의 얼굴 생김새까지 지금의 모습으로 확정하시고, 그동안 줄곧 마음을 쏟으셨을 아버지의 입장을 얼마든지 헤아려 볼 수 있지 않겠는가.

우리끼리 은혼식이다, 금혼식이다 해 봐야 하나님 아버지와의 인연이 지속해 온 세월에 비하자면 새 발의 피도 안 될 기간이다. 그런데 상대적으로 그렇게 짧은 인연을 기념하여 별의별 의미를 부여해 가며 그 비싼 세계 여행이니 크루즈니 하며 난리들을 떨어 댄다. 그러면서 나를 향하는 하나님 아버지의 부성애의 긴긴 여정에 대해선 어쩌면 그렇게들 나 몰라라 안면을 몰수할 수가 있을까.

　이런 상황에서 하나님 아버지가 도대체 뭐라고 하셔야 우리 인간들의 염치없는 마음이 편하겠는가? 하나님을 직선(直線)으로 첫 번째로 관계하지 못하도록, 그 몇 년 되지도 않는 이 땅 위의 그리도 대단한 인연들이 마음을 빼앗고, 마음을 굽어지게 하는 상황을 보시며, '사람의 원수가 제 집안 식구니라'라고 하신 것이 우리 마음에 상처가 되어야 하나? 하늘 아버지는 나를 아주 적게 잡아 아브라함 때부터 4000년을 마음에 품으셨다. 내가 태어나기까지 무려 4000년 동안 한시도 하나님 아버지는 나를 잊으신 적이 없었다. 그런데 나는 만난 지가 기껏해야 몇십 년이 고작인 가족들 때문에 그 하나님 아버지께만 마음이 정(正)하고 직(直)하지를 못한다.

　아담 때부터 지금까지 줄곧 사랑해 오셨던 자식들이다. 그리고 아주 길어 봐야 80년이나 90년에 지나지 않을 이 세상 삶이 끝나면, 다시금 영원히 함께 살기를 원하시는 자녀들이다. 하늘 아버지의 처지에서 보실 때, 영원에 비교해 한낱 일개 점에 지나지 않는 몇십 년을 사는 동안, 내 마음을 송두리째 빼앗아 하나님을 아버지로 정(正)하고 직(直)하게 관계하지 못하게 하는 내 집안 식구는 모두 어떤 자들일까? 그들이 하나님 아버지에게도 나에게도 원수가 아니면 도대체 무엇인가? 원수의 두목들이 아닌가?

　그리고 이렇게 놓고 보면, 아브라함이 자기 마음을 가장 강력하게 굽어 버리게 할 외아들 이삭보다 하나님을 더 먼저, 정(正)하고 직(直)하게 사랑하고 있음을 보이기 위해 아들 이삭을 묶고 칼을 들어 치려 한 것이 그렇게나 대단하고 굉장한 일이었나 하는 마음까지도 생길 지경이다. 당연한 도리 아닌가.

유비의 일화가 생각난다. 장판교에서 조조의 10만 대군의 포위망을 뚫고 아들 아두를 구해 온 조자룡의 충성을 보고 유비는 아들 갓난쟁이 아두를 "이까짓 놈이 무어라고" 하면서 땅바닥에 내동댕이쳤다. 충성스러운 동료이자 신하인 조자룡의 목숨을 위태롭게 하였다는 이유에서였다.

우리에게 하나님 아버지는 아들 아두를 내동댕이치던 유비에게 있어서 조자룡이 갖는 가치만큼도 못한가? 하나님 아버지를 굽지 않은 직선의 마음으로 만나고 모시는 일을 방해함으로써 내가 하나님을 잃게 만드는 자녀 등 가족을 단지 마음으로부터 온전히 쫓아내어 마음의 영역에서 죽이라는데, 그 일도 하지 않겠다는 말인가. 실제로 아들이나 딸을 호적에서 지워 버리거나 집 밖으로 내동댕이치라는 것도 아니지 않은가?

하나님 아버지를 정직하게 믿기 위해 길어 봐야 20년 30년 길러 놓은 내 자식을 마음에서 놓기가 그리도 아까우면, 나를 자녀 삼으시어 오래전 태초에 지금의 모습으로 계획하시고 그 긴긴 세월 사랑해 오신 하나님 아버지의 마음은 어떤 것일지 생각해 보았는가. 이렇게 볼 때 우리는 정말 몹쓸 불효자들이고 패륜아들이다.

이렇게 말에 말을 이어 오다 보니 걱정이 슬그머니 살아난다. 지금 우리가 왜 이런 말을 하고 있는지를 잠시 잊고 있지 않나 해서 말이다. 우리는 지금 마음이 삶의 모든 관계에 대해 죽어 버린 새까만 상태에서 하나님을 처음으로 접촉하는 상태가 정직(正直)의 논리에 부합하는 참신앙이라는 말을 계속하고 있다.

그래서 하나님께만 정직(正直)한 삶은, 참된 신앙의 삶은 모든 생활 현장에서 그 제1 원인이 이 땅 위의 가족이나 다른 사람, 혹은 다른 일이어서는 절대로 이루어질 수 없다는 것을 밝히는 중이다.

그리고 이 상태를 지향하는 예수님의 말씀들이 '살벌하다, 비현실적이다, 혹은 할 수 없는 것이다'라는 우리의 생각들이 믿음의 양심으로 조금만 깊이 생각해 보면, 얼마나 염치없는 속 좁은 불평인가를 함께 들여다보고 있다.

"사람의 원수가 제 집안 식구니라"

예수님은 아버지의 심정을 헤아리시면서 분명히 마음으로 우시면서 이 말씀을 하셨을 것이다. 뒤로 돌아보아 창세 전부터 사랑한 자녀, 앞으로 내다보아 영원히 옆에 두고 데리고 살기를 원하시는 자녀, 하나님 아버지께 그 귀한 보석들을, 마귀가 꼬여서 그 마음이 하나님 아버지를 첫 번째로 사랑하지 못하도록 만들어 놓아 버린 통탄할 구절양장(九折羊腸) 같은 마음 굽음의 상태, 어느 아버지가 이 상황에서 울지 않으시겠는가?

조강지처불하당(糟糠之妻不下堂)이라는 말을 우리는 모두 알고 있다. 그런데 여기서, 조강지처가 조강지처 되는 이유는 첩과 비교해 그 미모나 성격 혹은 하다못해 음식 솜씨 등에 있는 것이 아니지 않은가. 순전히 순서와 연수에 있는 것이다. 제일 먼저 제일 오래 같이했기 때문에 조강지처는 내치지 않는다.

하나님 아버지를, 누구 때문에도 어떤 이유에서도 마음으로부터 몰아내서는 안 된다.

이제 겨우 20년 기른 자식 때문에, 이제 겨우 3, 40년 같이 산 배우자 때문에 하늘 아버지가 우리 마음에서 쫓겨나신다면, 정말 우리는 정(正)하지도 직(直)하지도 못한 영적 패륜아들이다.

우리의 여성들을 부당하게 하대(下待)하던 그 옛날로 돌아가서 그때

식으로 말해, 아녀자도 먼저 알고 오래 같이 산 경우 내치지 않는 것이 이처럼 도리였다. 그런데 지금의 내 모습과 겉으로는 보이지 않는 오장육부에 이르기까지 디자인해 놓으시고, 헤아릴 수 없는 긴긴 세월 동안을 마음에 품고 계획하시다, 비로소 내 출생일에 이 땅 위에 내보내신 하나님 아버지를 마음의 첫 번째 대상의 위치에서 내치는 모든 사람은 나까지 포함해 다시 말하지만, 불효자식이고 패륜아다.

VI.
흑암의 동토에 태양이 뜰 때

어둠이 짙게 드리워진 동공(洞空)의 마음. 상상 속에서 주어지는 느낌이 무섭고 춥다. 우리의 마음을 하나님 아버지보다 먼저 차지하고 들어앉아, 하늘 아버지께로 가는 마음의 길을 좌우로 굽게 만드는 모든 대상이 죽어 버린 상태, 오직 이 상태의 마음으로만 우리는 하나님에 대해 정직할 수 있고, 이 정직이 바로 마음과 뜻과 목숨을 다한 하나님 사랑이 실행 중인 상태이며, 참신앙의 내용이다.

태양은 거리가 떨어져 있기에 태양이다

이처럼 외롭고 추워 보이는 마음으로만, 이 땅 위의 삶에 대해선 혈루병 여인만큼 깜깜한 마음으로만, 하나님과의 접촉은 실제로 '만남'이라는 실효성을 거둘 수 있다. 그런 마음이 되지 않는 한, 하나님께 정(正)하고 직(直)할 수 없기 때문이다.

누구든지 자기 마음에서 어떤 존재라도 그 흔적마저 사라지지 않는 한, 하나님이라는 단어를 입에 담고 부르고 외치며, 그 이름을 향해 쏟아 놓는 모든 고백이 단지 영이신 하나님의 실재를 빗나가는 공염불에 지나지 않는다.

그렇다면 하나님께만 정(正)하고 직(直)한 자의 마음은, 이 땅 위에서 몸을 입고 있기에 어쩔 수 없어서라도 관계해야 하는 모든 대상에 대해서, 그렇게 지속해서 추위나 흑암 속에 머물러 있어야만 하는 것일까? 마음에서 가족이고 친구고 이웃이고 나라고 교회고, 모든 관계가 다 죽어 버린 쓸쓸하기 그지없는 동공 상태로 남아 있어야 하는가.

아니다. 살아 있는 존재라고는 없는 동공(洞空)의 마음으로 예수님과 접촉한 혈루병자가 비로소 여인으로의 삶을 시작할 수 있었던 것처럼, 마음이 좌우로 치우침이 없이 하나님을 향해 직선으로 움직이는 참된 정직은 이제 바야흐로 흑암의 동토에 태양을 뜨게 만든다.

아니 정확히 말하면 하나님에 대한 정직한 마음만이 태양을 태양 되게 만든다. 태양을 태양답게 되도록 하는 신앙만이 또한 참신앙임은 두말할 나위가 없다.

태어나서 처음으로 '태양(太陽)'이라는 단어를 국어사전에서 찾아보았다. 사전에 기록되어 있는 첫 번째 풀이는 태양계의 중심 항성이라는 것이었다. 지당하신 말씀이다. 두 번째 풀이는 "길이 자랑스럽고 희망을 주는 존재"라고 되어 있었다. 정말 재미있는 설명이다.

알다시피 태양은 이 지구 위의 모든 생명체에게 필요한 에너지의 근원이다. 태양(太陽)이라는 말 자체가 가장 커다란(太) 불덩어리(陽)라는 뜻이 아닌가. 이 커다란 불덩어리가 없으면 지구 위에 생물도 없다. 그런데 이 태양이 지구에 대해 이렇게 필수 불가결의 에너지원이 될 수 있는 이유는 무엇인가? 바로 거리다. 지구에 대해 거리를 두고 있기 때문이다.

태양의 표면 온도는 섭씨 6000도라고 한다. 100도로 끓는 물에 접촉이 되어도 모든 생물의 살이 익어 버리는 판국에, 6000도의 태양이 지구와 접촉했다면 지구는 새까만 숯덩이가 되어 버린 지 오래일 것이다.

태양 자체가 생명 유지를 위해 필수적인 만큼 지구에 대한 태양의 거리도 필수적이다. 이 거리가 상실될 때 태양은 생명 에너지의 근원이 아니라 만물을 태워 죽이는 재앙의 화염 덩어리가 되어 버린다.

이것이 물리학적인 차원에서의 태양에 대한 이해이다. 이제 이러한 이해를 심리학적인 측면에서 풀어놓은, 다분히 상징적인 두 번째 설명을 하나의 비유로써 생각해 보자.

'태양'은 '마음에 길이 자랑스럽고 희망을 주는 존재'를 상징적으로 일컫는 말이다. 길이 자랑스럽고 희망을 주는 존재가 우리에게 누구인가. 부모, 남편, 아내, 자녀, 형제, 직업, 신분, 건강, 재능, 재산, 지위, 아니면 유명 연예인, 스포츠 선수, 정치가 등등 사람에 따라 나이와 성별에 따라 무엇이든지 될 수 있지 않겠는가.

어쨌든지 이런 것들이 태양이라 일컬어질 수 있는 이유는 물리적인 태양이 삶의 에너지를 제공하듯이 이런 상징적인 의미의 태양들도 자랑과 긍지, 사랑, 희망, 보람 등 삶의 에너지원이 돼 주고 있기 때문이다. 쉽게 예를 들어서 내 마음에 태양 같은 존재인 내 자녀가 잘되면 그냥 밥 안 먹어도 배부르고 활력이 넘치지 않나?

그런데 그것이 무엇이든지 내게도 태양으로 일컬어질 수 있는 대상이 있다면, 이제 조심해야만 한다. 사랑과 긍지와 자랑과 희망의 원천인 그 태양이 내 생애에 활력을 주는 존재로 태양답게 남아 있으려면 거리가 절대적으로 필요하다. 거리가 사라져 버린 태양은 마음의 자랑과 사랑과 희망의 원천이 아니라 그 마음을 태워 죽이는 재앙의 불덩어리가 되어 버리고 만다.

태양을 끌어안는 미련한 초인(超人)들

성경의 창세기에 나오는 타락 이야기를 보면 에덴에서 쫓겨나는 아담을 향하여 하나님이 내리신 심판의 선언 중에 이런 말이 나온다. " … 땅은 너로 인하여 저주를 받고 너는 종신토록 수고하여야 그 소산

을 먹으리라 … 네가 얼굴에 땀이 흘러야 식물을 먹고 필경은 흙으로 돌아가리니 … "(창3:17-19)

'종신토록 하는 수고', '얼굴의 땀', '돌아갈 흙' 등에 주의를 기울여 보자.

같은 지구 위에서도 태양과의 거리가 가까운 곳일수록 무더워서 수고롭고, 땀이 많이 나고, 모래로 가득한 사막이 판을 치게 돼 있다. 이렇게 생각할 때 기쁨이라는 뜻의 에덴을 상실한 세계는 그 특징이 기쁨만 없는 것은 아닌 모양이다. 그 외에도 태양으로 비유될 수 있는 마음의 희망과 자랑거리들을 너무 가까이 끌어안고 사는 세계라는 사실을 알 수 있다. 그렇다. 마음의 희망거리인 태양을 가까이 끌어안고 사는 세계가 바로 실낙원의 저주받은 삶이다.

자식 키우기가 수고롭고 땀이 난다. 왜 그러는지 아는가. 내 자식이 다른 집 자녀들보다 그 개구쟁이나 말썽꾸러기 됨에 있어 특출나기 때문인가? 아니다. 태양인 아들딸, 길이 자랑스럽고 희망이 돼야 할 존재를 거리 관념 없이 마구잡이로 내 마음의 깊은 곳까지 끌어당기고 있으므로 일어나는 현상이다.

흔히들 자식으로 인해 속상한 일이 끊임이 없을 때 이렇게 말한다.

"내가 네놈 때문에 속이 새까맣게 타 버렸어!"

정확한 표현이다. 그러나 많은 경우 원인 귀속(原因歸屬)의 오류가 발생한다.

새까맣게 타서 속상하게 되는 이유는 태양 같은 그 대상 자체 때문은 아니라는 사실을 깨닫는 자가 몇이나 될까. 태양 같은 존재를 전혀 거리 관념 없이 자기 스스로 너무 가까이 끌어안아 스스로 속이 새까맣게 타게 만들어 놓고는 온통 혐의를 태양 자체에 다 뒤집어씌운다.

그러나 이러한 고질적인 원인 귀속의 오류에 빠진 속에서도 엉망이 되어 버린 마음 상태에 대한 묘사들은 어쩌면 그렇게들 기가 막힐 정도로 정확할까? 뜨거운 불덩어리인 태양을 거리감 없이 끌어당겼을 때라야만 비로소 나올 수 있는 일상적인 표현들의 적합함이 경이롭기가 그지없다.

'속이 끓는다', '속이 탄다', '속이 부글부글 한다', '속이 숯덩이가 되었다', '속이 새까맣다'.

이런 말로 표현되는 속마음의 상태가 오죽하겠냐마는 아무리 달리 표현해도 결국 내 마음이 죽도록 열 받는 것은 태양 탓이 아니다. 거리감을 상실한 내 탓이다.

즉 속이 끓고, 타고, 숯덩이처럼 새까맣게 되는 이유는 태양들에 정직(正直)하기 때문이다. 세상 모든 대상은 그것이 자랑과 희망의 대상인 한, 사람이든 사물이든 사건이든, 마음이 그것들을 직면하는 정직(正直)의 상태에서는 마음을 태우는 불덩어리들이다.

사람들은 이 세상에 있는 각자의 자랑거리와 희망거리가 자기 자신을 사정없이 태워 죽일 수도 있는 불덩어리라는 사실을 인식하지 못한 채 두 팔로 그것들을 가슴에 껴안는다. 그것들에 정(正)하고 직(直)한 것이다. 그리고는 '앗 뜨거워!'라는 외침을 연발하면서도 마음이 타면 탈수록 더욱 힘차게 그 불덩어리를 껴안는다. 정말 눈 뜨고 보고 있노라면, 보는 것만으로도 내 속이 다 바작바작 타도록 안타깝다.

한번 시험해 보라. 돈을 어지간히도 못 벌어 오는 남편 때문에 그 속이 부글부글 끓는 사람이 있는가. 이 경우 남편이 그 사람에게는 태양이다. 그러니 이제 그 남편을 마음속에 담으며 정(正)하고 직(直)한 대신에 거리를 두어 보면 어떨까. 우리가 지금 여기서 남의 부부 관계에 끼어들어 그 해결을 위한 구체적인 방법까지 모색하기엔 쉬운 일이 아니지만, 하여튼 남의 집 일이듯, 남의 남편이듯, 어떤 식으로든 거리를 두어 보자. 그러면 이상하게도 그 남편 갑자기 되게 측은하고 또 한편으로 고맙게 느껴진다. 능력도 없는 사람이 가족을 위해 돈 벌겠다고 애쓰는 모습이 애처롭다 못해 숭고하기까지 할 것이다. 마음에서 정(正)하고 직(直)한 대신에 거리를 두면 내 마음을 부글부글 끓게 만드는 대신 따사로움이 느껴질 것이며 측은지심이 느껴질 것이다.

공부 못하는 아이 때문에 속이 새까맣게 숯이 되었는가? 그 자녀가 바로 태양이다. 태양을 마음속에 담을 만큼 가까이하면 안 된다. 아이에게 정직(正直)하지 말아라. 거리를 확보해야만 한다. 그렇게만 한다면 약속할 수 있다. 거리를 두고 자녀를 보면 아무리 문젯거리로 보려 해도 그럴 수 없을 만큼 은총의 덩어리로 보이게 될 것이다. 머리가 안 좋게 만드신 아이에게 공부 잘해야 한다는 부담을 죽어도 주고 싶지 않을 것이다. 왜냐면 그 자녀는 지금 그 모습으로 내게 하나님이 허락하신 태양이기 때문이다.

제발 속는 셈 치고 한번 해 보자. 태양계의 별들처럼 나를 중심으로 돌고 있는 모든 사람과의 관계에서 마음의 거리를 확보해 보자는 것이다. 그 어떤 사람에게도 어떤 순간 어떤 장소에서도 정(正)하고 직(直)하지 마라.

거리를 확보한다는 것은 덜 친해진다는 것이다. 마음에서 너무 살뜰하게 친한 척하지 말아 보자. 이제는 충분한 경험을 하지 않았나? 너무 가까이 끌어당기며 친한 척한 사람들끼리 꼭 서로에게 불이 되어 상대방의 마음을 바짝바짝 태우다가 끝장나도록 아주 멀고 먼 원수지간이 되지 않던가?

하나님은 만인 만물 만사를 은혜로 우리에게 주셨다. 모두가 우리의 태양으로, 삶의 활력이 되어 줄 수 있는 은총의 덩어리들이다. 그런데 사탄이 이러한 은총의 낙원 안에 있는 우리의 삶으로 침투해 들어왔다.

이 사탄이 한 일이 무엇인가. 하나님이 허락하신 태양들 그 자체를 우리에게서 없애 버리는 대신, 그 거리를 없애 버렸다. 정말 완벽하게 간교하지 않는가. 그래서 사탄도 아무나 할 수 없다는 생각이 든다. 이 간교한 계략에 넘어가 우리는 마음으로 태양들을 끌어안아 버렸다. 태양들에게 정직(正直)하게 된 것이다. 또 그래서 하나님이 아담에게 불덩어리 태양을 끌어안은 다른 정직(正直)의 인생을 특징 짓는 요소들을 열거하신 것이다. 종신토록 하는 수고와 얼굴의 땀과 돌아갈 재를 가리키는 흙을. 그래서 태양을 끌어안으면서 동시에 우리에게는 '기쁨'을 뜻하는 '에덴'이 절대로 주어질 수가 없다.

그러므로 앞으로는 태양열에 마음이 새까맣게 타 죽더라도 다시는 태양을 탓하지는 말자. 문제는 내가 사탄의 말을 추종하며 스스로 없애 버린 그 아쉽기 짝이 없는 태양과 '거리'이다.

그러므로 혈루병 여인처럼 삶에 대해 죽는다는 것은 현실적으로 거리를 둔다는 것을 뜻한다. 마음의 밀착 상태를 칼로 잘라 내서 틈을 만들어야 한다는 의미이다. 다른 정직의 상태를 소멸하는 것이다.

그러면 그 거리가 어느 정도여야 할까.

하나님 아버지가 사이에 들어오실 만큼의 거리면 된다. 우리 삶의 모든 태양이 태양으로서 진정한 은총이고 활력을 위한 에너지원이 되게 하려면, 내 마음과 그 태양 사이에 하나님 아버지께서 들어와 계시기에 편할 만큼의 거리만 확보되면 족하다. 우선 절대적으로 하나님께만 정직하고 그런 상태를 유지하면서 태양들을 관계하라는 것이다.

강 건너 불 보듯 한다는 말이 있다. 자랑거리요 희망의 대상인 태양도 불은 불이다. 이 불을 강을 사이에 두고 보라는 것이다. 그 불을 보기 위해 몸이, 마음이 직접 강을 건너지 말고, 강 건너에서 보라. 강을 건너 불을 보듯 하나님을 사이에 두고서만 우리의 태양을 보자. 하나님은 내가 몸이 있어 만나는 모든 대상과 내 마음 사이에 놓인 강이시다. 반드시 이 하나님이라는 강 건너 불을 보듯이 우리는 그 대상들을 관계해야 한다.

산꼭대기에 올라 맑은 공기는 심호흡하더라도, 우리의 태양들이나 그것들과 연관된 일들을 마음으로 깊숙이 심호흡하지는 말자. 그러면 우리는 하나님이 아니라 곧바로 갖가지 태양들에 정(正)하고 직(直)한 사람들이 돼 버리고 만다. 그 대신 하나님 아버지를 앞서 폐부 깊숙이 호흡하는 것이다. 이렇게 하나님께만 정직(正直)하자면 어쩔 수 없이 태양들에 대해선 거리를 둘 수밖에 없게 될 것이다.

알고 있는가? 이 거리만 유지되면 나의 대적이나 원수조차도 은혜로 바뀐다는 것을. 모든 사람, 모든 일, 모든 상황을 강 건너에 놓고 강 이편 내 마음 안으로 하나님을 모실 수 있는 거리를 유지하기만 하면 이 세상에서의 우리의 삶은 여지없이 에덴으로 회복된다. 모든 태양은 하나님 너머에서 떠, 내 눈에 보여야 한다.

이러고 보면, 태양이 있고 그 태양과 거리를 둔다는 말보다, 오히려 거리 자체가 모든 우리의 삶에 주어져 있는 관계의 대상들을 따스한 태양으로 만든다는 말이 더 옳을지도 모를 지경이다.

이렇게 확보된 거리 안에서만 우리는 하나님 우리 아버지를 모든 태양 같은 소중한 대상들보다 앞서서, 그것들에 의해 좌우로 끌림 없이 직선(直線)으로 관계할 수 있다.

아버지를 위해 확보된 이 태양들과의 거리가 하나님께만 정직(正直)한 상태의 또 다른 측면이 아니겠는가. 이 하나님에 대한 정직함을 유지하기 위해서 발생하는 다른 여타의 대상에 대한 거리는, 하나님이 지으시고 허락하신 모든 것을 진정한 은총으로 바꾸어 주는 놀라운 힘이 있다.

하나님께로 먼저 간 정(正)하고 직(直)함 이후에 하나님 너머로 보이는 이 세상은 그 안에 있는 모두가 다 은혜다. 그러나 세상 것으로 마음이 먼저 간 다른 정직(正直)의 상태 이후에 세상 것 너머로 찾는 하나님은 허상이고 목마른 사막의 신기루다.

그런데 이러한 태양들을 매개로 전해지는 은총의 따스함이 있기 전에, 먼저 이 거리 이 공간을 하나님을 위하여 확보하려면, 어쩔 수 없이 동공 상태의 외로움과 시베리아 동토 위의 흑암이 경험되어야 함을 꼭 기억하자. 몸이 있어 관계하는 모든 대상의 죽임과 죽음이 반드시 마음 안에서 계속해서 일어나야만 한다. 왜냐면 마음 안에는 반드시 아무것도 앞서 들어와 있지 않은 상태라야 하나님을 모셔 들일 수 있는 공간이 만들어질 수 있기 때문이다.

내 삶에 주어진 태양들을 주저 없이 마음에서 밖으로 쫓아내고 잊어버려도 정말 괜찮다. 아니 오히려 그래야 태양이 태양답게 될 수도 있다.

그래서 태양에 대한 관계의 또 다른 측면을 이야기하면 좋겠다. 태양을 마음에서 아예 잊어버리는 일에 대해서 말이다.

동쪽에서 떠서, 반드시 서쪽으로 져야 태양이다

일출과 일몰의 반복 속에서만 하나님에 대해 정직한 참신앙은 유지될 수가 있다.

태양과의 관계에서 제아무리 위에 언급한 그 치명적인 거리를 안전하게 유지한다고 해도, 동쪽에서 떠서 일정한 시간 중천을 일정한 궤도로 이동하다가, 아예 서쪽으로 져서 사라져 버리지 않으면 이 또한 보통 불편하고 수고로운 일이 아니다.

저 북유럽 스톡홀름은 하지(夏至)가 되면 깜깜한 야간 시간이 불과 2시간 20분에 지나지 않는단다. 그러나 이러한 백야(白夜)의 하늘 밑에서도 잠은 자야 하겠기에, 그들은 눈가리개나 커튼을 동원해서라도 인공의 밤을 만들어 내야 한다.

태양이 핏빛의 아침노을과 함께 동쪽에서 뜰 때 반갑고 기쁜 이유는, 서산으로 졌던 태양이기에 그렇고 또한, 앞으로 서산으로 질 태양이기에 그렇다. 일몰이 없다면 태양은 역시 애물단지다. 일 년 열두 달 사시사철 하루 스물네 시간 하늘에 매달려 있는 태양을 사랑스럽게 볼 수 있는 기이한 위인이 이 세상에 몇이나 되겠는가.

살아 있는 동안 몸이 있기에 관계가 필수적인 여러 태양이 있어 삶이 있다. 그것이 부모든 자녀든 남편, 아내, 애인, 사업, 전공 분야, 과제, 취미 등등 사람, 사물, 사건 무엇이든지 간에 말이다. 그러나 지지 않는 태양들, 그러니까 마음에서 웬만해선 잊히지 않은 채 지속하는 희망 섞인 관심거리들, 우리의 영혼은 그러한 지지 않는 태양으로 인해 불면에 시달리다가 말라 죽을 것이다.

안식이 없고 평안함이 없는 이유가 무엇인가.

마음의 지평 위로 떠오른 태양이 다시는 지지 않기 때문이다.

태양이 지지 않는 대영 제국이 역사의 지평 위에서는 열국의 부러움의 대상이었을지 모르지만, 마음의 차원에서는 저주다. 그보다 더 큰 저주가 또 어디 있는가.

동쪽에서 솟는 태양이 기쁨이 되려면, 태양이 마음에서 망각 속으로 사라지는 밤이 꼭 있어야 한다. 길이 자랑스럽고 희망이 되는 존재들을 붉은 아침노을을 곁들여 기쁨으로 만끽하길 원한다면 마음에서 그 존재에 대해 거리와 함께 반드시 깜깜한 밤이 경험되어야 한다는 말이다.

믿음의 정직(正直)은 하나님께만 몰두하는 것이다. 마음에서 세상의 모든 태양이 서산에 져 버리고, 마음이 어둠에 덮여 버린 상태에서 하나님에게만 마음을 다 쏟는 마음의 밤이 없으면, 하나님께만 정(正)하고 직(直)하기는 이루어지지 않는다. 이 어둠을 통해서 태양이 잊힌 사이 하늘의 하나님 아버지를 가장 가까이 가장 밝게 보는 상태로 유지하고 나서, 그다음 태양들을 대할 때 태양을 하나님 어깨너머로 바라보는 적정 거리도 유지될 수가 있다.

인류 역사의 의미를 바꾸어 놓은 예수님의 영광스러운 부활도 바로 이 어둠에 이어서 이루어졌다. 우리식의 시간으로 낮 12시부터 오후 3시까지 가장 밝을 때인 중동 땅을 뒤덮으며 십자가 죽음 위에 임했던 어둠 뒤에 부활이 찾아왔다.

66권으로 이루어져 있는 성경책에, 많은 이상한 표현 중 제일 먼저 나오는 가장 이상한 것은 누가 무어라 해도 빛을 만드신 창조의 첫날에 대한 묘사일 것이다.

"저녁이 되며 아침이 되니 이는 첫째 날이니라"(창1:5)

창조의 둘째 날도 셋째 날도 마지막 날도 마찬가지로 표현하고 있다. 그리고 이스라엘 사람들은 지금도 안식일은 금요일 해 질 무렵부터 다음날 해질 때까지로 지킨다.

전 세계 가는 곳마다 유대인이 미움을 사는 이유가 여럿 있겠지만, 이렇게 하루를 계산하는 방식조차도 전혀 평범하지 못하니, 어찌 이토록 모난 돌이 정 맞지 않고 넘어갈 수가 있겠는가. 왜 혼자 튀지 못해 안달하며 하루를 일컫는 평범한 일에서조차 '아침과 저녁'의 상식적이고 평범한 순서를 따르지 않고 '저녁과 아침'의 거꾸로 된 순서를 사용하는가 말이다.

그들이 알든 모르든 하나님의 특별한 의도가 반영된 결과이다. 일몰이 없는 태양은 은총이 아니라, 부담이요 저주라는 사실을 가르치시려는 의도 말이다. 서산에 지고 안 보이는 밤이 먼저 앞서서 있었기에 아침의 태양은 반가운 은총이다. 선민 각자가 몸으로 관계해야 하는 여러 태양은 저주가 아니라 은총이다. 그러나 그러려면 '거리'를 유지하는 일만큼이나 중요한 일이 태양을 만남에 앞서서 일어나야 할 '잊음'임을 가르치신 것이다. 태양을 잊은 밤 동안 하나님하고만의 시간을 가져야만 하기에 그렇게 하신 것이다.

세상의 태양들이 지고 없는 밤을 먼저 지낸 사람, 그 세상의 깜깜함 속에서 하늘의 하나님을 먼저 경험한 사람에게만 해가 뜨는 밝은 세상은 선물로 은혜로 주어지는 것이다. 잠 못 이루는 밤 동안 마음속에 둥실 떠 있던 이 세상 태양을 끌어안고 백야의 끝에 새날을 맞이하는 사람에게 또 하나의 새날이란 수고롭고 부담되고 뜨거운 지열이 아지랑이가 되어 한없이 아른거리는 목마른 사막의 연장일 뿐이다.

밤은 어둠이고 죽음이다. 내 삶에 주어진 관심거리와 자랑거리로써 희망을 줄 수 있는 많은 태양, 그들이 밝히는 내 삶. 그곳에는 반드시 밤이 앞서야 하고 또한 뒤따라야 한다.

삶을 밝히는 관심거리로서의 태양은 거리와 잊힘이 없는 한 태양이 아니다.

거듭 반복하거니와 그것은 저주다. "나는 날마다 죽노라"(고전

15:31)라는 바울의 고백은 밝은 삶에 대해 마음이 날마다 어둠을 자초한다는 것이요, 마음 안에서 계속해서 하나님 이외의 모든 대상의 죽음을 경험하고 있다는 말과 다름없다.

망각됨이 없이도, 거리가 유지됨이 없이도 끊임없이 우리에게 안식과 기쁨과 감사를 가져다주는 예외적인 태양, 아니 원초적인 빛의 근원은 없을까? 그분이 바로 하나님이시다.

모든 태양 같은 대상들이 마음에서 죽고, 살아 있는 존재는 그림자도 없는 공동묘지 위에 어둠이 찾아온 상태와 같은 마음이 되어야 한다. 그리고 바로 그렇게 세상 태양들이 사라진 어둠을 배경으로 비로소 빛이신 하나님의 모습이 전혀 희석되지 않고 뚜렷하게 보이게 된다. 이런 상태에서 우리 마음은 하나님과 접촉하여 만남을 이루어야 한다.

그리고 그렇게 하늘 아버지와 접촉된 상태를 유지하는 동안 이 세상의 나의 태양들이 내 마음에서 하나님이 사이에 들어와 계시는 만큼의 거리를 유지한 채로 출(出), 몰(沒)을 반복하는 세상을 살아 보자. 그러면 이 땅 위의 새날이 언제나 은총으로서만 주어지게 될 것이다. 이러한 삶을 뭉뚱그려 한마디로 표현하는 말이 없을까?

그것이 바로 하나님께만 정(正)하고 직(直)한 삶이다. 하나님을 마음과 뜻과 힘을 다해 사랑함이 활성화하는 생활이다.

정말 진짜 같은 가짜들의 세상

하나님께만 정(正)하고 직(直)하려면 하나님이 내 마음에 가장 가까이 오셔서 직면하실 수 있도록 내 마음에서부터 텅 빈 일정한 공간이 확보되어야 한다. 그러기 위해서 우리 마음 안에 들어와 있는 소중한 관심거리로서 자랑스럽고 길이 소망을 주는 태양들, 그것들이 마음 밖으로 몰려나가든지 마음 안에서 죽어야만 한다.

그런데 이렇게 태양들이 내 마음속에서 하나님께 자리를 내어 드린 뒤 없어지거나 뒤로 물러나 공간 확보가 이루어져야만 하는 또 다른 차원의 마땅한 이유가 있다. 그런 태양들이 지속하여 내 마음 안에 있는 동안, 그것들은 모두가 객관적으로 실재하는 마음 밖 대상의 실상과는 전혀 서로 일치하지 않는 모조품들이기 때문이다. 이미테이션(Imitation), 즉 짝퉁이라는 말이다.

독일 유학 시절에 있었던 일이다. 유학생 전도사님의 사모님 한 분이 루이비통 손지갑을 들고 다니셨다. 그런데 그분이 잘 다니던 동양상회의 베트남 여주인의 눈과 마음에 그 손지갑이 직통으로 꽂혀 버린 것이다.

루이비통 여성용 핸드백 각종 세트를 다 구했는데, 유독 그러한 모양의 손지갑만 손에 넣지 못하고 있던 이 베트남 여성이 그 손지갑을 손에 넣기 위해 총공세를 펼치기 시작했다. 이미 주인의 손때가 묻은 그 중고 지갑을 돈 주고 사겠다는 것이었다. 수개월 간의 끈질긴 청원에 못 이겨 결국 20마르크, 그 당시 환율로 1만 2천 원가량에 빼앗기다시피 넘겨주고 말았단다.

얼마나 큰 기쁨이 그 베트남 여주인에게 임했을지 상상이 간다. 그런데 나중에 이 경험담을 전해 들은 사모님의 친정어머니께서 포복절도하시며 말을 잇지 못하셨단다. 딸에게 준 그 손지갑이 동대문에서 1만 원에 매입한 짝퉁이었다고 하시더라는 것이다. 소위 명품 지갑에 대한 감도 관심도 없이 그저 친정어머니가 건네는 손지갑을 푼돈 넣고 다니느라 무심코 들고 다니시던 사모님, 동양 상회 베트남 여주인을 생각하며 얼마나 미안한 마음이 들었을까.

이미테이션 공연

실제로 삶에서 하나님께만 정(正)하고 직(直)할 것을 염두에 두며 예수님의 말씀을 다시 한번 기억해 보자.

"나와 복음을 위하여 집이나 형제나 자매나 어미나 아비나 전토를 버린 자는" 현세에 있어 백배를 받는다고 말씀하셨다.(막9:29-30)

'래리 넬슨의 우승컵', '태양', '그 하나(一)' 등으로 표현되었던 모든 것들, 우리의 마음을 잡아당겨 하나님께로 가는 길을 굽어지게 할 수 있는 모든 것들을 마음에서 버리라는 말씀이시다.

여기서 집이나 형제나 자매나 어미나 아비나 전토 등을 모두 다 버린다는 말이 여전히 거슬린다. 현실적으로 어떻게 하라는 것일까. 모두가 다 고향 본토 친척 아버지 집을 떠나서 혈혈단신으로 전 세계의 오지를 향해 복음 들고 나가야 하는가.

아니다. 모두가 다 그래야 하는 것은 아니다. 그러나 그렇게 떠나는 자도 떠나지 않고 머무르는 자도, 열거된 모든 것들을 다 버려야 하는 것은 마찬가지다. 마음으로는 전혀 안 버려도 공간적으로는 떠날 수 있고, 공간적으로는 떠나지 않아도 마음으로는 온전히 버릴 수 있기 때문이다.

그가 믿음의 사람인 한 반드시 마음에서만큼은 없애야 하고 버려야 한다.

그렇지 않으면 하나님께만 하는 정직은 물 건너갔다. 이제 오직 다른 정직이 있고 그래서 다른 신앙이 있을 뿐이다.

여기서는 우리가 어떻게 버릴 것인가를 고민하기 전에 도대체 무엇을 버리라고 하셨는지를 한 걸음 더 깊이 생각해 보자. 그러면 혹시 '어떻게'의 문제가 의외로 쉽게 풀릴 수도 있지 않겠는가.

다시 말하면, 우리가 누구나 교인으로서 무조건 버려야 할 것은 나 밖에 있는 실제의 대상들이 아니라 우리의 마음 안에 들어와 있는 상(想)들이다.

여기서 상(想)이라고 함은, 나 밖에 있는 실제의 대상을 내 마음이 안으로 끌어들여 멋대로 재창조해 낸 결과물을 말한다. 바로 이 상(想)을 마음에서 버리면, 필요한 경우 실제로도 버릴 수 있으나, 마음에서 못 버리면 실제의 대상과 결별이 이루어져도 마음은 여전히 그 상(想)에 붙들린 채로 있게 된다.

그런데 여기서 중요한 점은 형제, 자매, 어미, 아비, 집, 전토의 경우에 그 객관적인 실재와 우리 마음 안에 들어와 있는 주관적 생각 속의 상(想)이 전혀 서로 일치하지 않는다는 것이다. 우리의 마음 안에 들어와 있는 한, 모두가 다 마음 밖에 존재하는 객관적 진품이 아니고 모조품이라는 것을 알면, 마음에서 그 상(想)을 버리는 것이 그리 어렵지 않다는 것이다.

혹시 이미테이션 공연이라는 말을 들어 보셨는지 모르겠다. 한 번도 관람해 본 적은 없지만, 인기가 만만치 않다는 말을 들은 적이 있다. 가수 나훈아 씨의 디너쇼 광고를 종종 접하게 된다. 그런데 이미테이션 공연은 나훈아 디너쇼가 아니라 너훈아 디너쇼로 제목이 나간다는 것이다.

이처럼 이미테이션 공연은 보고 웃고 넘길 수가 있다. 그런데 만일, 이러한 이미테이션 공연이 한 번 보고 웃으며 넘겨 버릴 공연이 아니라 우리의 실제 삶이 돼 버렸다면, 그땐 어떻게 해야 하는가.

한 어머니의 수렁에 빠진 심정 앞에 마주했던 적이 있다. 집과 학교 밖에 모르던 일류 대학 3학년의 딸이 병원에 있다는 급보를 듣고 응급실에 달려갔다가 졸도할 뻔했다는 것이다. 바닥에 피가 흥건하게 고여 있는데 딸이 그 위의 응급용 들것 위에 누워 있는 것이었다. 그 피가 딸의 몸에서 흐른 피인 줄 알았을 땐 혼비백산 제정신이 아닐 수밖에 없었을 것이다. 나중에 알고 보았더니 당신의 그토록 소중한 딸이 길을 가다 하혈하며 쓰러져서 병원에 실려 왔는데 이유는 유산 때문이었다. 대화 중에도 그때의 악몽을 떨치지 못하시며 울먹이던 그 어머니의 얼굴 모습이 아직 눈에 선하다.

누구라도 딸자식 기르는 부모의 처지에서는 절대로 남의 일 같기만 할 수는 없는 참담함이었다. 그때 세상 살맛이 없어져 버린 이 어머니가 우는 얼굴로 반복하며 되풀이하던 말이 무엇인지 아는가.

"어떻게 우리 딸이 그럴 수가 있는지….", "어떻게 그렇게 착하던 우리 아무개가 엄마도 모르는 임신을 할 수 있는지…." 말끝마다 되풀이하던 후렴구다. 뒤통수를 철퇴로 얻어맞은 것이다. 이러한 딸의 사건이 어머니에게 몽롱할 정도로 강한 충격이 되는 이유를 알게 해 주는 단어는 '다르다'와 '아니다'라는 말이다.

어머니가 평소에 마음에 두고 생각하던 그 딸과 '다르다'라는 것이고, 늘 마음 안에 품고 있던 그 딸이 '아니다'라는 것이다. 마음에 담고, 그러하리라고 생각하며 사랑하고, 멋진 사윗감을 꿈꾸며 위해서 혼숫감을 준비하던 그 마음속의 딸은 어머니 마음이 만들어 낸 상(想)이고 모조품인 이미테이션에 지나지 않았다.

그것은 진짜 객관적인 실제 딸과는 전혀 관계없는, 짝퉁이요, 가짜였다. 그 딸의 실제 이름이 만일 '영희'였다면, 어머니는 '영희'를 상대한 것이 아니라 마음속에서 당신이 만들어 낸 이미테이션인 '영희'를 상대하고 있었던 셈이다.

내 마음은 이미테이션 왕국이다

이제 한번 우리 서로에게 질문해 보자. 우리가 상대하는 아버지, 어머니, 아내, 남편, 자식, 형제, 자매, 애인, 친구, 이웃, 직장 동료 등등의 경우 우리 마음은 그들의 실재를 상대하는 것이 아니라 내 마음속에 만들어지는 그들의 상(想)에 반응한다. 그러면 그들 모두 우리의 마음에 담고 있으면서 늘 생각하는 그들의 상(想)과 실재 객관적인 그 사람이 일치하는가.

아니다. 절대 아니다. 30년, 아니 40년을 같이 산 부부조차도 서로 자기 마음에 담고 있는 이미지를 상대하고 있는 것이지, 진짜 남편, 실재의 아내를 만나질 못하고 있다. 내가 만나고 있는 아내는 실재의 아내가 아니라, 내 마음이 만들어 낸 모조품이다. 남편도 자식도 다 마찬가지다.

객관적인 실재를 하나님이 만드셨다면, 그 실재에 상응하는 내 마음속의 상(想)은 내가 스스로 만들어 낸 모조품이다.

아는가, 이것이 바로 스스로 선악을 판단하는 가짜 하나님이 된 원죄적 인간의 현실인 것을.

선악과를 따 먹으면 눈이 밝아져 하나님처럼 된다는 사탄의 간교한 말은 지금도 우리 마음 안에서 활발하게 작동 중이다. 그 증거가 바로 우리가 스스로 멋대로의 기준을 따라서 좋고 나쁨을 판단할 수 있는 짝퉁 하나님이 되었다는 사실이다. 그 결과 사람과 사물을 관계하고 있는 동안 각자 마음의 왕국 안에 수많은 상(想)을 만들어 내고 있다. 그런데 우리가 마음 안에서 만들어 내는 상들은 심지어 가족인 아내, 남편, 부모, 자녀, 형제, 자매 등등의 상(想)들조차 하나 같이 우리 멋대로의 기준을 따라 분별하며 판단함을 통해 만들어 낸 모조품들이다. 하나님이 만드시고, 하나님이 알고 계시고 하나님이 주관하시는 실재의 인물이나 대상과는 전혀 다른 모조품 가족들을, 짝퉁 가족들을 만들어 내고 있다는 말이다.

수십 년을 한집 안에서 같이 살아도, 그 가정의 삶이 진짜들의 만남이 아니고, 모조품인 이미테이션들의 만남으로 끝나 버리고 마는 것이 원죄의 굴레 아래 있는 인간들의 참담한 현실이다. 어떤 한순간도 하나님이 계획하시고 디자인하시고 하나님이 지으시고, 그래서 그 속속들이 하나님 알고 계시는 바로 그 실재의 인물을, 서로 못 만나고 생이 끝나 버리고 마는 운명이 인간의 모든 죄적인 관계가 지니는 특징이다.

우리의 마음은 스스로 선악을 판단하는 동안 모조품인 이미테이션 생산 공장이 되어서 내 생애를 내 임의로 제작한 이미테이션으로 채워진 왕국으로 변질시켜 버린다. 스스로 판단하기 시작하자마자 근본적으로 외부에 있는 실재와 참된 만남이 불가능한 상태에서, 스스로 만든 모조품들의 왕국 안에 폐쇄되어 사방으로 갇힌 왕으로서 살다 끝나는 것이 인생이다.

LA에는 평생 단 한 번도 영어를 쓰지 않고도 잘 살다가 세상을 뜨는 교민들이 많다고 한다. 한국어 왕국이 있기 때문이다. 그 경우야 그 한국어 왕국을 구태여 빠져나올 필요가 없다. 계속 그렇게 살아도 된다. 그러나 이미테이션 왕국은 저주의 굴레이자 감옥이다. 형벌이다. 그리고 결국은 파국으로 치닫는다.

이미테이션 왕국에서 살다가 파멸을 자초한 인물 하면 생각나는 사람이 있지 않은가. 셰익스피어의 4대 비극 중 하나인 《오셀로》에 나오는 주인공 오셀로 장군이다.

선함 그 자체라고 할 수 있는 아름답고 정숙한 아내 디즈데모나를 제 손으로 죽이고 마는 비극의 주인공이다.

아름답고 착한 아내를 왜 죽였을까? 아름답고 착한 것은 셰익스피어가 그려 내는 디즈데모나의 실상이다. 그러나 오셀로가 상대하며 함께 산 아내는 실재의 디즈데모나가 아니었다. 악마같이 교활한 오셀로의 말몰이꾼 이아고의 거짓말에 근거해서 오셀로 스스로가 마음속에 만들어 낸 디즈데모나의 상(想)은 오셀로 자신의 부관인 캐시어와 은밀히 놀아나는 배신자요 부도덕한 여인이었다.

이 연극 공연에 얽힌 이야기이다. 연극이 진행되는 중에 이아고의 간교한 거짓에 따라 결백하고 착한 실재의 디즈데모나와 전혀 다른 제멋대로의 모조품을 오셀로가 자기 마음속에 만들어 가는 모습을 보며 어느 관객은 답답함을 참을 수 없어 무대 위로 뛰어올라 이렇게 외쳤다는 것이다. "이 바보 멍청아! 그것도 몰라!?"

이처럼 관객들을 미칠 지경이 되게 할 만큼 답답하게 만들면서까지 오셀로는 디즈데모나를 철저히 자기 마음속에서 자기 멋대로 그려 놓고 자기의 창작물로서의 디즈데모나를 상대하였다. 그리고 그 결국은 광기 어린 살인으로 끝나고 만다. 오셀로는 "오, 주님! 주님! 주님!"을 연발하며 저항 한 번 못 하고 죽어 가는 선하고 아름다운 아내 디즈데모나의 하얗고 가는 목을 조르는 두 손에 분노로 찬 힘의 무게를 끝까지 늦추지 않았다.

이미테이션을 눈앞에 두고 상대하는 상황이 공연 관람이라면, 이미 언급했듯이 한번 웃거나 아니면 화내며 카타르시스를 얻고 끝내면 될 일이다. 그러나 이미테이션을 상대하는 상황이 실제 삶이라면 오셀로의 비극은 단순히 남의 이야기가 아니지 않겠는가.

실재의 진품과 비교해 모조품의 모습이 각자의 마음에 더 좋게 그려져 있건 나쁘게 그려져 있건, 실재가 아닌 한 우리의 삶은, 그 모조품과의 공허한 관계 위에 쌓아 올린 것으로서 일시에 무너져 내릴 수 있다. 아니 실제 내용이 결실하고 쌓아지는 삶을 아예 시작도 못 하는 셈이다. 왜냐면 우리는 마음에 우리가 만든 가짜 상(想)을 품고서는 하나님이 만드시고 이끄시는 실재의 대상을 오셀로가 아내 디즈데모나를 목 졸라 죽이듯이 그렇게 날마다 죽이고 있는 셈이기 때문이다. 실재를 살리고 만나고 관계하려면 내 마음속 상(想)을 버려야 한다.

버리라 하시면 두말 말고 버리자
"나와 복음을 위하여 집이나 형제나 자매나 어미나 아비나 전토를 버린 자는" 현세에 있어 백배를 받는다고 말씀하셨다(막9:29-30)
예수님은 당신과 복음을 위하여 버리라고 하신다. 무엇을 버리라는 것인가. 우리 마음속에서 살아 있는 모조품인 이미테이션들이다. 실재가 아닌 상(想)들이다. 우리 눈으로 보면서 내 마음의 호불호의 기준을 따라 무당 칼춤 추듯 요동하는 사이비 창조주의 붓을 들고 내 마음 판에 내 멋대로 그려 놓은 모조품으로서의 부모, 아내, 남편, 자녀를 버리라는 것이다. 짝퉁 하나님이 되어서 스스로 창조한 이미테이션들의 왕국을 부수고 빠져나오라는 것이다. 짝퉁들을 내 마음이 붙잡고 있다고 해서, 내 밖의 실재 진품에 도움 될 것이 없다. 끊임없는 갈등과 마찰만이 빚어질 뿐이며 끊임없이 하나님이 만드신 실재의 대상을 죽이게 된다.
우리의 간구하는 기도를 한번 생각해 보자.
실재와는 다른 모조품을 내가 만들어 놓고, 그 모조품의 상황에 필요하다고 여겨지는 것들을 내 멋대로 판단하여 기도의 제목이랍시고 하나님께 들이밀고 있다.

이러한 사정은 인격적인 존재에 대한 관계에서뿐만 아니다. 집이나 전토나 돈이나 재산 같은 대물(對物) 관계에서도 마찬가지다.

"그러나 무엇이든지 내게 유익하던 … 모든 것을 잃어버리고 배설물로 여김은 … "(빌3:7~)

사도 바울의 이 고백은 그리스도를 알고 나서 비로소 그동안 좋게 여겼던 마음속 모조품들의 배설물과 같은 실상에 눈뜨게 되었다는 말이다.

가령 우리는 실재의 돈이 무엇인지 모른다. 돈에 대한 짝퉁으로서의 상(想)을 멋대로 마음에 그림 그려 놓고 그것과 관계하며 살고 있을 뿐이다.

우리가 마음 안에 꿈꾸며 그려 놓는 것과는 실제로 전혀 다른 속성을 돈이 지니고 있음을 모른다는 것이다. 우리는 그 돈이 많으면 많을수록 좋은 줄 안다. 돈에 대한 환상이고 돈의 실제 능력이 지니는 속성에 대해 가려진 채로 모조품을 상대하는 것이다.

실제 속에서 돈은 우리의 환상과는 달리 돈이 아니라 독이 될 때가 더 많다는 사실을 아는 자가 얼마나 될까. 부자 됨을 조심하라는 경각심을 촉구하는 듯한 말을 하면, 못 먹는 호박 찔러 보려는 마음에 샘나서 그러는 줄로 안다. 알았다. 세상 돈 다 가지시고 부자 되시기를 바란다.

그러나 한 가지만 분명히 해 두면 좋겠다. 간혹 돈 문제로 인해서 자살하는 일이 벌어지는 것은 돈이 있거나 없거나 마찬가지인 것 같다. 공통점은 두 경우 모두 하나님이 알고 계시는 돈의 실제의 모습을 모르고, 돈이 아닌 이미테이션인 '돈'을 마음에 품고 있었기 때문이다. 그래서 예수님이 당시 대표적인 재물인 전토가 마음에서 죽고 내몰려야 한다고 말씀하신 것이다.

형제나 자매를 100배로 받는다는 뜻은?

마음 안에는 하나님만을 모셔 들여야 한다.

오직 한 분 하나님만으로 마음을 채워야 한다.

이것이 복음이 말씀하는 정직(正直)이고 참신앙의 핵심이다.

그러기 위해 마음에 가득 차 있는 모조품을 죽여서 쓸어버리고 마음을 모조품들의 동공 상태로 만들어야 한다. 그렇게 해서 비로소 하나님께만 정직함이 유지되는 동안만 우리는 모든 대상을 정품(正品)으로 그리고 진품(眞品)으로 만나면서 관계할 수 있다. 그래서 예수님께서는 당신과 복음을 위해, 즉 예수님을 통해서 하나님만을 마음에 모시기 위해 마음에서 형제나 자매 등을 버리면, 100배로 받는다고 하신 것이었다.

그런데 도대체 100배로 받는다는 이 말씀은 또 무슨 뜻일까. 형제나 자매 1명을 마음에서 버리면 100명의 형제나 자매를 받는다는 뜻인가? 예전 청계천 노점상 아저씨들이 시계 팔 때 보면 롤렉스 시계가 1만 원 한다. 만일 진품 롤렉스가 100만 원이라면—나는 그 가격을 전혀 모른다—모조품의 100배 되는 것 아닌가. 마음에 내가 스스로 멋대로 상상하며 만들어 놓은 내 부모, 내 배우자, 내 자녀, 내 형제, 내 재산, 내 집이 모조품으로서 1만 원짜리라면, 그 모조품 다 버리고 100만 원짜리 진품 받으라고 하신 말씀이다. 창조주 하나님이 당신의 마음에 품으신 본래의 디자인 그대로의 상대를 실제로 만나는 것이다. 그 가치가 어디 100배로 계산해서 될 법이나 하겠는가. 만 배 이상일 수도 있을 것이다. 우선 하나님께만 정하고 직함으로써 그 상태를 유지하면서 하나님 너머로만 만나는 정품들과의 관계가 이미테이션과의 관계보다 은혜가 100배 더하다고 말하면 틀린 것일까?

정직도 짝퉁이 있다

이렇게 볼 때 마음을 이미테이션 왕국으로 유지하고 보존해 가면서 정직(正直)한다는 것은 마음과 뜻과 힘을 다해서 모조품을 사랑한다는 뜻이다.

내가 만든 가짜들을 마음의 동서남북에 굳건히 설정해 놓은 가운데, 그 가짜들에 마음과 뜻과 힘을 다 써 가며 살아야 하는 모든 삶의 영역에서, 어떻게 환골탈태한들 정(正)하고 직(直)함이 실효를 거둘 수 있겠는가. 마음이 머무르는(止) 그 하나(一)가 무엇이든지 아예 그 자체가 모조품인데 말이다.

그러다 보면 정직에도 이미테이션이 생길 판이다. 그것은 정직이 아니고 이미테이션인 '종직'이거나 '정작'이 아니겠는가. 가령 아들과 딸에 대해서 내 속에 만들어 놓은 모조품인 상(想)을 그 하나(一)로 상대하는 동안 혼자 아무리 정직한다고 해 봤자, 그 정직은 모조품과의 관계 안에 갇혀 있게 된다. 내 마음의 모든 대상에 대한 나의 마음과 뜻과 힘을 다한 태도가 결국은 이렇게 헛된 제스처로 끝나 버리고 말게 되는 것이다.

예수님의 말씀처럼 마음에서 하나님 이외의 대상을 깡그리 버리기 전까지는 하나님께만 정(正)하고 직(直)하기가 불가능하다. 모든 사람의 창조주이신 하나님께만 정직함이 이루어지지 않으면 그에 따라서 필연적으로 나타나는 결과가 있다. 모조품이 아닌 하나님이 만드신 진짜들과 상대하는 가정생활도 직장 생활도 사회생활도 불가능하다는 사실이다.

그러므로 반드시 기억하자.

마음속에 담고 있는 모든 대상을 버리라는 말씀은, 하나님을 온전히 받아들이는 참믿음을 가지라고 권면하고 요청하는 것이기도 하지만, 그에 앞서 내가 아무리 열심히 붙잡고 사랑하고 노력해도, 결국은 내가 멋대로 만들어 놓은 모조품들과의 한판 놀음에 지나지 않음을 안타까운 심정으로 지적해 주시는 말씀인 것을.

버리긴 버리되 생물학적이고 물리적인 관계를 끊어 버리라는 것이 아니고 내 마음이 만들어 낸 모조품을 버리라는 것이다. 마음에서 버린다고 실제 대상이 버려지는 것은 아니지만, 상(想)이 없어지면 마음은 그 상(想)이 가리키던 대상에서 온전히 자유로울 수 있다. 마음에서 모든 모조품 즉 상(想)을 버리고, 그 마음을 먼저 예수님의 아버지이신 하나님 한 분만으로 채우면서 하나님께만 정직하고, 그 후에 오직 하나님이 내게 주시는 관점과 시선을 통해 사람과 사물을 만나기까지 진짜를 진짜로 볼 생각은 진짜 하지 말자.

정직함 안에서 열리는 공간의 신(新)개념

하나님께만(一) 관계하려고(止) 마음이 다른 모든 것을 뒤로하고 직선(直)으로 달려가는 것이 성경이 말씀하시는 정직(正直)이다. 이 정직함의 상태가 바로 실제 생활 현장에서 이루어지는 마음과 뜻과 힘을 다한 하나님 사랑이다.

그런데 마음의 길을 굽게 하는 여러 요인 중에 가장 무서운 대상이

다름 아닌 마음 안에 들어와 있는 가족이다. 그리고 사업이고, 애인이고, 돈이고, 집이고, 전토다.

그러나 내 마음 안에 들어와 있는 이 모든 것들은, 좋음과 나쁨을 제멋대로 세상의 기준에 맞추어 판단하는 타락한 마음이 그림 그려 놓은 모조품들이다. 이것 자체가 엄청난 거짓의 상태가 아닌가. 스스로 하나님이 되어 눈으로 보는 대상들을 재료 삼아 마음 안에서 타락한 판단력을 통해 제멋대로 가짜를 창조하고 그 마음 안에 그려진 가짜들에 반응하면서 삶 자체도 모조품으로 살아가고 있다. 그렇게 사는 가장 큰 이유는 모조품에 둘러싸여 스스로 마음대로 판단하는 왕이 되고 싶은 욕망 때문이다. 마음대로 판단하며 멋대로 상(想)을 만드는 일이 이토록 강한 매력을 가지고 있다.

그러면 실재의 가족은 도대체 어떻게 만나는가. 만나고 싶어 하는 심정은 이해하겠는데 미안하지만 못 만난다. 절대로 실재의 가족은 못 만난다. 하나님을 직선으로 제일 처음 관계하기 전까지는 말이다.

그래, 그만하면 알고도 남음이 있다. 이제는 그만 다그치고, 내가 하나님을 그렇게 첫 번째 대상(一)으로 직선(直)으로 관계하여 마음을 머무르게(止) 되었다고 치자. 그럼 그다음에 내 실재 가족, 실재 재산, 실재 애인은 어떻게 만나는가 말이다.

하나님과의 정직(正直)의 관계가 확실했다면, 정말 그래 본 적이 있었다면, 우리는 실재의 가족은 어떻게 만나느냐는 따위의 질문은 아마 하지도 않았을 것이다. 왜냐면 바로 그렇게 직선으로 만난 아버지 하나님 안에 우리 가족의 진품이 다 들어 있다는 사실을 당연하게 알고 느끼고 또 하나님 안에서 그 진품으로서의 가족들을 이미 만나고, 그리고 100배로 큰 만남의 기쁨 안에서 살고 있었을 테니까 말이다.

실재의 가족이 하나님 안에 있다는, 너무나도 당연해 보이는 이 말을 구태여 여기서 끄집어내는 이유를 알아야만 한다.

예를 들어 생각해 보자. 딸아이가 한국에 있는 부모 집을 떠나 멀리 이탈리아로 유학을 떠났다고 가정해 본다. 이때 금지옥엽 바람이 불면 날아갈세라 곱디곱게 키운 딸이 가서 고생하며 공부하고 있을 이탈리아 땅이 어머니의 마음에 들어앉아 떠날 날이 없을 것이다.

날마다 전화하고, 끊고 나자마자 또 전화하고, 혹시 딸이 전화 중에 이탈리아어가 너무 어렵다고 속상해 울기라도 하면, 마음이 아리고 안타까워서 새벽 기도, 철야 기도하는 것으로도 모자라 삼시 세끼 식사 기도 때마다 딸의 안위와 유학의 열매를 위해 기도할 것이다. 당연하다. 그래야 엄마다.

그런데, 우리는 알고 있는가. 이런 기도는 하나님께만 정직하게 관계하는 자의 기도가 아니며, 따라서 참신앙인도 아니다.

우선 기본 생각부터 틀렸다.

딸은 이역만리 머나먼 땅 이탈리아에 있는 것이 아니다. 이탈리아에 있는 줄 알고 생전 안 하던 이탈리아 국가의 안녕까지도 딸을 위해 기도해 보지만 딸이 왜 이탈리아에 있는 것인가. 딸은 엄연히 만물의 창조주이시며 생사화복의 주권자이신 아버지 하나님 안에 있고 그 주권 아래 있다. 그리고 딸을 그 안에 담고 계시는 하나님은 이역만리 이탈리아에만 계신 것이 아니라, 바로 엄마 옆에도 계신다. 이탈리아에 있다고 불안해하고 걱정하며 뉴스에 테러 소식이라도 나면 두려워하기까지 하는, 그 엄마 마음속의 딸은 전적으로 엄마가 만들어 낸 모조품이다. 하나님이 알고 계시고 당신 안에 담고 계시는 진짜 딸이 아니다. 딸의 진품은 하나님의 주권 안에, 딸의 모조품은 엄마 마음 안에 있다.

진실로 딸이 불안하게 여겨지면, 엄마의 마음을 딸이 유학하는 이탈리아로 보낼 것이 아니라, 엄마 바로 옆에 계시는 아버지 하나님께로 보내라는 것이다. 창조주요 주권자이신 하나님 안에 딸의 실제 모습이 있기 때문이다.

그리고 그 하나님께 마음이 직선으로 가기 위해 마음속의 모조품들을, 심지어는 마음 안에 있는 이탈리아로 유학 간 딸조차도 마음에서 쫓아내 버려야만 한다. 왜냐면 그냥 놔두었다간 마음을 자꾸 지금 여기 계신 아버지 하나님 대신에 이탈리아로 끌고 가 버리니까 말이다. 옆에 계신 하나님을 버리고 마음이 딸의 몸이 머무는 이탈리아로 가는 한, 그 엄마의 마음은 하나님도 진품 딸도 영영 못 만난다.

그리고 이러한 정직(正直)의 관계 안에서 하나님과 깊은 사랑의 교제 속으로 들어가면 나타나는 현상이 있다. 딸과 무관하게 마음에 평강이 주어지고, 그 평강 안에서 하나님이 붙잡고 인도하시는 딸의 실제의 모습도 나타나 보이게 될 것이다.

이렇게까지 설명했는데도 아직도, '왜 이탈리아에 머무는 딸이 하나님 안에 계실까?'라고 묻는 사람이 있을 수 있다. 그러나 조금만 생각하면 전혀 문제가 될 수 없다는 사실을 알게 될 것이다. 이탈리아가 하나님 안에 있으니까 그런 것 아니겠는가. 이 지구 위 어디인들, 아니 달나라 목성까지라도, 하나님의 주권이 미치지 못하는 바깥 영역이 존재하는가?

그리고 그 하나님은 어디 계시는가. 앞에서도 언급하였듯이 시공을 초월한 4차원 천국에 계시는 영이신 하나님은 언제나 어디서나 내 마음에서 보자면 물질세계의 그 어떤 대상보다 실제로 더 가까이에 계신다. 그 크신 하나님, 시편에서 종종 마주치는 표현대로, 그 광대하신 하나님께서 1대 1로 나를 인격적 상대자로 직선으로 관계하기를 원하신다. 우리 마음의 정(一 止)하고 직(十 目 ㄴ)함 안에서 말이다.

이런 사정은 거꾸로 딸이 지척의 건넌방에 머물러 있는 경우에도 마찬가지다. 가까이 있다고 안심하고 있는가. 이런 마음 자체가 얼마나 거짓 신앙적이고 영적으로 둔감한 것인지 이루 말로 다 표현할 수가 없다. 대한민국 영토 안에, 그것도 내 집 안에 머물고 있다고 해서 특별히 더 불안하지 않아도 될 이유가, 이탈리아로 유학 간 딸의 경우에 비해 줄어들거나 없어지는 것이 전혀 아니다.

이런 마음은 공간을 초월하신 하나님에 대한 일종의 거짓 신앙이고 영적 차원에 대한 무지의 발로다.

고인이 되신 저희 아버지의 오른발에는 발등에서부터 뒤꿈치까지 끓는 물에 덴 흔적이 깊게 남아 있었다. 어렸을 때 아버지의 할머니께서 보석 같은 장손이 너무 예뻐서 두 팔로 겨드랑이를 받쳐 들고 아래위로 들어 대시면서 어르고 웃고 하는 동안 그 갓난아이의 발은 방에 들여놓은 펄펄 끓는 곰탕 솥 속을 들락날락하고 있었단다.

이런 비슷한 경험은 누구에게나 있다. 부모의 시선과 손길이 닿는 곳에 있다고 자녀가 안전하다는 생각은 신앙적 차원을 떠나서라도, 아이를 전혀 안 길러 본 것 같은 무지한 생각이요, 기껏 잘 봐줘 봐야 막연한 미신 같은 안도감에 지나지 않는다.

멀리 이탈리아에 유학 간 딸이 멀리 있는 것이 아니라 하나님 안에 있듯이 지척에 머물러 있는 딸도 지척에 있는 것이 아니고 하나님 안에 있다. 눈에 보일 만큼 가까이 있다고 마음대로 관계해도 되는 줄 알고 직접 손대면, 손댈 때마다 내 딸 인생의 발이 데든지, 또 다른 지체가 망가지든지 무슨 수가 나도 날 것이다.

공간적으로 가까이 있다고 실재의 딸도 가까이 있는 것이 아니고, 공간적으로 멀리 있다고 내가 만날 실재의 딸도 멀리 있는 것이 아니다. 멀게 느끼고 가깝게 여겨지는 모든 느낌은 단지 이미테이션 딸에 대한 마음의 신기루 같은 작용일 뿐이다. 실재의 딸은 멀리도 가까이도 아니고 언제나 하나님 안에 있으며, 내 실재의 딸을 안에 담고 계신 창조주 하나님은 언제나 아버지로서 내 마음에서 가장 가까이 계신다.

우리의 마음은 무조건 그 딸보다 하나님을 더 먼저 정(正)하고 직(直)하게 만나야 한다.

진짜 딸을 만나려면 내 마음의 길을 하나님께 직선으로 갈 수 없도록 굽어지게 할 정도로 흡입력을 발휘하는 마음 안의 딸을, 나의 타락한 판단력이 만들어 낸 모조품 딸임을 알아, 마음으로부터 가차 없이 제거해야 한다. 그래서 상(想)으로서의 딸로부터 내 마음의 움직임의 궤적을 직(直)선으로 지켜 내고 하나님을 먼저 만나야 한다. 그러면 그 하나님 안에 비로소 내가 만든 모조품 딸보다 100배나 더 좋은 실재의 진품 딸이 있음을 알게 될 것이다.

인공위성을 통한 경로 안내 시스템

요사이 자동차들을 보면 기도 안 찬다. 첨단 장비가 장착된 최신형 차들을 보면 007 영화가 절로 생각날 정도다. 그러한 첨단 장비 중 이제는 보편화되어 버린 장비가 바로 내비게이션 장치이다. 모르는 지점을 찾아서 가야 할 때 자동차가 달려갈 길을 정확하게 안내해 준다.

그런데 참 신기하다. 복잡한 서울 어딘가에서 예를 들어 10km 떨어진 을지로 2가의 어떤 식당을 찾아가기 위해 내비게이션 장치를 사용한다고 가정해 보자. 그러면 모니터 화면 속의 지도 위에, 그 목적지를 향한 길을 달리고 있는 내 자동차의 위치가 계속 표시된다. 그래야 목표 지점과의 거리와 방향을 분별할 수 있을 테니 당연한 이야기다.

이제 신기하다고 한 것은 바로 이 점이다. 이렇게 자동차의 위치를 지도 위에 표시하기 위해서 인공위성이 동원된다는 것이다. 땅 위에서 10km를 이동하는데 전파는 지상의 자동차에서부터 거리 10km의 3,500배가 되는 고도 약 35,000km 상공에 있는 인공위성 사이를 눈 깜짝할 사이에 번개처럼 오르락내리락을 반복한다.

믿음의 원리도 다르지 않다.

하나님께만 정(正)하고 직(直)한 자가 이 땅 위에서 이미테이션이 아닌 진짜 가족을 만나려면 같은 경로를 따라야 한다. 아무리 가까운 10km에 불과한 부부 사이라도 각자의 마음이 먼저 그 위성 같은 하늘의 하나님을 통해서 상대방에게 도달될 때 진짜 아내, 진짜 남편을 관계하게 된다는 것이다.

한 이불 덮고 누워 손 붙잡고 자는 사이라고 친한 척하며 서로를 하나님보다 먼저 마음에 가까이 두고 관계하는 한, 검은 머리가 파뿌리 되도록 둘이서 그렇게 친하게 살아 봐야, 진품 배우자를 단 한 번이라도 만날 수 없을 것은 너무나 자명한 사실이다. 부모도, 자녀도, 형제도, 사업도, 재산도, 내 인생의 미래도 등등 모든 경우가 다 마찬가지다. 인공위성이신 하늘의 하나님께로 마음이 먼저 가지 않는 한, 이 땅 위에서 아무리 가까운 사이라도 실재에 가 닿을 경로로 안내를 받을 수가 없다.

정직(正直)이 무엇인가. 어떤 대상이 되었든지 그 하나(一)에 마음을 머무르되 까닭 없이, 그러니까 제3의 지점을 거침이 없이 첫 번째로, 직선으로 관계하는 것이다.

사탄을 향해 욥을 자랑스러워하시며 말씀하셨던 대로, 하나님을 직선으로 관계하는 정직은, 그러므로 혈루병자인 여인처럼 하나님 이전에는 관계할 대상이 없어서 삶이 죽어 버린 상태에서만 가능하다. 그 어떤 대상에 대한 관계도 아직 성립되지 않았음으로 삶이 아직 전혀 시작되지 않은 것 같은 상태에서 하나님 한 분만을 처음으로 관계함으로써만 가능해지는 것이다.

우리의 마음이 상대하며 관계해야 할 대상으로 하나님보다 앞선 대상을 허용하면 절대로 안 된다.

하나님을 통과하지 않고 상대하는 그 어떤 대상도 진품이 아니고 모조품이다. 내가 만나야 하는 실재의 대상은 언제나 하나님 뒤에 가려져 있고 하나님의 주권 안에 숨겨져 있다. 먼저 하나님을 만나지 않는 한 이미테이션의 왕국을 벗어나 창조주 하나님께서 만드신 본래의 그 진품들의 세계로 진입해 들어갈 수가 없다. 그러기 위해 마음 안에 이미 들어와 있는, 아니 마음 안에서 내가 멋대로 창조해 낸 상(想)으로서의 모든 이미테이션들은 반드시 그리스도 예수님의 십자가로 추방되어야만 한다.

VII.
거듭남을 위한 어머니 뱃속

우리는 여기서 이제까지 살펴본 정직(正直)의 논리를 근거로 참신앙의 또 다른 측면인 '거듭남'의 의미를 파악하려 한다. 이 역시 마음과 뜻과 힘을 다한 하나님 사랑처럼, 이 시대에 누가 관심을 보이는 말인지조차 모를 일이다. 그러나 "어느 하나(一)에 마음이 머물러(止) 그것이 온전한(十) 상태에 이르도록 눈(目)을 떼지 않고 숨어서(ㄴ) 지키듯 한다"라는 정직(正直)의 자형(字形)의 논리를 통과시켜 보면 거듭남이란 단어가 전혀 낯설게 여겨질 수도 있지 않을까? 이러한 낯섦을 통해서 혹시 그 참의미가 새롭게 살아나기를 바라며 '거듭남'이라는 단어의 거듭남과 그에 따라서 나의 진정한 거듭남의 확인을 기대해 본다.

'정직'이 인격의 '자궁'이다

모든 사람은 어머니 뱃속에서 생겨 그곳에서 10개월 동안을 들어 있다가 세상으로 나온다. 사람의 씨를 받지 않으시고 성령을 통해 이 땅에 오신 예수님조차도 이 땅 위에서 세상 빛을 보시기 위해 동정녀 마리아의 뱃속을 10개월간 빌리셨다. 어머니의 자궁은 그러므로 생물학적 차원에 국한하여 볼 때 조물주 하나님이 택하시어 사용하시는 인간 존재의 근원이다.

그러면 여기서 우리 자신에게 질문 하나 던져 본다. 생물학적 차원에 한정하여 볼 때 어머니 뱃속이 인간 존재의 뿌리라면, 인격적인 차원에서 볼 때 인간 존재의 근원은 무엇일까? 여기서 인격이란 무엇을 말함인가. 바로 '나'라는 자아의식이 활발히 살아 있는 마음이다.

그럼 다시 묻자. 무엇이 사람의 인격에 대해 어머니 뱃속과 같은 역할을 하는 것일까?

그것이 바로 '정(一 止)과 직(十 目 ㄴ)'이다. 무엇인가 어느 하나(一)에 직선으로(直) 마음이 가서 머무르는 것(止)이 정직이었다. 그런데 바로 이러한 형식적 논리를 자체 안에 품고 있는 '정직'(正直)이 인격적 차원에서 '나'라는 자아의식을 가능케 하는 어머니 뱃속이라는 말이다.

우리는 이제까지 주로 마음이 첫 번째로 그리고 직선으로 가서 머무르게 되는 대상 자체에 대해서 생각해 왔다.

그러나 주는 것이 있으면 받는 것이 있다는데, 사람의 마음이 직선으로 가서(直) 첫 번째로 관계하는(止) 대상(一)은, 그러면 거꾸로 그렇게 정성을 다해 자기에게로 곧장 달려간 마음에게 무엇을 주느냐? 하는 것이다.

그것이 바로 다름 아닌 인격성이다. '나'라는 자아의식이다.

한 사람으로서 주체적인 인격이 되도록 해 준다는 것이다. 다른 말로 '나'라는 의식이 구체적이고 실제로 생겨나 하나의 인격체로 살아 움직이게 해 준다.

정리하면 이렇다. 사람은 마음이 직선으로 가서 머무는 대상이 있게 마련이다. 그러면 그 대상은 이제 거꾸로 나에게 '나'라는 자아의식을 갖게 해 준다. 이 같은 역방향의 경험이 여러 대상을 상대하는 동안에 반복되면서 '나'라는 자아의식도 그 대상에 따라 규정되는 구체적이고 다양한 여러 가지 신분 의식으로 채워진다.

장사꾼이건, 도둑이건, 탈세자건, 교수나 목사, 의사, 정치가, 사업가, 노동자, 연예인, 소설가, 엄마, 아빠 등등 할 것 없이 사람인 이상

그들의 인격은 '정직'이라는 어머니 뱃속을 통해 이 땅에서 '나'로서 태어나 존재하게 된다. 아직은 무슨 뜻인지 도통 이해가 안 될 수도 있겠다. 물론 왜 정직(正直)이 인격의 자궁인가에 대해서는 그 이유를 앞으로 좀 더 상세히 밝힐 것이다.

우선 분명히 기억할 점은 정직(正直)이 지니는 존재론적인 차원이다. 앞에서도 언급한 바 있지만 우리는 흔히 습관적으로 이렇게 생각한다. 사람이 인격적 주체로서 먼저 있고 나서, 그다음에 정직하게 행위를 하든지 안 하든지 선택하는 것이라고. 그러나 오히려 정직(正直)은 그 주체적인 인격 자체를 태어나게 하는 어머니 뱃속이다. 이미 성립된 인격이 윤리적으로 정직하냐 하지 않냐의 문제가 아니라, 마음이 가서 머무는(止) 그 하나(一)가 무엇이든 직선으로(直) 가 머무는 정직(正直)함 자체로부터 인격은 비로소 '나'로서 태어난다는 것이다.

즉 형식적인 측면에서 볼 때, 예외 없이 정직의 논리가 이미 가동하고 있었기에, 즉 어느 하나(一)에 첫 번째로 그리고 직선으로(直) 마음이 가서 머무름(止)이 먼저 있었기에 나의 인격성은 비로소 태어나서 활성화되었다는 것이다.

무엇이 되었든, 누가 되었든 그 하나(一)를 정하지 못한 채, 머무름이(止) 없는 마음 그 자체로 인간은 살아 있는 인격이 될 수가 없다. 이 경우 사람의 인격성이란 구체적인 '나'로 태어나기 위한 잠복기 상태로만 머무르게 된다. 오직 정직(正直)함이 가동 중인 상태에서만 인격성은 구체적인 인격이 된다.

거듭남이라는 단어는 한 사람의 인격이 예수님을 그리스도로 믿음으로써 새로운 인격으로 다시 태어남을 뜻하고 있다.

이제 여기서 예수님이 말씀하신 거듭남을 '정직의 논리'를 통해 해석하며 나 스스로 거듭난 사람이라고 믿었던 확신이 참인가 거짓인가를 돌아볼 수 있게 되기를 바란다. 정(正)과 직(直)의 논리에 의해 밝혀지고 드러날 하나님 아버지의 자녀라는 존재의 내막이 궁금하면서 동시에 그 비밀이 누구에게라도 환히 밝혀지기를 기대해 본다.

거듭남은 어머니 뱃속을 필요로 한다

'물고기 뱃속'이라면 선지자 요나가 생각나듯이 '어머니 뱃속' 하면 생각나는 성경 본문 혹시 없을까? 욥이 고난 속에서 너무나 괴로워하며 자기의 생을 저주하면서 울부짖는 가운데, 어머니 뱃속에서 나지 않았더라면 좋았을 것이라고 끌탕을 했던 사실이 기억난다.(욥3:10)

그러나 역시 이 표현과 관련해서는 요한복음 3장에 나오는 예수님과 니고데모의 대화가 압도적으로 강한 기억으로 남아 있다.

왜냐면 예수님께서 이 대화 가운데 사용하셨던 '거듭남'이라는 단어가 너무나 중요하기 때문이요, 아울러 이 대화에 이어 저 유명한 기독교 진리 전체 내용을 압축해 놓은 요한복음 3장 16절이 따라 나오기 때문이다.

"하나님이 세상을 이처럼 사랑하사 독생자를 주셨으니 이는 그를 믿는 자마다 멸망하지 않고 영생을 얻게 하려 하심이라"

게다가 거듭남이라는 진기한 단어에 대한 니고데모의 반응이 대화 당사자이신 예수님에게나 우리 모두에게 아주 짙은—너무나 어처구니가 없어서—인상을 남겨 주고 있기 때문이다.

니고데모는 유대의 관원으로서 학식과 명망과 재산이 꽤 있었음이 틀림없을 바리새인이다. 그런데 이렇게 지도자층에 속한 사람으로서 너무나 몰상식하고 황당한 질문을 해서 예수님께 핀잔을 듣게 된다.

사람이 거듭나지 않으면 하나님 나라를 볼 수 없다는 예수님 말씀에 니고데모는 이렇게 반문한다.

"사람이 늙으면 어떻게 날 수 있삽나이까 두 번째 모태에 들어갔다가 날 수 있삽나이까"(요3:4)

다시 태어난다는 뜻인 까닭에 거듭남이라는 말 자체가 그런 상식 이하의 질문을 유도할 수 있었다고 이해하더라도, 조금 심했다. 그럼 늙지 않은 소년 소녀는, 아니 갓 태어난 아기인들 어머니 뱃속에 다시 들어갔다가 나올 수 있단 말인가.

혹시 거듭남이라는 예수님의 언급 자체가 전혀 말도 안 된다는 핀잔을 예의 갖추어 반어법적으로 완곡하게 표현하느라 던진 질문이었을까? 야밤에 홀로 예수님을 찾아온 정성으로 봐서 그렇게 쉽게 예수님의 말씀을 트집 잡아 무시하려는 아예 못돼 먹은 태도나 의도는 없었던 것으로 보인다. 다만 거듭남이라는 단어를 실제로 전혀 이해하지 못한 것은 틀림없는 사실 같다.

그러나 예수님을 실망하게 한 선생 니고데모의 몰상식에도 불구하고 어쨌든 이 황당한 질문이 남겨 준 중요한 점이 하나가 있기는 하다.

거듭남이란, 뭐라 뭐라 해도 거듭 태어남이다. 그 뜻을 무엇이라 풀이하든 하여간 태어나는 것이기에 니고데모의 말처럼 어머니 뱃속이 필요하긴 하다. 물론 여기서 말하는 어머니 뱃속이 생물학적인 어머니의 자궁이 아닐 것은 자명한 사실이지만.

그러면 복음적인 의미에서 이처럼 한 사람의 인격이 참된 신앙적 인격으로 다시 태어나기 전에 들어 있던 어머니 뱃속은 과연 무엇일까? 어떤 종류의 모태로부터 사람은 거듭나는 것일까?

그 모태가 바로 하나님께만 정직(正直)함이다.

이제부터 우리는 왜 하나님께만 정직함이 복음적인 거듭남의 자궁인지를 살펴보려 한다. 그런데 출발하기 전에 꼭 다시 한번 한 가지만 상기했으면 좋겠다. '정직'에는 형식적인 차원과 내용적인 차원이 있다는 사실을.

위에 있는 어머니 뱃속

'거듭남'이라는 단어를 원어의 글자 그대로 풀이하면 위로부터 태어난다는 뜻이다. '위로부터'라는 말은 물론 산모가 뱃속의 태아를 높은 이층 침대에서 바닥 아래로 낳았다는 식의 말은 아닐 것이다. 이 말에 대해 예수님께서 스스로 풀이해 주고 계신다.

"하늘에서 내려온 자 … "(요3:13) 즉 예수님이 하늘에서 내려오셨듯이 위로부터 난다는 것은 하늘로부터 태어난 자라는 뜻이다.

예수님 믿고, 이 땅에서 아직 살고 있다는 것은 그러므로 하늘로부터 이 땅으로 다시 태어나서 살고 있다는 말이 되어야 한다.

황제가 자신을 가리켜 천자(天子)라고 부르던 옛날 같으면 이런 말 하다가 잡혀가 죽임을 당해도 할 말이 없을, 그런 파격적이고 다분히 도발적인 이야기다.

그런데 이것이 현실적으로 말이 되는가. 어떻게 우리가 하늘로부터 다시 태어날 수 있다는 말인가. 이렇게 보면 니고데모가 사람이 늙으면 어떻게 두 번째 모태에 들어갔다가 날 수 있겠느냐고 되물었던 심정도 이해가 안 가는 바는 아니다.

니고데모로서는 예수님이 그 어디도 아닌 '하늘로부터' 다시 태어나는 일을 염두에 두시고 '거듭남'이라는 단어를 사용하신다는 사실을 상상조차 할 수 없었을 테니까. 또 혹시 뒤늦게 '하늘로부터 다시 태어난다.'라는 말씀의 의미를 문자적으로는 이해하고 수용하였다고 하더라도, 하늘로부터 다시 태어남이 자신의 실제 삶에서 어떤 상황이 벌어진다는 것을 뜻함인지 어떻게 짐작이라도 했겠는가.

어쨌든 예수님의 말씀이다. 그러므로 무조건 옳으시다. 무조건 답이 있다고 믿고 이렇게 물어보면 좋겠다. 도대체 우리가 그것으로부터 다시 태어나야 할 하늘이 현실적으로 구체적으로 무엇일까.

이렇게 믿고 물으며 조금 생각해 보면 그 답이 전혀 불가능하기만 한 것은 아닌 것도 같다.

땅으로 내려오신 하나님이 어쨌거나 우리와 관계를 맺을 수 있는 하늘이 아니시겠는가. 그렇다. 하늘에서 땅으로 내려온 분이신 예수님이 바로 하늘이시다. 그냥 하늘에 머물러 있는 하늘이 아니라 이 땅에 내려오신 하늘이시다. 그리고 그 하늘 안에 바로 아버지 하나님이 성령을 통해서 들어 계셨다.

하나님 아버지는 땅에 속했던 당신의 자녀들을 하늘 출신으로 회복하시기 위해 우리 인격의 태생을 바꾸셔야 했다. 그러기 위해서는 새로운 '나'라는 인격이 태어날 자궁인 정직(正直)이 필요하셨다. 즉 '하나님께만 정직함'이 가능하게 하셔야 했다. 이런 목적을 위하여 하늘을 이 땅에 보내셨는데 그분이 바로 예수님이시다. 그러므로 예수님을 통해 가능하게 된 하나님 아버지께만 정직함이 바로 사람을 거듭나게 하는 자궁이다.

그런데 왜 이처럼 예수님을 통해서 이루어지는 하나님에 대한 우리의 관계가 굳이 자궁이라고 표현되어야 하는가? 또 거듭남을 위한 자궁을 왜 정직(正直)과 같은 말이라고 하는가?

이 궁금증을 풀기 위해 우리는 니고데모가 왜 하필이면 밤에 예수님을 찾아왔고, 그렇게 찾아온 니고데모에게 예수님은 왜 하필이면 '거듭남'이라는 단어를 쓰셨는가를 밝혀 보려고 한다. 그러나 성질 급하신 분을 위해 '정직'을 '자궁'이라는 말로 표현하는 그 의도를 미리 밝혀 보자면 이렇다.

인격을 거듭나게 하는 자궁의 예

한 여자가 아기를 임신했다가 분만하면 이 여자는 한 새로운 사람을 세상에 태어나게 한 것이고, 그런 놀라운 공로의 주인공이 될 수 있음은 당연히 여자만의 특권으로서 자궁이 있기에 가능한 것이다. 자궁 같은 것도 하나 없는 남자들은 아예 꿈도 꾸지 말 일이다.

그러나 여기서 우리가 종종 잊고 있는 사실이 있다. 세상에 태어나는 모든 아기는, 사내아이든 여자아이든 할 것 없이 나름대로 역시 태어나면서 모두 다 자궁을 갖고 있다는 점이다. 아니 어린 아기가, 그것도 사내 아기조차 자궁을 갖고 있다니 도대체 무슨 말인가 할 것이다.

처음 듣는 말일 수 있겠지만, 맞는 말이다. 그 아기의 자궁은 산모가 아직 임부(姙婦)로서 아기를 뱃속에 담고 있던 10개월 동안 거꾸로 그 임부를 담고 있던 자궁이다.

산모(産母)는 아기를 해산한 여인을 일컫는다. 아기를 해산하자마자 어머니 모(母) 자가 붙는 산모가 되는 것이다. 아기를 낳기 전까지는 뱃속 아기로 인해 아무리 배가 남산만 해도 어머니 모(母) 자가 붙을 수 없다. 아직은 엄마가 아니기 때문이다. 이때에는 단지 임부(姙婦) 즉 아기를 잉태한 여인일 뿐이다. 임부가 아기를 세상에 분만하는 바로 그때에야 비로소 이 여인은 어머니 모(母) 자가 붙은 산모(産母)가 된다.

따라서 이런 분만의 상황을 좀 다른 각도에서 보면 우리가 그동안 잊고 지내던 아주 중요한 사실이 눈에 들어온다.

산모로 인해 세상의 빛을 보게 된 이 갓난아기는 동시에 역으로 자기를 낳아 준 그 여인을 한 사람의 여자에서 엄마로 세상에 다시 태어나게 하는 것이다.

요즘은 결혼하고도 의도적으로 아이를 낳지 않는 경우들이 많은가 보다. 저의 아내는 전혀 뜻한 바 없이 결혼한 뒤 무려 17년 동안이나 아이를 갖지 못했다. 그 긴 세월 아이가 없는 동안은 별수를 다 써도 결코 아내는 엄마가 될 수 없었다. 한 여자가 백번을 결혼해도 아이가 없는 한 엄마는 될 수 없다.

그러므로 아기는 인격적인 차원에서 한 여자가 엄마로서 이 땅 위에 다시 태어나게 하고, 엄마로서 이 땅 위에 존재하게 하는 자궁이다. 모든 사람이 육체의 차원에서 어머니의 뱃속을 통해 이 땅 위에 태어나는 상황과 마찬가지로, 세상의 여자 중에 자녀라는 뱃속을 통하지 않고 이 땅 위에 엄마로서 거듭 태어난 사람은 아무도 없다. 이렇게 보면 아이를 낳았다고 어머니날을 정해 놓고 생색을 내는 것도 약간은 쑥스러운 일이 아닐 수 없다. 어버이의 날처럼 '자녀님(?)의 날'도 있어야 하리라. 자녀가 한 여자를 한 엄마로 거듭나게 하는 자궁이기 때문이다.

생물학적으로 아이의 뿌리는 엄마지만, 인격적 차원에서 엄마라는 신분의 뿌리는 아이이다. 생물학적으로 임부(姙婦)가 아이를 뱃속에 담고 있는 10개월 동안, 뱃속의 태아는 똑같이 그 임부(姙婦)의 엄마 됨의 태아를 자기 안에 담고 있다. 그 아이의 생일은 그러므로 그 여자의 엄마로 새롭게 태어난 생일과 일치한다.

이 상황을 정직의 논리를 통해서 되풀이해 보자면 이렇다. 즉 갓난아기가 태어나면 이 여인의 마음이 이 아기를 그 하나(一)로 삼아, 가서 머물게(止) 된다. 그리고 그 아기가 여러 측면에서 온전함에 이르도록 깨어 지켜보는 마음가짐이 가동하기 시작한다(直). 이제까지 한 여인으로 살아 있던 동안에는 한 번도 마음이 가서 머물러 본 적이 없는 대상이다. 이렇게 정(正)하고 직(直)함을 통해서 전혀 새롭게 관계하는 '자녀'라는 대상을 통해서 처음으로 이 여인은 엄마가 되는 것이다. 이제까지 가져 본 적이 없는 전혀 새로운 신분으로 거듭 태어난다.

우리에게 이처럼 마음이 가서 머물며 그것이 온전한 상태에 이르도록 깨어 지켜보는 정직(正直)함의 대상이 생기면, 그 정직함의 대상은 거꾸로 자기에게 정직한 우리 자신을 전혀 새로운 신분으로 다시 태어나게 하는 자궁이 된다.

순서가 거듭남에 결정적이다

이러한 이해를 전제로 이제 니고데모와 예수님의 만남 장면으로 다시 돌아가 보자.

그는 왜 밤에 예수님을 찾아왔을까.

그리고 예수님께서는 왜 나이 많은 사회적 지도자 니고데모에게 민망할 정도의 쌀쌀하신 어조로 사람이 거듭나지 않으면 하나님 나라를 볼 수 없다고 잘라 버리듯 말씀하셨을까. 사실 거듭남이라는 단어는 그 중요성에 비해 신약 성경에 아주 드물게 등장하는 단어다.

그러므로 생각건대 예수님은 니고데모라는 특정 인물의 영적 심리적 상태를 콕 꼬집어 그 사람의 상태를 표현하기에 가장 적절하다고 여기시는 단어로 '거듭남'이라는 개념을 특별히 골라서 사용하신 것이라고 여겨진다.

가로등도 없고 네온사인도 없을 그 옛날, 구태여 칠흑같이 어두운 밤에 예수님을 찾아온 이유는, 자기가 예수님을 찾아온 사실이 사람들에게 보이지 않기를 바라는 마음 때문이었다. 사람들의 시선을 피하려는 것이고 차단하려는 의도가 들어 있었다. 자신이 예수님을 만나는 것을 사람들이 보면, 그는 잃을지도 모르는 많은 것들이 있었기 때문이다.

그는 바리새인이다. 이 말은 선민 이스라엘 안에서 지도급의 귀족 계층이라는 말이다. 그리고 유대의 관원이었다. 고급 관리라는 말이다. 그리고 그가 나중에 십자가에서 돌아가신 예수님의 장사를 위해 목향과 침향 섞은 것을 100근씩이나 가져온 것으로 보아 부자임이 틀림없다. 이렇게 볼 때 죄인 즉 세리나 창기들의 친구라고 별명을 달고 다니셨던 예수님의 측근들과는 사회적 출신과 소속이 현저히 다른 사람이었다.

자신이 소속되어 영위하던 삶의 등급을 염두에 둘 때, 벌건 대낮에 예수님을 공개적으로 찾아올 용기가 없었다. 동료 유대 관원들이나 바리새인들이 알면 완전히 낯 깎이는 일이 아닐 수 없었다. 그래서 예수님과 만남을 위한 야간 작전을 생각해 낸 것이다.

이렇게 어렵사리 기회를 만들어 찾아온 고관대작 바리새인에게 예수님은 참 뻣뻣하게 대하셨다. '너는 거듭나지 않았다. 그래서 지금 상태를 유지하는 한 하나님의 나라와 관계가 없다.' 니고데모의 나이나 지위 그리고 바리새인 된 귀족적인 신분을 생각할 때 참으로 모독적인 언사가 아닐 수 없는 말씀을 주저 없이 하신 셈이다. 그러고 보면 니고데모는 참 성격도 좋은 사람이었나 보다. 처음 듣는 말에 당황해서 엉뚱하고 우스꽝스러운 질문으로 응수하긴 했어도, 화 한 번 낸 기미가 전혀 보이지 않는다. 그리고 끝내 예수님을 그리스도로 받아들인 흔적이 역력하다.

　이런 니고데모에게 거듭나지 않았다는 말씀을 하신 예수님 마음의 속뜻은 무엇이었을까?

　예수님 눈에 비친 니고데모는, 이 땅으로 내려오신 하늘 되시는 예수님을 만나러 오면서 다시 태어남에 대한 기대가 전혀 없었다. 그는 지금까지 살아오던 자기 사람됨과 사회적인 조건을 기존의 상태와 틀 그대로 유지하며 땅에 내려오신 하늘을 찾아온 것이었다. 하필이면 밤에 찾아온 그 마음보의 속뜻을 예수님은 그렇게 꿰뚫어 보신 것이다.

　예수님 만나기 전에 이미 관계하고 소속되고 누리고 있었던 삶의 조건과 관계들과 환경을 고스란히 보존하겠다는 것임을 아시고 송곳으로 찌르듯이 지적하신 말씀이었다. 만나러 오긴 했으나 그 마음이 예수님을 이 세상에서 이미 가지고 있던 것들 다음으로 세 번째, 네 번째, 혹은 다섯 번째 아니면 한참 더 까마득한 순서로 서열을 매기고 있었음을 들여다보신 것이었다.

　이처럼 니고데모가 계획한 야간작업은 이미 가지고 있고 누리고 있던 것 중에, 추호라도 예수님과의 만남을 통해 잃고 싶은 생각이 없었음을 드러내 보여 준 것이다. 이미 니고데모의 '나'는 귀족적인 삶의 껍질로 둘러싸여 고정되어 있고, 니고데모는 그러한 '나'를 포기할 생각도 손상할 생각도 전혀 없었다. 니고데모가 관계하는 대상으로서 예수님의 서열은 그의 마음속에서 당시 몇 번째였는지는 모르겠으나, 어쨌든 첫 번째가 될 수는 없었던 것이다.

　이 순서와 관련해서 예수님은 니고데모가 거듭남에 대한 기대가 전혀 없음을 깨닫고, 하나님의 나라와 무관하다는 정말 심한 말씀을 하신 것이었다. 땅 위로 오신 하늘 되시는 예수님을 첫 번째로 만나지 않으면 거듭난 자가 아니라는 예수님의 생각이 이 대화 속에 반영되고 있었다.

여기까지 말하면 정직(正直)의 글자 새김이 다시금 생각난다.

어느 하나(一)에 마음이 직선으로(直) 가서 머무르는(止) 것이 정직이 아니던가. 무엇인가에 관계하는 마음의 궤적이 직선이 되려면 그것은 마음의 첫 번째 대상이 될 수밖에 없다. 다른 앞선 지점이나 대상을 먼저 통과하고 난 뒤에 그 어느 하나에 도달한 마음의 흔적은 직(直)선일 수 없기 때문이다. 예수님과 니고데모가 대화를 지속하는 지금의 문맥에서 거듭나지 않은 상태란 어떤 모습일까.

니고데모의 경우에서처럼 기존의 삶의 틀은 그대로 유지 보존하면서 예수님을 만나 기존의 틀을 더욱 강화하려고 시도하는 사람들의 마음 상태다. 한마디로 기존에 굳게 형성되어 있는 삶의 내용과 관계들에 예수님과의 만남을 덧대려는 상태이다. 예수님께 도달된 마음의 길이 아홉 번 꺾여 굽어 도는 양의 창자처럼 뒤틀려 있는 사람들이다. 이미 제1, 제2, 제3, 제4의 지점을 거쳐 비로소 예수님께 도달한 마음들이다. 예수님께 도달한 경로가 그러하니 예수님 안에 들어 계시던 하나님께만 정직하기는 애당초 틀려 버렸다.

지금까지의 논의로만 말할 때 거듭남은 어쨌든지 예수님 안에 거하시던 하나님이 마음의 첫 번째 만남의 대상이 되어야 한다. 그래서 거듭남은 예수님을 통해서 하나님을 향하는 마음이 직선(直線)으로 움직이는 정직(正直)이 성립할 때 거꾸로 하나님으로부터 새롭게 규정되는 '나'로 태어남이다.

이렇게 말해 놓고 보아도 특별히 '순서와 다시 태어남'의 관계에 좀 더 설명이 필요하다. 인격적인 차원에서 새로운 '나'로 다시 태어나는

'거듭남'과 마음이 관계하는 대상의 '순서' 사이에는 어떤 형태의 연관성이 들어있을까? 이것을 설명하기 위해 우리도 간만에 철학 이야기 한번 해 보자.

거듭남을 위한 자궁의 내부 구조, '나-너'

나-너 철학(Ich-Du Philosophie)이라고 들어 보셨을 것이다. 사람들이 이 철학에 관하여 하는 말을 귀동냥으로 듣노라니, 이 사상을 '대화적 인격주의 철학'이라고도 하던데, 이름 자체가 너무 어렵다. 그러나 어느 사상이 어렵게 느껴지는 이유는 어려운 말을 쓰기 때문이지 기실 알고 보면 내용이 어려운 것은 아니다.

철학이라는 것이 우리가 실제 사는 삶의 내용 중 일부나 어느 특정한 측면을 말하는 것이 아니라면 철학이 아니다. 철학자들은 어렵게 이해하고 말하고 있는 것을 우리는 그저 생각 없이 살아 내고 있을 뿐이다.

생각(Reflexion) 없이 진행되고 있는 삶의 내용을 이성의 무대 위에 올려놓고 조명을 비추는 것이 철학이다. 이렇게 밝히는 것이 주 업무라서 밝을 철(哲) 자를 그 이름에 넣었나 보다. 그러므로 우리가 살지 않는 내용을 말하는 철학자의 철학은 쓰레기통에 버려도 아까울 것이 없는 '생각 중독자'들의 한가한 유희에 불과하다.

이런 뜻에서 우리는 말할 수 있을 것 같다.

마틴 부버(Martin Buber: 1878-1965)의 '나-너' 철학 전체를 속속들이 캐낸 것은 아닐지라도 조금 전에 함께 나누었던 자궁 이야기가 이 철학의 핵심쯤은 된다는 생각을 말이다.

'나-너'는 인간이 이 땅 위에서 인격적 주체로 존재하는 기본 형식이다. 무슨 말인가.

내가 '나'로서, 독립된 개체 인격으로 먼저 있고 그러고 난 후에 또 다른 '나' 같은 인격을 '너'로서 만나는 것이 아니라는 것이다. 처음부터 '너'가 없이는 '나'는 생겨날 수도, 있을 수도 없다는 뜻이다. '내가 작용하는 너'(Ich-wirkend-Du). 즉 '나'가 '너'를 있게 만들고 되게 만든다는 의미이다. 그리고 '네가 작용하는 나'(Du-wirkend-Ich). 즉 '너'가 '나'를 있게 만들고 되게 만든다는 의미이다.

그러므로 처음에 각자가 별개로, '나'로서 있고 또 '너'로서 있고 그러고 나서 '나'와 '너'가 만나는 것이 아니라, 처음에 둘의 만남이 있고 그 안에서 비로소 구체적인 인격으로서 '나'가 생기고 '너'가 생긴다는 것이다.

여기서 우리는 '나-너'라는 관계를 독립된 단위의 '나'와 '너'로 분리시킬 생각 말고 하나의 묶음으로 놓고 보자. 그래서 '나'가 그리고 '너'가 어떻게 상대방에게 작용하는지를 관찰하자.

예를 들어 '너'의 자리에 자녀를 집어넣으면 '나'는 한 사람의 남자에서 갑자기 아버지가 된다. '너'라는 자리에 아내를 집어넣으면 '나'는 남편이 된다. '너'라는 자리에 제자가 들어오면 '나'는 스승이 되고, 교인이 들어가면 목사가 된다. 이처럼 '나-너'의 관계의 틀 안에서 '나'는 '너'가 누구냐에 따라서 비로소 구체적인 내용을 갖고 다시 태어난다. 아버지로서, 목사로서, 선생으로서 등등. 사람은 살면서 이 '나-너'의 존재의 형식을 통해 참으로 다양한 '나'라는 내용으로 이 세상에 다시 태어난다.

니고데모식 하나님 접근은 안 통한다

그러면 이제 다시 또 하나의 질문을 떠올려 본다.

'나'라는 의식의 주머니 속에 들어있는 그토록 다양한 내용 중에 어느 '나'가 진짜 '나'인가.

질문이 조금 겉도는 느낌이 드는가? 그럼, 어느 '나'가 제일 우선적이고 중요한 '나'인가?

예를 들어 어느 회사가 '너'의 자리에 들어와 '나'를 회사원이라 불리게 했다고 하자. 이때 그 회사원인 '나'와 어느 아이의 아빠인 '나' 중에 부득불 포기되어야 한다면 어느 '나'가 포기될 수 있는가?

또 돈 버는 사업에 열중한 나머지 자녀는 낳아만 놓고 전혀 무관심한 채 세월이 흘러 버린 아버지와 아들의 관계에선, 사업가로서의 '나'와 아버지로서의 '나' 중 어느 것이 실제로 더 중요하고 우선적인 '나'로 여겨지고 있었던 것이었는가.

이렇게 집요하게 이 질문을 붙잡고 늘어지다 보면 결국 맨 마지막에 남는 '너'가 있을 것이다. 바로 이 '너'가 근원적인 '너'이다.

그리고 이 '너'에 대한 관계가 근원적인 '나'를 인격체로서 이 세상에 태어나게 한 자궁이다.

그러나 잘 되지도 않는 철학 이야기는 이쯤에서 중단하고 우리 이야기로 돌아가자.

상기한 바대로 결혼 17년 만에 아들을 하나 낳았다. 확인해 보지 않았을 뿐이지 아내에게 있어서 나는 첫 번째 '너'에서 두 번째로 밀려났다는 내 느낌이 아마 틀림없을 것이다. 아내에게 엄마라는 '나'가 먼저냐, 아내라는 '나'가 먼저냐고 물으면 체면상 말이야 어찌 나올지 모르지만, 엄마의 '나'가 먼저인 것은 여러 정황을 살펴볼 때 틀림없는 사실 같다. 그래서 오히려 추측이 사실로 판명 나는 경우 아들에게 밀려난 나 자신의 자존심이 상하고 비참해질까 봐 그런 질문은 아예 할 생각도 안 한다.

아이의 엄마 됨에서 내 아내의 '너'는 물론 아이다. 이 같은 한 아이의 엄마라는 신분을 깰 수도 양보할 수도 없는 우선적인 자기 존재로 붙잡고 나서 나를 남편으로 대한다. 아내에게 나는 세상 누구보다, 어느 것보다 더 중요한 존재일 수 있겠지만, 내 자식에게만은 속절없이 밀리는 느낌을 어찌할 수 없다. 그래서 배신감을 느끼면서 아내와 아이의 틈바구니 없는 '나-너'의 밀착 관계를 비집어 보기 위해 못 먹는 호박에 말뚝 박는 심정으로 아내에게 이렇게 묻는다.

당신에게는 아이가 일차적인 '너'냐, 아니면 하나님이 일차적인 '너'냐.

이 질문이 바로 하나님이 약속을 해 주신 지 25년 만에 태어나서 청년으로 잘 자란 아들 이삭의 아버지였던 아브라함에게 던지신 하나님 아버지의 질문이었다.

'아브라함아! 너에겐 나 여호와가 일차적인 '너'냐 아들 이삭이 일차적인 '너'냐?'

여기서 아브라함은 여호와 하나님이 자신의 일차적인 '너' 되신다는 사실을 행동으로 보여 드렸다. 그런데 만에 하나 믿음의 선조 아브라함의 딸이라고 여겨지는 내 아내의 대답 속에서는 하나님이 아니라 아이가 일차적인 '너'라면 아내는 아직도 예수님이 말씀하신 그 의미에서 거듭나지 않은 사람이다. 즉 하늘로부터 거듭나지 않았다. 다만 아이로부터 엄마로 거듭났을 뿐이다.

그리고 그 상태로는 니고데모처럼 하나님의 나라를 들어가지 못한다. 아이를 '너'로 해서 태어난 '엄마'라는 존재로서, 하나님을 만나는 순서가 두 번째 혹은 그보다 더 밀려나시어 남편 다음에 세 번째가 된다면, 아내가 하나님을 만나려는 모든 시도는 그야말로 하나님 앞에서 정(正)하고 직(直)하지 못한 자기기만이고 실효성 없는 헛된 종교적 제스처가 되고 말 것이다.

거듭남이란 하늘로부터 즉 하나님으로부터, 다시 말해 하나님을 첫 번째 '너'로 해서 '나'로 태어난다는 것을 말하기 때문이다.

엄마와 아이가 '나-너'로 묶여 있는 인격적 단위를 유지하며 하나님 앞에 나오는 것, 그것이 바로 니고데모 식 예수님 접근이다. 현재 이런 방식의 접근을 교회 안에서 우리는 흔히 믿음이라고 유보 없이 부르고들 있다.

그러나 정직(正直)의 논리로 살펴본 거듭남의 의미에 비추어 볼 때 결코 그러한 마음의 상태를 참신앙이라고 말할 수는 없다. 소위 이러한 짝퉁 믿음으로는 예수님이 이 땅 위로 가져오신 하나님 나라를 결코 볼 수 없다. 왜냐면 예수님이 땅에 오신 이유가 바로 '나'를 다양하게 규정하는 모든 다양한 '너'를 십자가를 통해서 죽이고 오직 하나님 한 분만을 유일한 '너'로 내 앞에 세우시려는 것이기 때문이다.

예수님의 십자가 덕분에 하나님을 근원적인 '너'로서 첫 번째로 그리고 직선으로 만나는 '나-너' 관계, 이것이 거듭난 인격의 뿌리요, 자궁이다. 그리고 '나-너'의 직선 관계 이것이 또한 정(正)하고 직(直)이 아닌가.

마음을 직선(直)으로 보내어 머무르는(止) 첫 번째 대상(一)이 바로 '너'요, 동시에 이 '너'로부터 거꾸로, 나는 '나'라는 인격적인 존재의 구체적인 내용을 새롭게 얻으며 거듭나게 되는 것이다.

돈이 '너'이면, '나'는 수전노이든, 탈세자이든 '나'라는 존재의 내용을 그 '너'에 상응하게 얻게 될 것이며, 자식이 '너'이면 그에 상응하는 엄마나 아빠라는 존재의 내용을 얻게 될 것이다.

 어머니 뱃속에서 몸을 입고 아기로 태어난 모든 사람은 성장하면서 바로 이렇게 다양한 '너'를 통해 다양한 타이틀의 인격을 새롭게 덧붙이거나 이미 있던 타이틀을 떨쳐 내거나 하면서 다시 태어남을 계속 반복하는 것이다. 그러나 이런 거듭남은 모두 위로부터 다시 태어남이 아니다. 즉 하늘에 계신 하나님을 첫째 '너'로 삼아 태어나는 '나'가 아니라는 것이다. 이 아래 땅에서 세상 것으로부터 거듭남은 백 번 천 번 거듭나도 위로부터 거듭남이 아니라서 천국을 못 들어간다.

 그러므로 '정직'은 예를 들어 '나'라는 자아의식이 제일 먼저 아버지인 자가, 그다음 어느 여자의 남편이고 어느 부모의 아들이며 어떤 학교의 교사 등등인 채로, 이러한 모든 앞선 관계를 고스란히 유지하고 기독교 종교인인 상태를 유지하면서, 이제 도덕적인 양심 운운하며 지킬 것인가 말 것인가를 심사숙고해야 할 윤리적 과제로 볼 문제가 전혀 아니다.

 "처음에 관계가 있다."(Im Anfang ist die Beziehung.)라는 마틴 부버의 말처럼 정직은 하나의 윤리적 원칙이기 전에 관계요, 그러므로 존재의 문제에 속한다.

 그리고 이러한 정(正)하고 직(直)함의 존재론적 차원을 예수님은 복음적 맥락에서 '거듭남'이라고 표현하셨다.

 복음적으로 거듭난 자는 '하나님께만 정직한 자'다.

 이와 마찬가지로 인격으로 존재하는 모든 사람은 이미 나름대로 다양한 갖가지의 '너'들 중에서 어떤 근원적인 '너'에 대해 정직했기에 그 결과 '나'로서 존재하며 있는 것이다. 그리고 이토록 다양한 '너' 중에 유독 예수님의 아버지 되시는 하나님만을 일차적인 '너'로 해서 '나'로 태어난 자를 예수님은 위로부터 거듭난 자라고 일컬으신 것이며, 이러한 출생의 사람만이 참하나님의 아들로서 하나님의 나라를 볼 것이다.

바울 서신을 읽다 보면 눈에 띄는 점이 있다. 편지의 서두에 자신을 소개할 때 바울은 언제나 같은 뜻의 조금씩 다른 표현을 쓴다. '하나님의 뜻을 따라 그리스도 예수의 사도 된 나 바울은', '예수 그리스도의 종 바울', '하나님 아버지로 말미암아 사도 된 바울' 등등이다. 전후 사정 모르고 읽으면 사도 바울은 직장도, 신분도, 부모도 없나 하는 생각조차 들 수도 있겠다.

그러나 사정은 그렇지 않다. 사도 바울도 부모가 있고 형제가 있고 많은 사람을 관계하고 있었을 테지만, 그리스도의 종, 하나님이 부르신 사도, 이것이 그의 첫 번째 '나'요, 인격적 존재의 내용이다. 그래서 사도 바울에게는 언제 어디서나 그리스도 안에서 만나는 하나님이 첫 번째 '너'였고, 바로 그 이유로 인해 사도 바울은 진정으로 거듭난 사람이었다. 도대체 우리 각자는 나 스스로 나를 바라볼 때 가장 먼저 누구라고 생각하는가? 첫 번째 자아의식의 내용이 대체 무엇인가? 하늘에 계신 아버지 하나님을 '너'로 하여 태어난 '나'이기를 바란다.

정직을 거꾸로 보면 거듭남이다

어느 외과의가 자기 아들이 수술받는 모습을 모니터로 지켜보며 발발 떨고 있더라는 이야기를 들은 적이 있다. 이론과 경험에 의지해서 남의 배에는 수술용 메스를 쉽게도 들이대는 외과 의사 선생님도, 자기 아이 배가 메스에 의해 째지는 것을 보면서 떨고 있는 것, 이 모습이 인간이다.

지금의 나의 믿음을 보고 또한 내 이웃의 믿음을 볼 때 정말 거듭났을까 하는 의심을 금할 길이 없다. 이런 차제에 용기를 내 말씀에 의지해서, 무심하게 남의 배 째는 의사처럼, 심한 말을 우리 자신에게 해보자. 감정 이입이나 연민, 자기방어의 본능 등을 다 뒤로하고 차가운 논리의 메스를 우리의 신앙 상태에 그대로 갖다 대보자는 것이다.

우리는 어느 아이의 엄마 아빠로서 예수님을 믿는가? 그러면 당신과 나는 제2의 니고데모. 계속 그럴 수밖에 없다면 더는 믿지 말자. 믿으나 안 믿으나 마찬가지다. 자녀에 대한 관계가 내 존재 즉 자아의식의 자궁인, 그러한 태생으로서 백날 믿어도 믿음이 아니고 하늘로부터 거듭 태어난 것이 아니다.

위로부터 거듭 태어나지 않으면, 즉 하나님을 첫 번째 '너'로 해서 '나'로 태어나지 않으면 어차피 하나님의 나라를 못 본다. 땅에 있는 어떤 대상을 하나님보다 먼저 '너'로 삼아 '나'가 된 후에는 아무리 하늘을 우러러보며 하나님을 부르고 찾아도 이 상태는 하나님을 만나고 관계할 수 있는 믿음이 아니다. 만남 자체가 불가능하다는 뜻이다.

사업가로서, 즉 사업을 첫 번째 '너'로 삼아 '나'로 태어나 살면서, 니고데모가 밤에 찾아올 때의 의도대로, 사업을 길이 보존하고 강화하려는 소원으로 예수님 믿음을 덧대는가? 더는 예수님 믿지 않아도 괜찮다. 어차피 그런 상태에서는 믿으나 안 믿으나 상황은 마찬가지이기 때문이다. 니고데모처럼 기존의 모든 다양한 '나-너'의 관계를 유지하면서 하나님께 나와서는, 아예 바늘 끝만큼도 그런 믿음이 허용되지 않을 테니 그쯤에서 끝내도 무방하다는 말이다.

왜 하나님께서는 아브라함에게 독자 이삭을 죽여 제물로 바치라는 시험을 내리셨을까? 아브라함의 근원적인 '나'가 도대체 어떠한 '너'로 인해 태어났는지를 드러내려 하신 것이었다. 이삭을 죽이려 한 아브라함의 행동은 무엇을 의미하는가. 그에게 있어 세상 어떤 것과의 결속보다 더 견고했을, 아들 이삭과의 '나-너' 관계를 수술용 메스로 절단해 버리고 하나님을 첫 번째 '너'로 붙잡은 것이다. 할례받은 선민의 조상인 아브라함이 진심으로 칼로 베어 버린 부분은 양피가 아니라 바로 하나님 이외의 모든 '너'였다.

아브라함은 바로 이렇게 외아들 이삭이라는 '너'를 베어 버리는 현장에서 참신앙의 조상이 되었다. 그래서 또한 바로 그렇게 도저히 맨정신으로는 가질 수 없어 보이는 듯한 아브라함의 마음가짐이 하나님에 대한 '믿음'을 참믿음답게 결정하는 유전자가 되어 버렸다. 그래서 아브라함을 믿음의 원조라고 부르는 것이 아니겠는가.

외아들과의 '나-너' 관계조차 청산하고 하나님을 첫 번째 '너'로 삼아 '나'로 태어나는 것이 바로 아브라함의 후손들에게 있어 나타나야 할 유전자의 내용인 것이다. 바로 이것이 거듭남이고, 십자가에 못 박힌 그리스도를 받아들인 복음적 인격의 존재론이다.

그리고 하나님을 그 하나(一)로 하여 마음이 머물면서(止) 하나님으로 채워짐과 하나님의 이 땅을 향하신 뜻이 온전함(十)에 이르도록 눈(目)을 떼지 않고 숨어서(𠃊) 감시하는 마음으로 살아가는 '정직'(正直)이 바로 이 존재론의 내용이다.

이렇게 볼 때 거듭남이란, 정직의 논리에서 일어나는 마음의 운동 방향을 반대되는 방향으로 관찰할 때 포착되는 현상이다.

즉 내 마음이 '너'(一)에게로 가서 머물면(止) 그것이 곧 정직이고, '너'로부터 내가 '나'로서 태어나면 그것이 곧 거듭남인 것이다.

'너'로부터 '나'는 미션을 위해 보내진다

'정직'이 갖는 존재론적 측면의 이야기를 여기서 끝내 버리면 아쉽다.

여기서 생기는 우리의 궁금증은 바로 이것이다. 즉 '나-너'의 기본 단위 안에서 최우선적인 '너'를 통해 특정한 자아의식의 사람으로 거듭 태어난 사람은 그러면 그다음부터 만나고 관계하게 되는 후차적인 대상들에 대해 어떤 태도를 보이게 되는가 하는 점이다. 이 궁금증에 대한 답부터 말하자면 이렇다.

우선적인 첫 번째의 '너'로부터 태어난 '나'는 그다음부터 만나는 모든 대상과의 관계에서는 이 첫 번째 '너'에게서 보내어진 자로서 살게 된다.

기한이 찬 태아가 어머니 뱃속에서부터 세상으로 보내어지듯이, 근원적인 '너'로부터 다른 모든 대상에게로 '나'는 보내어진다. 수십 수백 가지의 대상들을 만나고 관계하는 모든 순간 모든 장소에서, 첫 번째 '너'와의 관계인 '나-너'의 기본적인 존재론적 틀은 변함없이 지속하며, 모든 대상을 향해 이 첫 번째 '너'로부터 '나'는 계속 보내어지고 있다.

누가복음 7장에 나오는 나인성 과부의 경우를 한번 들여다보자.

과부의 외아들이 죽었다. 그래서 과부는 죽은 아들의 시체를 담은 상여를 메고 북망산천으로 가는 행렬을 따라 그 시체 옆에 따라가며 울었던 모양이다. 당연하다. 얼마나 심한 고통이 그 불쌍한 과부의 마음을 찢으며 헤집어 놓았겠는가? 예수님이 과부를 보시고 불쌍히 여겨 울지 말라 말씀하셨다고 복음서는 기록하고 있다.

이제 산송장이 되어 버린 과부의 처지가 100퍼센트 이해가 간다. 남편을 먼저 보낸 이 과부에게 외아들은 이 여인을 '나'로서 존재하고 살게 해 주는 근원적인 '너'였다. 근원적인 첫 번째 '너'인 외아들로부터 어머니인 '나'로 태어난 이 과부는 그 이후 인생의 모든 만남을 바로 아들을 위해서 수행하고, 만사를 아들과 관련지으며 살았을 것이다.

이 어머니의 마음은 이웃집 아주머니들과 만나 수다를 떨고 있는 시간에도 거의 무의식적으로 그리고 자동으로, 이야기 중에서 좋은 것 나쁜 것에 대한 모든 정보를 아들을 기준으로 수집 분류하기에 여념이 없었을 것이다. 그러므로 이 과부의 삶은 바로 외아들로부터 보내어진 외아들을 위한 미션(Mission)에 다름 아니었다.

정(正) 자의 새김 중에는 종속(從屬)적이고 부(副)차적이라는 뜻에 대립하여 최상위(最上位)의 위치와 본(本)이 되는 것이라는 의미가 들어 있음을 우리는 앞에서 살펴보아 기억하고 있다.

그러므로 이 과부에게 있어서 관심의 최상위와 본(本)의 위치를 차지하는 외아들에 비해 다른 모든 대상과의 관계는 단지 종속적이고 부차적인 의미 이상을 지닐 수밖에 없었다.

그러나 이제 그 아들이 죽었다. 동시에 과부는 '나'라는 인격적 존재의 근원이자 자궁인 첫 번째 '너'를 상실해 버리고 만다. 그러면서 인생의 모든 만남을 이어 가야 할 이유를 동시에 상실하였다. 산술적으로 따지자면 만나고 관계하던 수많은 대상 중에, 아들이라는 단 하나의 대상과 단 하나의 관계를 잃었을 뿐이다.

그러나 아들이 죽은 뒤에도 여전히 남아 있는 모든 다른 대상과의 관계는 더는 별다른 의미를 지닐 수가 없었다. 그 다른 대상들에게로 더는 이 여인은 의미 있는 관계를 위해 보내어질 수가 없었다. 아들만 없어졌을 뿐이지 여전히 다른 대상들은 가득한 세계 안에서 더는 삶을 영위해 나가야 할 이유가 없어져 버린 셈이었다. 이 과부를 최우선으로 '나'로 되게 함으로써, 세상의 생활 현장으로 보내고 그래서 만나는 다른 모든 대상에 관한 생각과 말과 행위에 이유와 동기를 제공하는 '너'가 없어졌기 때문이다. 그래서 외아들을 잃은 나인성의 과부는 산 송장이 되어 버릴 수밖에 없었다.

실연 당한 아가씨의 깊은 우울증, 회사가 도산한 사장님의 자살, 애인의 배신을 이유로 총기를 난사하는 탈영병 등 이 모든 현상이 바로 최우선적인 '너'를 상실했을 때의 증상들임은 말할 나위도 없다.

바로 이렇게 근원적인 '너'를 상실하면서 생긴 존재의 벌어진 틈을 따라 예수님께서 이 과부의 생애 가운데로 들어오신다. 죽음이 아니었다면 이 과부와 외아들 사이의 '나-너'의 결속을 깰 수 있는 것이 이 세상에 무엇이 있었겠는가. 원자 폭탄의 위력으로도 불가능할 일이었다.

이제 상황은 바뀌어서 이 과부는 예수님과 다시 살아난 외아들을 앞에 두고 서 있다. 다시 살아났지만, 죽음을 통해서 이미 한번 '나-너' 관계의 결속은 깨져 버렸던 경험이 있다. 바로 그 틈새를 통해서 죽은 외아들을 다시 살리시는 기적과 함께 여인의 생애 안으로 들어오신 예수님의 출현이 갖게 되는 의미가 무엇일까?

이 여자에겐 아들을 '너'로 삼아 어머니로 살던 상태에서, 예수님을 '너'로 하는 새로운 '나'로 다시 태어날 수 있는 전혀 예기치 않았던 기회가 주어졌다. 더 정확히는 예수님을 믿음으로써 예수님 안에서 만나는 아버지 하나님을 '너'로 하여 전혀 새로운 '나'로 다시 태어나는 거듭남의 기회를 얻게 되었다.

절대적 '너'인 아들로부터 그 외의 다른 대상으로 보내어진 자로 살아오던 이전의 삶을 이후로도 계속할 것인지, 아니면 아들보다 우선해 예수님 안에서 만나는 하나님을 절대적인 '너'로 하여 위로부터 다시 태어난 하나님의 딸로서, 아들까지도 포함한 이 세상 안에 있는 모든 대상에게로 보내어지는 삶을 살 것인지 결정해야만 했을 것이다.

상여를 매고 공동묘지로 가던 행렬이 모두 방향을 바꾸어 예수님을 좇던 생명의 행렬에 가세한다. 이 행렬 틈에 섞여, 관에서 일어난 아들의 손을 잡고 멀리 앞서가시는 예수님의 뒷모습을 바라보며, 꿈꾸듯 황망 중에 걸음을 옮기고 있는 동안 이 여인의 마음은 아들과 예수님 중 어느 쪽을 향해 가고 있었을까?

육체의 손은 비록 다시 살아난 아들의 손을 잡았겠지만, 마음의 손은 예수님을 잡았어야 했을 텐데…, 그래서 거듭났어야 했을 텐데…, 그래서 우리가 하나님의 나라인 우리 아버지 집에서 그 나인성 과부를 그 외아들과 더불어 다 함께 만나게 된다면 정말 좋겠다.

거듭난 자의 '우리'는 오직 사위일체이다

첫 번째 직선으로 관계하는 '너'는 그러므로 모든 다른 대상들과 관계하며 삶을 살아갈 힘과 이유를 제공해 준다.

그러면 거듭난 자, 위로부터 다시 태어난 자는 누구인가.

첫 번째 '너'가 예수님을 믿음 안에서 만나는 하늘에 계신 하나님인 자이다.

그리고 이 하나님으로부터 부모에게로, 남편에게로, 아내에게로, 자녀나 이웃이나 직장이나 사업이나 이런저런 일상적인 일들과 업무와 과제로 보내어진 자로 살아가는 사람이다.

우리는 흔히들, 누구의 아내나 남편으로서, 누구의 자녀나 부모로서 그리고 어떤 직업인으로서 예수님에게 오는 상황을 그저 별생각 없이 믿음이라고 여긴다. 이런 경우에는, 근원적인 '너'가 하나님 아버지가 아니라 배우자나 자녀나 부모나 직업 등등 땅에 있는 대상들인 상태가 그대로 유지된다. 그리고 오히려 그러한 우선적이고 근원적인 땅에 속한 '너'로부터 이 땅으로 내려오셨던 하늘이신 예수님께로 보내어지고 있다.

말하자면 '우리' 일을 해결 받으려고, 즉 근원적인 '너'의 자리에 있는 가족이나 사업이나 등등의 것들과 맺은 관계로부터 요구되는 필요를 채우기 위해서 말이다.

다시 말하거니와 이것은 '하나님께만 정(正)하고 직(直)한' 참신앙이 아니고, '위로부터 거듭남'의 상태도 아니다.

십자가의 예수님이 계시하신 하나님께만 정직한 자에게 '우리'라는 인칭 대명사는 '너'이신 하나님과 '나'를 묶는 인칭의 단위이지, 이 땅 위의 가족이나 직장과 여타의 이 세상 대상들과 '나'를 묶는 단위가 아니다.

거듭난 자로서 위로부터 태어난 자에게는 '우리'라는 의식 속에 포함될 대상들이 모두 하늘에 있는 존재들이다. 삼위일체 하나님과 나만을 포함하는 '우리'가 허락될 뿐이다. 하나님 아버지와 아들 예수님과 성령님, 이러한 세 인격의 일체 되심에 또 하나의 인격으로서 내가 가담하는 '사위(四位)일체(一體)'가 바로 거듭난 자에게 허락되는 유일한 '우리'이다. '사위일체'란 참으로 낯선 말이지만 그동안 교인들이라는 사람들이 마음으로 하늘에 계신 아버지께로 가기를 원치 않아 등한시 되었을 뿐이지 예수님이 직접 해 주신 말씀 속에 들어 있던 개념이었다.

"아버지여, 아버지께서 내 안에, 내가 아버지 안에 있는 것 같이 그들도 다 하나가 되어 우리 안에 있게 하사 … "(요17:21)

그러므로 하늘에 계신 하나님 아버지를 절대적인 '너'로 하여 위로부터 다시 태어난 사람에게서는 이 세상 모든 가족과 지인과 동료와 친구와 속한 단체와 나라와 민족이 모조리 이 사위일체의 '우리'라는 의식의 울타리 밖에 서 있게 된다. 다만 가족과 직장과 사회의 모든 사람은 오로지 보내어져 관계하는 미션(Mission)의 상대일 뿐이며 사위일체의 '우리' 밖에서 기다리고 서 있을 뿐이다.

예를 들어 어느 아이의 아버지라는 타이틀은 내 존재를 규정하는 말이어서는 안 된다. 더는 나와 자녀가 '우리'라는 의식으로 묶여서는 안 된다. 자녀의 아버지라는 신분은 하나님으로부터 거듭난 자로서 사위일체의 '우리'로부터 보냄을 받아 수행할 미션일 뿐이다. 아내, 남편, 사장, 교수, 목사, 상인, 보험 설계사, 디자이너, 공인 중개사 등 이 모든 것이 다 우선적인 '너'의 자리에 계신 하나님을 중심으로 이루어지는 사위일체의 '우리'로부터 보내져 수행해야 하는 미션이나 프로젝트의 다양한 이름일 뿐이다.

위로부터 거듭남이란 필수적이다. 거듭나지 않으면 하나님 나라와 무관해진다. 위로부터 거듭남이란 '나'라는 존재가 오직 하나님을 '너'로 하는 '나'일 때에만 가능해진다. 그래서 하나님을 중심으로 이루어지는 사위일체 되심의 '우리' 안에서 삼위 하나님을 너로 하는 나의 신분이 정해진다.

그 '너'의 자리에 하나님께서 창조주로 들어오면 나는 피조물이다. 그 자리에 아버지로서 들어오시면 '나'는 하나님의 아들이고, 다윗의 시편에서처럼 목자가 되어 들어오시면, '나'는 그의 기르시는 양이고, 그 자리에 주님이 들어오면 '나'는 종이고, 또 그리스도가 들어오면 '나'는 구원받은 죄인이다. 성령님이 '너'의 자리에 들어오시면 나는 성령의 도구이고 성령의 장갑이다. 이것이 '나'의 근원적인 규정이자 존재의 내용이다. 이렇게 사위일체 안에서 주어지는 신분과 자격을 가지고 이제 이 세상 모든 대상을 향해 보내어진다.

그러므로 사위일체의 '우리' 이 외에 이 세상에서 내 몸이 있어 성립한 관계에 발생한 모든 신분과 지위는 그 자체로 '나'가 아니라 오직 '나'의 미션이고 프로젝트이다.

모두 다 그것에게로 보내져서 수행하여야 하는 사명이고 과제다.

이제 더는 아내나 남편이나 자녀나 부모나 형제를 '우리'라는 의식 안에 담지 말자. 내 입에서 나온 '우리'라는 인칭 대명사 안에는 오직 나와 삼위일체 되시는 하나님만이 포함되어야 한다.

아내와 남편이 하나님보다 더 친한 관계인 척하지 마라.

영적인 차원을 염두에 두면 눈 뜨고 봐 줄 수 없는 모습이 바로 그것이다. 언제부터 그렇게 친했다고 아버지 하나님이 보시는 앞에서 그분을 밖에 세워둔 채 부부가 자기들끼리 '우리'라는 단어로 하나님에 대해서 울타리를 친다는 말인가.

내가 지금 여기서 남의 부부 생활이나 가족 관계에까지 참견할 이유는 전혀 없다. 그러나 단 하나 명심할 것은 '우리'라는 인칭 대명사의 무의식적이고 무분별한 사용이, 나의 거듭나지 못함을 아주 강력하고 분명하게 반영할 뿐만 아니라, 그 거듭나지 못한 상태를 점점 되돌릴 수 없도록 굳혀 갈 수 있다는 점이다.

물론 '우리'라는 단어가 상황과 맥락에 따라서 말하다 보면 그때그때 필요한 구분을 위해서 다른 구성원을 포함한 말일 수 있다. 그러나 '나'라는 자아의식을 둘러싸고 있는 '우리'는 근본적으로 사위일체여야만 한다. 나의 진정한 소속을 뜻하는 '우리'라는 의식이 작동할 때면 언제나 자동으로 마음에는 가족이나, 나라나, 회사나, 교회 대신에 삼위일체 하나님이 떠올라야 할 것이다.

위의 하늘로부터 아래 바다로 보내어진 자들

거듭난 자는 복음적 의미에서 정직(正直)한 자다.

복음적 의미에서 정직하다는 말은, 십자가 복음 덕분에 다른 모든 대상을 '너'의 자리에서 다 잘라 내고 오직 아버지 하나님을 첫 번째의 '너'로 해서 '나'로 태어남을 말한다.

그러면 도대체 이런 사람은 실제의 생활 현장에서 어떤 모습으로 일상을 살아갈까? 위로부터 거듭난 사람의 생활 현장에서의 모습을 한 장면으로 이미지화해 볼 수는 없을까? 위에서부터 다시 태어난 자의 모습 말이다.

언젠가 우연히 TV로 영화를 시청하던 가족에게 뒤늦게 가세했던 적이 있다. 앞뒤 맥락에 대한 선이해가 전혀 없어, 제목도 내용도 장르도 파악이 되지 않은 채 눈에 들어온 장면은 풍랑 이는 바다에서 조난한 사람들을 구조하기 위해 사투를 벌이는 구조대원들의 모습을 담고 있었다.

폭우와 풍랑으로 뒤덮인 바다, 여기저기서 널조각 하나씩 붙잡고 살려 달라고 아우성치는 사람들을 구하기 위해 여러 대의 헬리콥터가 바다 위로 날아왔다. 밧줄로 허리를 동여맨 구조대원들이 헬리콥터에서 바다 수면 아래로 내려와 그 헬기에서 바다로 드리워진 또 다른 줄에 조난한 자들을 묶어 내면, 헬리콥터에서 그 사람을 끌어올리는 것이 바로 구조 작전이었다.

화면에는 거센 폭우와 풍랑 속에서 죽음의 공포에 질려 아우성치는 조난자와 그 폭우와 풍랑을 맞서 헤치며 사람을 구하려 안간힘을 쓰는 구조대원의 표정이 번갈아 클로즈업되고 있었다. 정말 밑도 끝도 없이 눈앞에 다가선 TV 장면 앞에서 손에 땀을 쥐고 시청했던 기억이 난다.

그런데 그 장면을 넋을 잃고 쳐다보고 있다가 불현듯 참 이상하다고 생각했다. 비록 영화 속 배우들의 연기이긴 하지만 클로즈업되는 구조대원들의 표정과 조난한 자들의 표정이 어쩌면 그렇게 다를 수 있는가?

둘 다 거센 폭우와 풍랑이 이는 차가운 겨울 바닷속에 있기는 마찬가지다. 그런데 구조대원의 표정에서는 결연한 의지와 한 사람씩 줄에 매어 올릴 때마다 보람과 자긍심이 배어나고 있고, 위에 머무는 헬리콥터에 남아 있는 동료들에게 엄지손가락을 펴 보이며 진행상의 순조로움을 표할 때의 자신감 등으로 가득 차 있었다. 배경이 망망대해 가운데서 일고 있는 폭우와 풍랑인 점을 생각할 때 참으로 경이롭기까지 한 표정들이다.

반면 조난한 자들의 표정은 풍랑 이는 바닷물 속에 빠졌는데도 그 눈에서 눈물이 나오고 있는 것을 식별할 정도로, 정말 거세게 울어 대는 사람도 있다. 표정대로라면, 그들의 마음이 지금 대면하고 있는 것은 바로 공포요 절망이며 죽음임이 틀림없었다. 두 경우 다 영화 속 장면이지만 개연성은 충분하다는 느낌이었다.

왜냐면 좀 다른 이야기 같지만 예수님과 제자들이 일엽편주에 몸을 싣고 가다가 풍랑을 만난 장면을 연상하게 하는 점이 있어서이다. 똑같은 광풍 노도 속에서 흔들리는 가운데 죽음을 직면한 제자들의 모습과 깊은 잠을 주무시던 예수님의 대조가 영화 속 장면과 머릿속에서 오버랩되었다.

그러면 조난한 자들과 구조대원의 표정은 왜 그렇게 다른 것인가. 이 차이가 어디서 오는 것일까. 둘 다 거센 폭우와 풍랑 속에 있기는 마찬가지인데 말이다. 대답은 그리 어렵지 않다. 조난자들은 풍랑 이는 바닷속에 빠져 있던 자들이고, 구조대원은 그 바다를 향해 위에서부터 사명감을 가지고 의도적으로 아래로 내려온 자들이다.

그것도 자신의 허리와 헬리콥터 사이를 끊어지지 않는 줄로 단단히 연결해 놓고서는 말이다. 이 줄이 풀어지지만 않는다면 폭우와 풍랑이 세면 셀수록 재미까지 더해질 수도 있겠다는 어처구니없는 생각까지도 들 지경이다. 이들이라고 조난자들의 처지에 놓여서도 그렇게 여유를 지킬 수 있는 슈퍼맨은 아닐 것이다. 그 여유는 줄에 매여 위에서부터 내려온 데에 기인한 것이다.

우리가 지금까지 살펴본 정직의 뜻은 바로 '나-너'라는 기본 공식에서처럼 '나'와 '너' 사이를 직선의 줄로 묶는 셈이다. '너'로부터 태어나는 '나'는 '너'에 묶여서만 세상 바다로 보내어져 살아갈 수가 있다. 예수님께서 말씀하신 위로부터 거듭남은 이렇게 '너'이신 하나님 아버지에게 묶여 있는 채로 세상으로 다시 태어나는 것이다. 그런데 그 '너'가 하늘 위에 계시기 때문에 위로부터 다시 태어나서 아래 세상으로 보내지는 것이다. 위로부터 태어나려면 '나'를 태어나게 하는 '너'가 위에 있어야 함은 자명한 사실이 아닌가.

위에 있는 하늘 되시는, 예수님과 아버지 하나님과 성령님, 이렇게 일체를 이루시는 삼위 하나님을 '너'로 해서 다시 태어난 자들의 마음에는, 다른 사람들과 똑같이 이 세상이라는 환경에 처하여 있어도 구조대원의 평강이 있다.

남편과 아내와 자녀와 부모와 직장 동료와 이웃이 하나님과의 연결이 없는 채로 바다에 빠져 있다. 그곳으로 거듭난 자들은 하늘에 계신 '너'이신 하나님께 매여, 아래로 보내어진 자들이다. 이 세상 바다에 즉, 가정이라는 바다, 회사, 학교, 예배당 모임, 국가, 도시라는 바다로 줄에 매여 하늘로부터 보내어진 자들이다. 이것이 참 거듭난 신앙인이다.

그리고 그 역(逆)은 참신앙 안에서는 절대로 허용될 수 없다. 즉 가정과 회사, 학교, 나라 등이 하나님 보다 먼저 '너'가 되어 '나'를 이루고 '우리'가 된 채로 그런 세상 것들로부터 발생하는 문제와 필요들을 위해 비로소 하나님께로 보내어지는 상태는 결코 성경과 복음이 전하는 참신앙이 아니다. 하나님이 아니라 이 세상 대상들에게 정(正)하고 직(直)한 상태로, 다른 정직이고 다른 신앙이다. 거듭남이 아니라 세상을 너로 해서 태어난 본래의 자아의식에 기독교 종교인이라는 신분을 덧붙인 그날 밤의 니고데모 같은 사람이다.

우리는 니고데모와의 대화 속에서 이어져 나오는 저 유명하고 고맙고 보석 같은 말씀을 기억하고 있다.

"하나님이 세상을 이처럼 사랑하사 독생자를 주셨으니 … "(요3:16)

이 말씀은 예수님 자신의 그리스도 되심에 해당하는 말씀이면서 동시에 바로 앞에 나왔던 거듭남에 대한 대화를 완결 지으시는 말씀이시기도 하다. 거듭난 자 모두에게 이 말씀이 예수님에게서처럼 적용된다는 것이다.

하나님이 세상을 사랑해서 예수님을 보내셨다. 아버지 하나님을 '너'로 해서 줄로 묶인 채 예수님은 메시아의 자아의식을 가지시고 세상바다로 구조대원으로서 보내지셨다.

세상을 사랑하셔서 예수님을 보내신 것과 마찬가지로, 나 자신이 거듭난 사람인 한, 하나님이 내 아이들을 사랑하셔서 나를 그들의 엄마로 하늘에서 보내셨다. 하나님을 '너'로 해서 줄로 묶인 채 가정이라는 바다로 보내진 것이다. 하나님이 내 남편과 내 아내를 사랑하셔서, 하나님이 내 직장을 사랑하셔서, 내 학교와 내가 사는 동네를 사랑하셔서, 하나님을 '너'로 하여 '나'를 태어나게 하시고 하늘이신 하나님으로부터 이 세상 삶의 바다 구석구석에 거듭난 자로서 줄로 묶으신 채로 '나'를 보내신 것이다.

어제 딛던 땅을 오늘도 딛고 살며, 예수 믿기 전에 가던 곳을 믿은 후 지금까지 다니고 있다. 그러나 참으로 거듭난 신앙인은, 자신이 살던 삶의 환경에서 이미 하나님 이외의 대상과 굳어진 '나-너'의 관계로 묶인 채 예수님을 찾아오는 또 한 사람의 니고데모가 아니다. 그는 위에서부터 하나님을 '너'로 해서 '나'로 다시 태어나 이 땅, 이 세상 바다에 내려온 하늘의 줄에 매여 있는 자들이다.

위로부터 거듭난 자는 그러므로 하늘의 관점에서 본 정직(正直)한 자요, 정직(正直)한 자는 땅의 관점에서 본 위로부터 거듭난 자다.

VIII.
암거래를 중단하라!

정직은 어느 하나(一)에 마음이 머무르며(止) 그 하나(一)가 완전함(十)에 이르기를 눈(目)을 크게 뜨고 숨어서(ㄴ) 지켜보듯 하는 것이다. 그러므로 마음을 주고 머무르는 대상으로서의 그 하나(一)가, 성경적으로 볼 때, 우리의 마음을 그렇게 주어도 괜찮고 타당한 것인지를 아는 것이 중요하지 않겠는가. 탈세만 불법이 아니라 주어서는 안 될 모든 대상에게 마음을 주는 것도 불법이요, 암거래다.

블랙마켓

암거래란 알다시피 암시장(Black market)에서 일어나는 상행위를 말한다. 법적으로 매매가 금지된 물품을 몰래 사고파는 뒷거래를 일컫는다.

여기서 암거래란 인간 일반에 편만한 '다른 정직'을 또 다른 측면에서 표현하는 단어라 할 수 있겠다. 마음 그 자체에 초점을 맞춘 표현이다.

그런데 이 경우 정말 특이한 일은 마음과 관련하여 암거래라 비유할 수 있는 상황임에도 불구하고, 교인의 삶의 영역에서는 대명천지에 공공연히 이루어지고 있다는 점이다. 소위 양성화된 암거래이다. 조금도 거리낌 없이, 아니 더 정확히 말하자면, 자연스럽고 마땅한 것으로조차 여겨지는 가운데 전혀 문제의식 없이 이 암거래가 성행하고 있는 것이 실제 상황이다.

다시 한번 정(正)과 직(直)의 의미를 우리 자신에게 환기해 보자. 어느 하나에(一) 마음이 머문다(止). 어떻게? 좌우로 치우침이 없이 직선으로(直). 또 이렇게 직선이 되기 위해 첫 번째로 관계한다. 왜냐면 제3의 지점이나 다른 '까닭'의 지점을 우선하여 통과하다 보면 마음의 궤적이 직선이 될 수 없도록 꺾이고 굽어지게 마련이니까.

그러면 이제 이러한 정직의 의미에 '거래'라는 말을 합쳐서 생각해 보면 어떻게 될까. 거래되는 내용은 물론 여기서 마음이다. 마음을 주고 마음을 받기도 한다. 어느 하나의 대상에(一) 마음을 머무름(止)은 마음을 줘 버리는 것이다. 그 하나(一)에게 가서, 머무르고 다시 돌아오지 않는 것이니까.

이때 혹시 그 하나(一)로부터 돌아온다거나 그 하나를 떠난다고 하면, 그 의미는 정직의 대상인 그 하나(一)가 다른 것으로 바뀌었다는 뜻이거나 본래 그 하나(一)가 아니었다는 의미이다. 하여간 마음은 끊임없이 어떤 대상을 향해 주어지고 있다는 점을 주목하자.

마음의 거래 규정

여기서 성경이 이러한 마음의 거래에 대해 언급하고 있는 법령을 한 번 들어 보자.

"예수께서 가라사대 네 마음을 다하고 목숨을 다하고 뜻을 다하여 주 너의 하나님을 사랑하라 하셨으니 이것이 크고 첫째 되는 계명이요 둘째는 그와 같으니 네 이웃을 네 자신 같이 사랑하라 하셨으니 이 두 계명이 온 율법과 선지자의 강령이니라"(마22:37-40)

하나님 사랑과 이웃 사랑이 온 율법과 선지자의 강령이라 하셨다.

'사랑'이라는 단어를 거래로 비유하는 것은 완벽하게 적절하지는 않다. 다만 마음도 줄 수 있고 받을 수 있기에 '거래'라는 단어를 비유적으로 사용해 보는 것이다.

하나님은 정하셨다. 마음을 다하여 하나님을 사랑하라고. 하나님의 뜻이요 하나님에 의해 정해진 법이다. 그리고 십자가에 못 박히신 예수님을 믿어서 구원을 받으면 그 증거는 바로 하나님 사랑과 이웃 사랑이 나 같은 죄인에게서도 가능해진다는 사실이다. 이런 전제하에서 하나님께만 하는 정직(正直)을 암거래라는 비유적인 단어를 통해서 또 하나의 측면을 들여다본다. 즉 예수님의 십자가를 생활화한다는 전제 아래서, 그럼으로써 가능한 첫째와 둘째 계명은 정직(正直)이라는 주제와 어떻게 연관되는지를 보자는 것이다.

《정(正)하고 직(直)함은 하나님께만 하라》는 제목이 이미 뜻하고 있듯이 마음은 오로지 하나님만을 사랑하는 일에 '다' 지급되어야 한다. 마음이 가서 머무는(止) 그 하나(一)는 본래 창조주 하나님 한 분만으로 정하신 것이다. 다른 정직은 원천적으로 불법이다.

마음 외에도 목숨을 다하고 뜻을 다한다는 말은 따로 그 의미상의 차이를 구분하여 설명할 수도 있다. 그러나 여기서는 마음을 다한다는 내용을, 반복을 통해 최상급으로 강조한 것이라 봐도 크게 틀리지 않을 것이다. 마음을 '다' 드렸는데, 마음이 이렇게 '다' 드려지는 동안 목숨이 어디 가서 따로 놀겠으며 뜻이 마음과는 별개로 혼자 나들이라도 하고 올 수는 없는 노릇 아닌가.

마음이라는 품목 그 자체를 아버지 하나님께서는 '다', 그러니까 마지막 한 조각까지도 남김없이 모두 '다' 당신 자신에게만 드릴 것을 법으로 정해 놓으셨다.

그러므로 이 마음을 조금이라도 다른 대상에게 주면, 이것은 조물주가 정하신 법을 어기는 범법이요, 어두운 곳에서 부당하게 이루어지는 암거래가 된다. 각종 마약이나 대마초 등을 조금만 소지해도 범법자가 되듯이 말이다.

예를 들어 내가 마음을 다해 국가를 사랑하고, 가족이나 직장을 사랑한다면, 그것은 말씀에 비추어 볼 때 하나님을 사랑하기 위해 다 써야 할 마음을 하나님에 의해 허락되지 않은 대상에게 써 버리는 암거래요, 뒷거래다. 국가나 가족이나 직장이 나의 마음을 받게 되는 일이 벌어진다는 의미는 내가 마약을 소지하면 현행범으로 경찰에 체포되어야 마땅한 상황과 같다는 의미이다.

이렇게 물어볼 수 있다. 국민의 한 사람으로 나라 사랑이 무엇이 나쁜가. 너무나 지당하신 질문이다. 나도 한 나라의 국민으로서 할 말이 없다. 그러나 내가 아니라 성경은, 그러한 질문의 의도가 아무리 당연하고 타당해도, 말씀하고 있다.

마음을 '다' 하나님께 남김없이 드리라고. 국가가 하늘에 계신 창조주 자신이 아니라면 암거래다.

어머니로서 자녀를 마음을 다해 사랑함이 무엇이 잘못인가? 맞다. 오히려 잘못이기는커녕 그래야만 하는 것 아닌가? 그러나 미안한 말씀이지만 크고 첫째 되는 계명을 기준으로 보면, 하여간 뒷거래요 암거래요, 범법이다. 우리가 여기서 이런 말을 남의 일처럼 쉽게 말하기가 죄송스럽기 그지없지만, 마음을 일부라도 자녀에게 쓰고 있는 그 어떤 엄마도 절대로 천국에 못 들어가는 불법적인 암거래상이다.

그러면 마지막으로 한 번만 더 묻자. 이런 경우는 어떨까? 사업가로서 마음의 '다'는 아니고, 그저 절반 정도 사업에 마음을 주고, 그 나머지 마음으로는 가정, 예배당 모임, 친구들 그리고 마지막으로는 하나님에게도 골고루 나누어 드리는 경우는 어떠한가? 언뜻 듣기에 적절하다. 나 자신이 사업가라 가정해도 그렇게 하는 수 말고는 뭐 딴 방법이 있겠는가?

그러나 어쩌겠는가, 말씀은 말씀이다. 예수님께서 친히 네 마음을 다하고 목숨과 뜻을 다해 주 너의 하나님을 사랑하라 하셨다. 그러므로 당신이 사업가로서 전혀 탈세해 본 적이 없다 해도, 마음을 사업에 주고 있다면 당신은 말씀에 비추어 볼 때 다른 정직의 사람이고 암거래하는 범법자요, 블랙마켓티어(Black marketeer)이고 천국에 못 들어간다.

크고 첫째 되는 계명과 둘째 계명의 연관성

그러면 사람이 이 세상 살면서 과연 이 크고 첫째 되는 계명을 애당초 지킬 수는 있는 것일까.

왜냐면 문제는 크고 첫째 되는 계명을 지키느냐 마느냐 하는 것만이 아니다. 암거래를 피하느냐 마느냐만이 문제가 아니라는 뜻이다.

실천적으로 할 수 있느냐의 문제는 일단 제쳐 놓고, 가감 없이 '마음을 다하여'라는 말씀을 문자 그대로 받아들이고 나면, 논리적인 면에서조차 참으로 절벽 같은 문제에 봉착하고 만다.

그다음에 뒤따라오는 네 이웃을 너 자신같이 사랑하라는 말씀의 해석이 바로 그 절벽이다.

즉 첫째 계명을 충실히 지켰다고 하자. 그렇다고 둘째 계명은 안 지켜도 되는 것이 아니지 않은가? 그래서 둘째 계명으로 관심을 돌려 보면 난감하다는 말씀이다.

나 자신처럼, 내 이웃을 사랑해야 한다. 그런데 이 말이 실천적으로도 논리적으로도 정말 이해하기조차 되게 어렵다. 그동안 교인이라는 우리는 아예 이 크고 첫째 되고 둘째 되는 계명 자체에 무관심하였으니까 그렇게 편하게 지낼 수 있는 것이 아니었을까 싶다.

마음을 다하여 하나님을 사랑한 뒤에, 나 자신은 내 마음의 어느 부분이 여력으로 남아 있기에 사랑할 것이며, 게다가 나 자신에 더해서 나 자신처럼 이웃은 또 어떻게 무슨 마음의 부분이 남아서 사랑하라는 말씀이신가.

마음이라는 품목은 하나님께 다 드리지 않고 다른 대상에게 주면, 암거래요 불법 거래라고 말씀하시고는 금방, 너 자신처럼 너의 이웃을 사랑하라고 하시는 이 모순된 어법 속에 무슨 뜻이 들어 있을까?

설마 나 자신을 사랑함과 이웃 사랑을, 마음을 하나님께 모두 드린 후에 전혀 마음 없이 무심의 경지에서 사랑하라는, 그야말로 더 이상한 뜻을 담고 있는 것은 아니지 않겠는가. 당신 생각에는 어떠한가? 줄 수 있는 마음이 조금도 없는데 사랑이 가능한가?

그리고 크고 첫째 되는 계명과 관련하여 둘째 계명에 얽힌 문제는 여기서 끝나지 않는다.

어떤 문제가 아직도 더 있는지 알아보기 위해, 여기에서 "네 이웃을 너 자신같이 사랑하라"라는 주님의 말씀을 여러 가지 논리적인 의문에도 불구하고, '네! 알겠습니다. 주님! 이웃을 내 몸처럼 사랑하겠습니다!'라며 전적으로 접수했다고 가정해 보자.

그리고 그다음 단계로 '너 자신처럼'이라는 말을 이해하기 위해 이제 참신앙의 선배들이 자기 자신을 구체적으로 어떻게 사랑했는지 성경을 한번 들여다보자. 그러면 이제 나는 다시 한번 내 이해력에 파산 선고를 내리지 않을 수 없다. 내 머리로는 정말 풀 수가 없는 또 다른 문제에 부딪히게 된다.

히브리서 11장에 믿음의 선배들을 노래하는 대목이 나온다. 기가 막히는 노릇이다. 믿음의 선배들은 톱으로 켬을 당하고, 돌로 침을 당하고, 칼에 맞아 죽고, 유리하고, 궁핍에 시달리고, 환란과 학대가 끊이지 않았다고 기록하고 있다.

한마디로 자신을 아끼고 사랑하며 돌본 기미라고는 눈을 씻고 봐도 찾을 길이 없다.

하나님께만 정(正)하고 직(直)하기 위해 마음을 다했고, 목숨과 뜻을 다했다는 사실의 확증은 분명히 보인다. 그런데 이렇게 아버지 하나님에 대한 참신앙을 수호하기 위해, 켜는 톱 밑에 자기 몸을 헌신짝 버리듯 내놓을 수도 있는 마음가짐의 사람이, 그렇게 취급할 수도 있는 자기 몸처럼 이웃을 사랑한다는 말은 도대체 어떻게 사랑하는 것을 말하는 것일까.

또 어린 자녀의 손을 잡고 원형 경기장에서 사자 밥이 되어 죽을 수 있는 어머니의 경우에, 이웃의 자녀에게는 어떻게 하는 것이 자기 자신처럼 자기 이웃을 사랑하는 것이 될 수 있을까? 하나님을 향한 정(正)하고 직(直)함이 생애 최고의 일인 줄을 알고 지키려고 자기 몸을 사자 밥이 되게 내어 준 것처럼, 그렇게 똑같이 자녀의 몸도 사자 밥이 되도록 기꺼이 놔두어 버린 어머니. 이런 어머니가 자기처럼 하는 이웃에 대한 사랑, 어디 무서워서 받아 볼 꿈이라도 꾸겠는가. 아니면 거꾸로 준다 한들 고맙다고 하겠는가. 이 사랑은 사랑이라기보다 거의 공포에 가까운 관심이요, 그래서 너무나 달갑지가 않다.

이웃 사랑의 편의주의

많은 경우, 첫 번째 계명은 그냥 남의 일처럼 넘겨 버리고 만다. 그리고는 미안한 마음이 들어서인지 너 자신처럼 너의 이웃을 사랑하라는 둘째 계명은 그런대로 관심한다. 다만 아주 편하고 쉽게 우리 방식대로 이웃 사랑의 의미를 받아들이고 실천한다. 즉 가난하고 어려운 처지의 이웃에게 물질적인 도움을 베푸는 것이라고 여겨서 구제 헌금 항목 만들기, 국제 구호 단체에 지원금 보내기, 수재 당한 분들에게 구호물자 보내기, 가난한 나라에 국수 공장 지어 주기, 문맹 퇴치를 위한 학교 지어 주기 등등.

맞다. 그러한 구제를 위한 관심과 노력이 예수님이 전해 주신 이웃 사랑의 명령 안에 당연히 들어있어야 한다.

그러나 그런 이웃 사랑 우리만 하는가. 불교도는 못 하는가? 아니 고등 종교에 속하는 불교의 신자들은 고사하고, 굿하고 점 보러 다니는 사람들도 구호 기금 마련에 다 참여하더라. 이러한 맥락에서 상부상조 정신을 사랑이라 표현해도 크게 틀리지 않는다면 우리나라의 두레 전통은 하나님이 명하신 이웃 사랑의 전형쯤 될 것이다.

성경이 말씀하는 사랑, 예수님께서 친히 온 율법과 선지자의 대강령이라 하신 말씀에 속하는 그 이웃 사랑이 불교도도 가능하고, 두레 정신으로도 대체 가능한 차원의 이러한 구제나 상부상조의 정신과 일치하는 것일까. 아니다. 절대 아니다.

이러한 점에서 우리에게 명확한 구분이 없으니, 밖에서 안으로 기독교 종교를 들여다보는 사람들의 눈에는 도대체 기독교 종교가 불교나 다른 여타의 종교와 무엇이 다른 것인지 알 수 없는 노릇인 상황은 너무나 당연하다.

그러한 일반적인 의미에서의 구제를 배제하는 것도 물론 아니지만, 그것이 곧 성경이 말씀하시는 이웃 사랑, 나 자신처럼 해야 할 이웃 사랑인 것 역시 아니다. 그러한 구제는 이웃 사랑에 수반되는 하나의 부수적인 결과들이지, 이웃 사랑 그 자체가 아니다. 콧물이나 목이 아프고 기침이 나오는 것 그 자체가 감기가 아니라 감기의 증상이듯이 말이다.

기브 앤 테이크

우선 '첫째 계명을 실천할 수 있는가?'라는 질문과 함께 첫째 계명과의 연관성 안에서 둘째 계명 역시 실천이 가능한가? 라는 문제는 사실 이론적이고 논리적으로는 해 볼 만한 타당한 질문이다. 그러나 실제로 첫째 계명을 예수님의 십자가를 생활화함으로써 해 보면, 그것이 가능함은 물론, 둘째 계명도 그 의미와 실천 가능성의 유무가 분명하게 드러난다.

그러므로 예수님의 십자가가 허락하는 보증을 믿고 첫째 계명을 이룰 수 있다고 전제하고 생각해 보자. 마음과 뜻과 힘을 다한 사랑은, 이 책 전체에서 반복하여 강조하였듯이 정(正)하고 직(直)함이고 사실 모든 사람이 각자 다른 대상을 향해서 하는 중이다. 다만 죄로 인해서 하나님을 향해서만은 예수님의 십자가가 없으면 불가능하다는 것이 성경의 증언이다. 세상 모든 대상에 대해서 사람들은 자연스럽게 끌리는 대로 정하고 직하다. 즉 마음과 뜻과 힘을 다하여 사랑한다. 그러나 하나님만은 십자가 예수님 안에 마음이 들어가지 않는 한, 할 수 없다는 것이다. 여기서는 십자가 생활화를 전제해서, 하나님을 마음과 뜻과 힘을 다하여 사랑하게 되었다고 하고 이야기를 해 보자. 하나님께만 정직함의 마지막 측면을 그려 보자는 것이다.

즉 하나님께만 마음을 다 드리고, 그리고 그 뒤에 이웃 사람들을 나 자신처럼 사랑하라 하시는 이 모순되어 보이는 말씀의 뜻을 생각한다. 그렇게 함으로써 정직(正直)의 논리에 근거하여 실천될 수 있는 마음과 뜻과 힘을 다한 하나님 사랑의 설계도면 그리기를 끝내려고 한다.

마지막까지 서두르지 말고 차근차근 이 문제들을 풀어가 보자.

교인으로서 정직한 사람, 하나님 아버지께만 직선으로 관계하는 사람은, 마음을 그분께 다 드린다. 마음은 하나님께만 드리도록 정해진 품목이기 때문이다. 마음 씀씀이에 대해 더는 다른 융통성을 발휘하지 말자. 다른 무엇에든지 마음을 주는 일은 불법이요, 뒷거래요, 암거래임을 마음으로 확정하자. 마음을 불법적으로 엉뚱한 대상들에 지급하는 암거래를 통해 생의 행복과 보람을 추구한다는 것은 애당초 틀려먹은 이야기이며, 암거래를 지속하는 동안은 전혀 하늘에서 내려오는 구원을 이룸과 그에 따른 진짜 은혜를 기대할 수도 없다. 쉽게 말해 마음의 암거래상은 전혀 교인도 하나님의 아들도 천국 시민도 아니다. 천국에서 볼 때 그냥 아무것도 아니다.

그런데 이처럼 '하나님께 마음을 드린다'라는 말을 반복할 때 우리는 자꾸만 '마음을 드리는 일'에만 생각의 초점을 맞추게 된다.

마음이라는 것이 당연히 물건처럼 드린다는 말을 써서 표현될 수 있겠지만, 마음을 드렸을 때, 어디 그것이 일방적으로 드린 것으로 끝이 나는 일인가 말이다. 사람끼리 조그마한 선물을 주고받을 때도, 그 물건에 마음을 담아 주는 것이니만큼, 선물로 주어진 물건을 통해 마음을 받은 사람은, 그 주어진 마음에 대해서 어떤 식으로든지 보이는 반응이 역으로 전달되는 것이 이치인 것이다.

영이신 하나님께 마음을 다 드린다는 것은 그러므로 내 쪽에서 하나님께로 드리는 일방적인 행위로 끝나는 일이 아니다. 하나님 아버지께서 우리의 마음을 다 당신에게 드려야 한다고 법으로 정하시면서 명령을 하실 때, 아무렴 그러한 법과 명령에 담긴 아버지 하나님의 의도가 무슨 독재자의 일방통행적인 경직성에서 나온 것이겠는가.

정직(正直)한 자는 하나님을 관계하되 마음을 다하여 관계하는 사람이다. 그러나 이럴 때 반드시 모두 다 드려진 나의 마음에 반대급부가 주어진다.

바로 하나님 자신이다.

모두 다 드려진 마음에 대해서만 주어지는 기절할 일이 바로, 천지를 지으신 우리의 하늘 아버지이시며 영이신 하나님 자신이, 그렇게 드려진 내 마음 안으로 들어오신다는 것이다. 마음을 다 드려 하나님께로 직선으로 가면, 그렇게 간 내 마음 안에는 영이신 하나님이 들어오신다. 반대로 말하면 마음이 다 하나님께로 가지 않으면 하나님께서 내 마음 안으로 들어오실 수 없다. 하나님이 그렇게 다 드려지는 마음 안으로 들어오신다는 의미가 무엇일까?

정직하면 미친다

유학 시절 독일 TV의 뮤직 채널을 시청하다가 지금까지도 그 기억이 생생한 장면을 보게 되었다. 어느 대형 운동장에서 있었던, 이제는 전설이 된 미국 가수 마이클 잭슨(Michael Joseph Jackson: 1958년-2009년)의 공연 모습을 녹화 방송으로 보내고 있었는데 정말 굉장했다. 저 무대에서 목사로서 5분 메시지라도 전해 보았으면 하는 엉뚱한 생각과 함께 TV 화면에 시선을 보내고 있었다. 그다음 너무 충격적인 장면이 나타났다.

한순간 한 대의 카메라가 클로즈업해서 화면 전체에 잡은 것은 공연하는 가수가 아니라 한 젊은 여성 팬의 얼굴이었다. 그녀는 울고 있었다. 무대 앞에서 가수를 보며 우는 그녀의 얼굴은 그냥 우는 것이 아니라 미쳐 있었고 소름이 끼칠 정도로 몰입되어 있었다.

무대 위를 누비며 현란한 댄스와 함께 열창하는 그 가수를 보며 마음에서 치밀어 오르는 환희를 모두 분출할 길이 없어 그녀는 기쁨이 과도하여 고통으로 변한 것처럼 미친 듯이 뛰며 목 놓아 울고 있었다. 솔직히 놀랐다. 인간이 느낄 수 있는 '좋다'는 감정의 최고 한계선은 도대체 어디까지일지 궁금했다.

바로 그 순간 생각난 성경 본문이 바로 변화산 위에서의 베드로의 체험이었다. 변화되신 주님의 영광된 모습을 보고 고백한 "여기가 좋사오니"라는 베드로의 입술에서 나온 말은 전혀 밋밋한 서술식의 어조는 아니었을 것이다.

모처럼 아파트 숲을 떠나 효도 관광에 나서신 할아버지, 할머니들께서 관광버스 차창 밖으로 단풍 든 산을 바라보시며 외치시는 정도의 감탄사 같은 것도 역시 아니었을 것이라는 생각이 들었다.

한 가수의 열정적인 공연 앞에서 솟구쳐 오르는 환희와 행복감을 주체할 수 없어, 미친 사람처럼 울고 있는 한 여성 팬처럼 베드로의 "여기가 좋사오니"라는 표현도 감당하기 어려운 황홀경에 취하여 정신없이 내뱉은 탄성이었으리라.

그러면 마음이 정직(正直)하게 모두 하나님께 보내어졌을 때 그 마음에 거꾸로 영이신 하나님이 들어오시면 나타나는 현상이 무엇일까? 다름 아니다. 변화산에서 일어난 베드로의 경험 세계가 나의 현실로 주어지는 것이다.

예수님의 인간의 모습 속에 아들 하나님이신 모습이 숨겨져 있었다. 예수님의 그 영광된 천국 안에서의 모습을 접하게 된 베드로의 고백은 '여기가 좋다'는 탄성이었다. 그리고 이 하나님 되신 모습을 눈앞에 두자, 산 아래 세상은 베드로의 마음에서 망각의 바닷속으로 빠져들어가 버리고 만다. 예수님을 붙잡고 베드로는 간청한다. 초막 세 개를 짓고 그곳에서 살자는 것이다. 세상 누구도 그렇게 희게 세탁할 수는 없을 만큼 흰색으로 눈부신 광채 안에서 나타나신 하나님 되신 예수님의 모습 앞에서 베드로는 처자식, 동료 제자들, 이웃들, 식민지 아래 놓인 조국 이스라엘과 장차 독립할 이스라엘에서 장관 되겠다는 미래 비전 등 온 세상 모든 것을 다 잊은 채 황홀경에 사로잡혀 버리고 만다.

베드로의 이러한 상태를 가만히 보면 뭔가 감이 잡히는 것이 없는가. 산 아래서 그토록 마음을 쓰며 살고 있던 모든 대상으로부터 마음이 다 회수되어 거두어지고 영광된 하나님의 현존(一) 앞에서 마음 전부가 꽁꽁 묶이고 사로잡혀 버리고(止) 만다. 베드로의 끊임없이 샘솟는 마음의 흐름이 이렇게 하나님 되신 예수님의 모습에만 달라붙는 바람에, 산 아래 그 무엇에도 주어지지 않고 있다. 그러니 산 아래로 내려가고 싶지도 않고, 산 아래 세상에서 살고 싶지도 않다. 심지어 산 아래 남아 있는 가족과 동료와 조국에 대한 아무런 책임감도 없다. 더는 산 아래 세상에서 바라고 이루고 싶은 것이 베드로 속에 남아 있질 않게 되었다.

변화산에서 일어난 이러한 베드로의 마음 상태가 우리가 마음을 하나님 아버지께 모두 다 드렸을 때, 그 반대급부로 주어지는 것이 무엇인가를 알게 한다.

그러면 마이클 잭슨의 공연을 보고 있던 그 서양 아가씨의 '좋다'와 영화로운 예수님의 하나님 되신 모습을 대하게 된 베드로의 '좋다' 중, 어느 '좋다'가 더 강렬했을까.

확실한 것은 그 아가씨처럼 그 순간 베드로가 미치지 않았다면 어떻게 천국 모습의 예수님을 초막에 모실 생각을 했겠으며, 미치지 않았다면 어떻게 초막을 3개만 지을 생각을 했겠느냐 하는 것이다. 3개 지어 예수님과 그 변화산에 나타난 모세와 엘리야에게 각각 하나씩 할당하면 자기와 두 동료 제자들은 어디서 살 것인가. 자기 자신 역시도 완전히 의식에서 까맣게 잊는다.

마이클 잭슨의 공연장에서 미칠 듯한 환희의 급류에 떠내려가던 그 젊은 아가씨의 마음을 대하여 보며 사도 베드로의 변화산에서의 마음을 조금이라도 비슷하게 상상할 수가 있었다. 노래하는 가수 한 사람을 보고도 그럴 수 있다면, 영화로운 광채에 휩싸인 하나님의 모습을 접한 사람의 마음이 어찌 미칠 듯한 환희와 감격에 찬 마음이 되지 않겠는가.

돌에 맞아 죽어 가던 스테반 집사님의 얼굴이 천사처럼 된 것도, 하늘이 열리고 하나님 아버지가 앉아 계신 보좌와 그 옆에 계시는 예수님을 보았기 때문이 아닌가.

사도 바울이 당장이라도 몸을 떠나고 세상을 떠나 보좌 우편의 주님과 함께 거하는 그것이 소원이라고 말한 것도 그 마음에 하나님 아버지의 영광스러운 빛을 접하고 있기 때문이 아니었겠는가.

초대 교회 수많은 신앙의 선배들이 그 무서운 순교의 형장을 천국으로 가는 환희의 플랫폼으로 바꾸어 버릴 수 있었던 이유도 하나님 아버지의 실재를 느끼고 환희로 미쳐 있었기 때문이 아니었겠는가.

어떻게 사람이 4, 5대(代) 이상을 걸쳐 내려가며 로마의 지하 카타콤을 들락거리는 삶을 250여 년을 이어 내려갈 수 있다는 말인가. 마음을 다 드려 하나님을 사랑하고 그렇게 드려진 마음 안으로 쏟아져 들어오는 그 하나님의 하늘 기운에 취하지 않았다면 어떻게 버젓이 지하 동굴에서 자신들의 일생을 마쳐야 할 아들과 손자와 증손자를 그 동굴 속에서 낳으며 대를 이어 살 생각을 할 수 있었겠는가.

마음을 하나님께만 모두 드린 자들의 특징은 다름 아니라 하늘 기운에, 아버지의 기운에 접하여 취한 상태가 되는 것이다. 술병을 향해 마음을 열고 입에다 들이부으면 마음도 몸도 술기운에 사로잡히듯, 마음을 한 점도 남기지 않고 하나님께만 다 드리면, 어떻게 그 마음 안으로 들어오시는 영이신 하늘 아버지께 취하지 않을 수가 있겠는가. 어떻게 그 영화로우신 하나님 아버지의 아름다움과 좋으심에 사로잡히지 않을 수가 있겠는가.

그러므로 하나님께만 정하고 직(直)한 자는 역으로 하나님의 기운에 취해 미쳐서 세상을 사는 자다. 마음의 모든 부분이 한 조각도 남김없이 하나님께만 드려지는 바람에 그 하나님 아버지의 광채에 취한 자이다. 정말 정직(正直)하게 하나님을 믿었다면, 그의 유일한 소원은 사도 바울처럼 "차라리 몸을 떠나 주와 함께 거하는 그것"(고후5:8)이어야 한다.

만일에 이 소원이 마음에 안 생긴다면 마음을 다 드려 하나님께 직선으로 관계하고 있는 것이 아니라고 진단해도 틀린 것이 아니리라. 그리고 이렇게 진단이 내려질 수 있는 상황이 된다면 그러한 믿음의 상태는 역시 구원받는 믿음도 아니다. 분명히 다른 믿음이고 다른 정직일 것이다. 물론 이 점을 진정으로 인정한다면 바로 그 순간이 하나님을 향한 정(正)하고 직(直)함의 복된 여정을 시작할 기회인 것은 말할 것도 없다.

'미친다'는 것은 보편적인 일이다

이렇게 말하다 보니 하나님께만 정(正)하고 직(直)한 것이, 하나님을 마음과 뜻과 힘을 다해서 사랑하는 일이, 마치 종교적 황홀경을 이상으로 삼는 무슨 신비주의적 전통을 따르는 것처럼 느끼고 계신 분도 있을 것 같다.

아니다. 지금 이야기되고 있는 정직(正直)의 원리는 그 하나(一)의 대상이 무엇이든 모든 사람에게서 항상 똑같이 적용되고 있다는 사실을 잊었는가.

어디 한번 마음을 다하여 돈을 사랑해 보라. 돈에 미친 자가 되지 않을 수가 없다. 일단 돈맛에 눈을 뜨고 나면, 돈 기운에 취하고, 돈에 울고 돈에 웃으며, 돈 때문에 자신의 시간과 젊음과 심지어는 가족까지도 희생하며 오직 돈을 손에 쥐기 위해 산다. 혹시 하늘의 천사들이 내려다보면 돈 앞에서 보이는 우리의 모습이 모두 다 위에서 언급한 그 마이클 잭슨의 팬이던 아가씨의 모습이 아니겠는가? 그러면 이 경우도 비현실적인 신비주의인가. 차이가 있다면 돈 기운과 하나님 기운 그 자체에 하늘과 땅 차이가 있을 뿐이지, 그것이 무엇이든 정(正)하고 직(直)하여 마음을 다 주며 사랑하고 있는 대상이 있으면 거꾸로 그 대상의 기운에 마음이 정복되고 미친다는 그 사실은 매한가지다.

카를 마르크스(Karl Heinrich Marx: 1818년-1883년)가 기독교 종교를 민중의 아편이라 했다. 기독교 종교가 사람의 관심을 노동자와 빈곤층에게 가난을 가져다준 주범인 제도적 분배의 불균형 상태에서 떼어 내 엉뚱하게도 있지도 않은 천국으로 빼돌린다는 이유 때문이었다. 종교로 변해 버린 기독교를 옹호한다는 일 자체가 너무 허무하다. 그러나 말은 바로 하자. 진짜 아편 맞고 제정신 못 차린 쪽이 누구인가? 창조주 하나님과 천국은 사실이고 팩트(Fact)이다. 영이신 하나님의 좋음도 사실이다. 그러나 카를 마르크스는 돈이라는 마약에 중독된 돈 아편쟁이였다. 그의 공산당 이론은 그냥 돈에 취한 취객의 돈 주정(酒酊)이다.

이런 상황은 돈을 아주 노골적으로 좋아하는 자본주의도 마찬가지이다. 돈이 그렇게 좋음은 사실이 아니다. 다만 돈 기운에 미친 것이고 중독된 것이다. 공산주의와 자본주의는 돈에 취하여 미친 것은 같으나, 부리는 돈 주정의 방식이 서로 다를 뿐이다. 자본주의의 돈 주정이 게걸스럽다면 공산주의의 돈 주정은 원망 섞인 호전성이다.

자식에게 마음을 다 바쳐 버리는 어머니도 자식 기운에 중독된 사정은 마찬가지요, 식민지 아래서 시달리는 조국의 독립을 위해 마음을 다 바쳐 버린 독립투사도 국가 중독에 걸린 사정은 마찬가지다.

선택하라.

누구에게, 무엇에게 정(正)하고 직(直)할 것인지를. 어떤 대상이든지 마음을 다 드리면 그것으로 끝나는 것이 아니다. 다 드려진 마음은 이제 그 대상이 지니는 특유의 기운에 사로잡히고 중독되고 미쳐 버리게 되어 있다.

그래서 틸리히(Paul Tillich: 1886-1965)는 신앙을 "궁극적인 관심" 즉 '어느 하나의 대상에 의해 마음이 궁극적으로 사로잡힌 상태'라고 정의를 내렸나 보다. 이 신학적 대가의 말을 따르자면 피아노에 사로잡힌 피아니스트에겐 그 상태가 그대로 종교요, 자식에게 사로잡힌 어머니는 그 상태가 그대로 종교라는 말이다.

여기서 '궁극적 관심'이라는 단어를 정직의 이해에서처럼 '어떤 하나(一)에 마음을 직선으로 그리고 첫 번째로 보내는 것'으로 이해해도 좋다면, 틸리히가 말하는 '사로잡힘'은 바로 지금 우리가 말하는 '미쳤다'의 또 다른 표현 아니겠는가.

사람은 누구나 마음을 다 드리는 대상에 의해 거꾸로 그 대상이 뿜어내는 기운에 사로잡히고 중독되거나 미치게 되어 있다.

하나님 이외의 온갖 다른 대상에 대해 정(正)하고 직(直)하여 그것들의 기운에 마음이 사로잡혀서 미치고 취하고 중독된 상태가 된 뒤에 마치 술주정을 부리듯이 하나님 아버지의 이름과 주 예수님의 이름을 흥얼거리는 짓거리를 우리는 언제까지 교회의 믿음이라고 부르며 자신을 속일 것인가. 이 경우는 아직 약간 결함이 있는 교회의 신앙이 아니라 다른 신앙이요, 종자가 완전히 차별화된 다른 정직(正直)이다.

인간의 모든 생각과 감정과 의지와 말과 행동의 표현은 그가 정(正)하고 직(直)하게 마음을 다하여 대하는 대상의 기운에 감염된 상태가 겉으로 드러나는 방식이다.

자녀에게 마음을 먼저 다 드린 어머니는 그 자녀의 상태 여부에 따라 감염되고 취하여 나타나는 희로애락의 상태를, 차후 만나는 모든 다른 관계에서 반영하게 되어 있다. 또 아침에 아내와 싸우고 나온 택시 기사 아저씨가 불쾌한 심정으로 차를 몰다가 사고가 나는 경우도 마찬가지다.

이처럼 하나님을 제일 먼저 만난 사람은 세상을 향해 나갈 때 이미 하나님으로부터 주어진 기운에 감염된(?) 채로 나가서 그 기운을 삶의 현장에서 반영하며 살게 되는 것이다.

복음이 항상 기쁨과 쉬지 않는 기도와 범사에 감사를 외치며 노래하는 이유가 무엇인가. 이러한 표현들이 교인이 정직하게 관계해야 할 하나님 아버지로부터 반대로 주어지는 기운의 특징을 드러내어 주고 있기 때문이다. 물질과 돈에 정직하여 그 기운에 감염된 공산주의자가 분노와 살기에 사로잡혀서 교인의 피를 사냥하고 있을 때 죽임을 당하는 정직한 교인은 하늘의 기운에 사로잡혀 감사하며 죽음을 맞이하는 것이다.

　그런데 희한한 것은 너무나 상반되는 이 두 가지 모습이 정직(正直)이라는 하나의 원리에 의해 표출되고 있는 점이다. 이를 갈며 돌을 들고 스데반을 내리치는 사람들도, 그들 나름대로 일정한 대상에게 정직하기 때문에 그 대상의 기운에 사로잡혀 그러한 살벌한 모습을 드러내는 것이고, 돌에 맞아 죽으면서도 원수들을 용서하며 빛을 발하던 스데반도 그 나름대로 마음을 다 드리며 정직하게 관계한 하늘 아버지의 기운에 사로잡혔기 때문이었다.

정직한 자는 죽지 못해 이 땅을 산다

　첫째 계명을 지키는 자. 즉 십자가 예수님 안에서 정(正)하고 직(直)하게 하늘 아버지를 관계하여 그분의 기운에 마음이 사로잡힌 천국의 자녀들은 이 땅 위에서 아주 뚜렷한 특징을 띠게 된다.

　태어나서 지금까지 살아온 여정의 마지막 날인 오늘. 이 오늘을 지나서 그 이상은 지구 위에서 살고 싶어 하지 않는다. 그도 그럴 것이 세상을 살면서 얻을 수 있는 어떤 기쁨이 하나님의 기운에 취했기에 생긴 미칠 듯한 기쁨 위에 또 다른 기쁨을 더할 수 있겠는가?

　또 반대로 하늘 아버지 때문에 생긴 기쁨을 이 땅 위의 어떤 사람이

나 사건이 손상하거나 유실시킬 수 있겠는가. 기쁨의 근원이신 창조주 요 아버지이신 하나님 자신에 위해를 가할 수 없는 한 불가능하다. 하늘의 기운을 마음에 쏘인 자의 반응은 변화산의 베드로의 반응으로 그리고 순교 현장의 스데반 집사님의 상태로 나타날 수밖에 없다. 산 아래 세상의 기쁨 거리를 잊어버린다. 그리고 지금 하늘 기운에 맞닿아 있는 여기서 더는 이 세상의 삶에 아무런 미련이 없다. 지금 여기서 무슨 의욕을 가지고 자발적으로는 단 한 발자국도 인생의 앞을 향하여 움직이고 싶지 않다. 그것이 하늘 아버지의 기운이 사람 마음에 대해서 가지는 미치게 하는 힘이다.

지금 현재, 실제로 천국으로부터 내려오는 하늘 기운에 마음이 맞닿아 있다면 무병장수가 소원이겠는가, 권력을 쥐는 것이 대단한 것이겠는가, 아니면 재벌 되는 것이 그보다 큰일이겠는가. 혹은 일류 대학 들어가고 승진하는 것이 이보다 큰일이겠는가.

실제로 마음이 하늘에 계신 아버지의 맛에 눈뜬 자에게 이 땅 위에서의 무병장수보다 더 큰 저주와 형벌이 어디 있겠는가. 예수님이 33세의 나이에 부활하셔서 이 세상의 이런저런 기쁨 거리를 좀 즐기시는 대신에 곧장 하늘 아버지께 올라가 버리신 이유는 분명하고 간단하다. 가능한 한 빨리 아버지께로 가고 싶으셔서 세상의 기쁨거리 따위를 돌아볼 여유도 이유도 없으셨기 때문이었다.

이런 모든 말들은 하늘 아버지의 기운을 실제로 만나 본 경험이 전혀 없는 자들에게는, 평생 들어본 적이 없는 극심한 헛소리임이 분명할 것이다. 그러나 하나님께만 정(正)하고 직(直)하여 마음을 실제로 다 드림으로써 하나님 아버지 자신의 기운을 받으며 있는 자들에게는, 지금 죽어서 아버지 곁으로 가는 일보다 더 큰 성공과 더 완벽한 형통과 더 간절한 소원은 없다.

 마치 돈에 미친 사람들이 돈벼락 한 번 맞았으면 하고 바라듯, 자녀에 미친 엄마가 하버드 대학 들어가는 자녀의 모습이 소원이듯, 세상을 떠나 하나님 아버지의 보좌 앞에 가는 것이 그들의 소원이다.

 그들이 이 땅을 사는 이유는 귀가 따갑도록 들리는 소위 비전이니, 인생의 목적이니, 꿈이니, 야망이니 하는 따위가 아니다. 하나님의 기운에 마음이 쏘인 자가 이 땅 위에서 열 내며 목적에 이끌리는 삶 따위를 이야기하고 싶겠는가? 그런 어쭙잖은 구호 따위는 농담거리도 못 된다. 그냥 교활한 그러나 지루하고 무의미한 거짓말이다. 변화산의 베드로에게 가서 목적이 이끄는 삶 운운해 보아라. 한마디 먹히기나 하겠는가.

 하나님께 정(正)하고 직(直)한 자들이 이 땅을 사는 이유는 자신의 마음 안에 비전이나 목적이 있기 때문이 아니다. 하늘의 하나님을 향해선 미쳐서 사는 것이고, 땅을 향해선 그야말로 육체가 아직 죽지 않았기에 마지못해 사는 것이다.

 그들이 기쁜 이유는 이 땅 위에서 내 인생의 목적을 찾고 이루었기 때문이 아니라, 하늘에 계신 하나님 아버지의 기운에 맞닿아 있기 때문이다. 만족과 기쁨은 하늘로부터만 받고, 이 땅은 마지못해, 죽지 못해 사는 자들이 하나님께만 정(正)하고 직(直)한 자들이다.

 '하나님과 사귀어 보니 하나님도 좋고, 또한 세상 역시 좋더라' 식의 고백을 정직(正直)의 논리는 허락하지 않는다. 그리고 그렇게 말하는 사람이 실재하시는 하나님을 만나고 사귀고 있다는 것도 거짓말이다. 마음이 아직 실제로는 하나님을 못 만난 상태에서 정말 단순히 양심껏 추측만 해 보더라도, 하나님 아버지 자신의 좋음이 기껏 그 정도밖에 안 될까?

그러나 아무리 그렇더라도 너무 소극적이고 부정적인 뉘앙스가 물씬 풍기는 '죽지 못해 산다'라는 말과 '하나님께 정직한 자들'이라는 말의 연합은 좀 이상하고 전혀 바람직하지 않은 어설픈 시도처럼 보인다. 하나님에 대해 정직한 자에게는 아무래도 좀 더 긍정적이고, 의욕적이고, 비전과 목적을 향해 최선을 다해 뛸 각오가 되어 있는 듯한 힘찬 모습이 어울릴 것 같은데 '죽지 못해 산다'라는 표현은 아무리 많이 봐주려 해도 너무 후줄근한 말이다. '죽지 못해 산다'라는 표현 따위가 도대체 뭐냐?

그러나 너 자신처럼 네 이웃을 사랑하라는 말씀은 오직 하나님 나라 맛을 보고, 이 땅 위의 소중했던 것들이 모두 "배설물"(빌3:8)처럼 여겨져, 전혀 살맛을 못 느낄 지경이 되어 마지못해, 죽지 못해 세상을 사는 사람만 실천할 수 있다는 사실을 우리는 알고 있는가?

나 자신의 몸과 이웃은 동격이다

네 이웃을 너 자신처럼 사랑하라 하셨다. 이제 이 말씀은 아버지 하나님께 정(正)하고 직(直)하게 관계해서 첫 번째로, 직선으로, 마음을 모두 다 드린 사람들에게 들려주시는 말씀이 되었다. 왜냐면 그에 앞서 나온 크고 첫 번째 되는 계명이 "네 마음을 다하고 목숨을 다하고 뜻을 다하고 힘을 다하여" 하나님을 사랑하는 것이기 때문이다.

정(正)하고 직(直)하게 아버지 하나님을 관계한 모든 사람의 특징은, 그가 정직하게 관계하는 한, 살아 있는 자신의 몸이 원수다. 알고 있고 느끼고 있고 믿고 있는 하늘 아버지께서 계신 곳으로 지금 당장 그렇게 가고 싶어도, 이놈의 몸이 살아 있어서 갈 수가 없다. 분단 조국 대한민국의 국민에게 38선 같은 존재가 바로 내 몸이다.

그런데 몸이 살아 있는 것이 어디 내 뜻이랴. 하나님이 그렇게 그 몸의 목숨을 붙들고 계신다. 당장 아버지 계신 천국에 가고 싶다고 자살할 수는 없는 노릇 아닌가. 오늘도 아버지 계신 하늘을 마음에 품고 그 기운에 기뻐하며, 몸을 떠나가고 싶은 사도 바울의 아쉬움을 내 것으로 마음에 안은 채, 참된 믿음의 사람들은 이웃 앞에 서 있다.

그런데 바로 이때 주님이 말씀하신다. 너 자신처럼 네 이웃을 사랑하라. 무슨 말씀이신가. 우선 급한 대로 주님의 명령을 따라 사랑해야 할 이웃이 세상에서 아직 몸으로 살아 있는 나 자신과 동격인 것은 알겠다. 이 동격이 뜻하는 것이 무엇일까. 아버지께 가고 싶어도 몸이 죽지 않아, 몸 때문에 이 땅에 묶여서 못 가고 있다. 그 나의 몸과 내 이웃이 동격이라는 것이다. 천국에 계신 아버지께서, 내게 제일 좋은 일이 지금 당장 아버지께로 불러 주시는 것임을 알고 계시면서도, 나를 천국으로 안 데리고 가시는 것은, 몸이 살아 있어서 이 땅을 못 떠나듯이 이웃이 이유가 되기 때문이라는 것이다.

나 자신은 몸이 죽지 못해 오늘 하루를 더 살고 있다. 마음은 이미 하늘 아버지께 다 가 있는 내 인생을 이 땅에 묶어 두는 계기가 바로 몸이다. 몸이 안 죽어서 이 땅에 살 뿐이지 정말 이 땅 위에서 바랄 것이 무엇이냐. 아버지 맛을 본 정직한 자에게 아버지가 계신 천국 가는 일보다 더 대단한 것이 이 땅 위에 다시는 있을 수가 없다.

이처럼, 죽지 않은 내 몸과 마찬가지로, 바로 이웃이 내 삶을 이 땅에서 연장하시며 더 묶어 두시는 계기가 된다는 것이다.

바울의 말을 빌려서 정리해 보자.

"이는 내게 사는 것이 그리스도니 죽는 것도 유익함이니라 그러나 만일 육신으로 사는 이것이 내 일의 열매일진대 무엇을 가릴는지 나는 알지 못하노라 내가 그 두 사이에 끼였으니 차라리 세상을 떠나서 그리스도와 함께 있을 욕망을 가진 이것이 더욱 좋으나 그러나 내가 육신에 거하는 것이 너희를 위하여 더 유익하리라"(빌1:21-24)

육신에 거하는 것이 빌립보 교인들을 위하여 유익하다는 말씀이 바로 나 자신처럼 이웃을 사랑하는 상태인 것이다. 내 몸이 살아 있음과 이웃의 존재가 동격이다.

이제 "너 자신처럼 네 이웃을 사랑하라"라는 예수님의 말씀은 이렇게까지는 이해하겠다. 하나님께만 정직한 자, 그래서 하늘 기운을 쏘인 자에게 이웃은 '내 몸처럼' 이 땅 위에 내가 아직 살아 있는 이유가 된다. 그러므로 예수님 믿게 된 뒤로도 여전히 내가 살아 있는 이유가 내 인생의 꽃을 피우기 위한 것이 될 수는 없다는 것이다. 이웃을 세우기 위해서이다.

나 자신을 위해서라면 지금 당장 아버지께 가는 경우보다 더 잘 활짝 필 내 인생의 꽃이란 아예 계획 속에서조차 있을 수가 없다. 이것이 정(正)하고 직(直)하게 하나님을 관계한 자의 고백이다. 내 인생의 정점은 창조주시고 주권자이신 하나님 아버지 품에 안겨 있는 상태이기 때문이다.

인생이 끝나지 않고 계속되는 이유가, 다시 말해 하나님을 기업으로 얻어 마음이 배불러 버린 내 인생이 아직도 여전히 이 땅 위에서 지속하는 이유가 바로 이웃 때문이라는 것이다.

그러므로 네 이웃을 너 자신처럼 사랑하라는 말씀은 이렇다.

'너는 몸이 살아 있어서 천국으로 당장 못 떠나고 있는 이 땅 위에서 하늘 아버지로 이미 배부른 사람이다. 너는 이미 하늘 아버지로 가득

차 있어서 더는 이 유한한 땅 위에서 무엇으로든 더 얻어 채워야 할 필요가 없는 사람이다. 그러므로 이제부터는 오직 이웃의 필요를 네 관심사로 여기며 살아라!' 하는 말씀이시다.

만일 우리가 하나님께만 정(正)하고 직(直)해서 그분을 실제로 만났다면, 우리가 취해야 할 인생관으로서, 이 말씀처럼 우리 마음에 합당하고도 기꺼운 것으로 여겨지는 말씀이 다시 없을 것이다.

그런데 줄 것이 없지 않은가?

그런데 여전히 반복되는 문제는 앞에서도 제기되었듯이 실제로 줄 것이 없지 않은가. 내 마음은 오직 하나님께만 다 드린다. 그리고 내 이웃은 내 육체와 더불어 내가 지상에서 살아야 하는 동등한 이유이다. 이 상태에서 이제 나는 이웃을 사랑해야 한다. 하나님께 다 드린 바람에 내 마음 없이. 뜻도 힘도 없이.

일주일 내내 직장에서 시달린 남편과 아빠를 가족들이 소풍 가자고 달달 볶는 것은 남편이나 아빠가 일주일간의 직장 생활을 힘들게 살았다는 사실을 모르기 때문이 아니다. 그러나 받고 싶어서다. 그들 자신에게로 향하는 그 남편이자 아빠인 사람의 마음과 관심과 뜻을 보고 싶어서다. 그러나 남편에게는, 아빠에게는 마음도 육체도 여력이 남아 있지를 못하다.

이처럼 소진되어 없는 것을 어찌 주라는 것인가. 줄 것 없는 탈진 상태에서 사랑은 불가능하다. 줄 수 있어야 사랑이다. 무형의 것이든 유형의 것이든, 하다못해 빈말이라도 입 밖으로 꺼내 줘야 한다. 그런데 마음이 고갈되면 말도 안 나오는 법이다. 오리털 이불도 무겁게 느껴질 탈진된 마음으로 누가 누구를 사랑할 수 있다는 것인가.

하나님께 다 드린 후, 이웃을 사랑하려 하지만 마음도 뜻도 힘도 목숨도 하나님께 다 드렸기에 더는 누구에게도 줄 것이 없다. 그런데 사랑하라 하신다. 무엇을 줄까. 아무리 찾아보아도 내 안에 본래 있었던 것은 재고가 남은 것이 없다.

그러나 이렇게 모순처럼 보이는 내 것의 소진 상태가 바로 이웃 사랑의 절대적인 조건임을 알아야 한다.

하나님께 마음을 다 드리는 바람에 이제 거꾸로 내 마음 안으로 하나님이 들어오신다고 했다. 그렇게 들어오신 하나님 자신밖에 내게는 남아 있는 것이 없는 상태가 되었다. 하나님과 일체를 이루시는 예수님 자신밖에 없다. 성령님밖에 없다. 내 것인 마음은 남김없이 모두 하나님께 드렸고, 다 드린 그 마음 안으로 하나님이 내 것 되셔서 들어오셨기 때문이다. 지금 당장이라도 내 몸을 죽이셔서 아버지 곁으로 데려가시면 좋겠지만, 아직은 죽지 않는 몸처럼 바로 이웃 때문에 '아직은 땅 위에 있어야 한다'라고 하신다. 그리고 '사랑하라' 하신다. 이제 내 안에 계신 하나님밖에는 줄 수 있는 것이 내겐 없다. 그래서 하나님과 예수님의 이름을 주고 성령님의 역사하심과 인도하심을 준다. 이것이 바로 하나님께만 정직(正直)한 자의 이웃 사랑이다.

사도행전 3장에서 베드로와 요한이 성전에 기도하러 올라가다가 나면서부터 앉은뱅이 된 자를 고친 사건을 우리는 알고 있다.

나면서부터 앉은뱅이로 평생을 성전 미문에 앉아 구걸하던 이 장애인이 베드로와 요한을 보며 '저희에게 무엇을 얻을까 하여' 바라보았다. 그때 베드로가 말한다. 은과 금은 내게 없다고.

사실 따지고 보면 은과 금만 없겠는가. 상상력을 발동하여 말을 좀 덧붙여 보자.

'미안하지만 내게는 은과 금만 없는 것이 아니다. 너에게 줄 내 마음도 없다. 내 뜻도 없다. 내 힘도 없다. 이것들은 모두 하나님께 드려 버렸다.' 그 구걸하던 앉은뱅이가 속으로 뭐라 했을까. '그런데 싱겁게 왜 자기들을 보라고 하였느냐?'라고 반문했을지도 모르겠다. 이어서 베드로가 말한다. "은과 금은 내게 없거니와, 내게 있는 것으로 네게 주노니 곧 나사렛 예수 그리스도의 이름으로 일어나 걸으라"(행3:1-8)

아버지 하나님을 믿는다고 하는 자. 아버지 하나님께만 정(正)하고 직(直)해야만 하는 자. 이 사람이 자기 안에 들어오신 삼위일체 하나님을 이웃에게 주지 않고, 자기의 마음을 주고 뜻을 주고 힘을 주는 것은 그러므로 모두 불법의 암거래다. 내 마음은 뜻과 힘과 더불어 무조건 절대로 다 하나님께 드린다. 그러면 드려진 내 마음 안으로 하나님이 당신의 기운을 보내시고 당신 자신을 주신다. 이것이 암거래가 아닌 유일하게 합법적인 거래(?)다. 그래서 실제로 하나님과 사이에 벌어지는 이러한 인격적인 거래에서 내가 가질 수 있고 가져도 되는 대상은 하나님 한 분뿐이다. 이제 내가 이 세상에서 같이 살아 있는 이웃 사람에게 무엇인가를 준다면 가진 것이라곤 오직 단 하나, 하나님뿐이어야 한다.

근본적으로 말하면 부모와 남편, 아내, 자녀조차 모두가 다 내 이웃이다. 내가 지금 하나님을 믿는 자로서 왜 그들 앞에 서 있는가. 내 뜻, 내 힘, 내 마음, 내 사랑을 주라고 서 있게 하신 것이 아니다. 그것은 뒷거래요 암거래요 영적인 탈세다.

자식에게 마음과 뜻과 힘을 주는 모든 어머니는 범법자다. 그 마음의 전부를 오직 하나님께 몽땅 다 드려야 한다. 그중에 일부를 드려서는 하나님과 만남이 불가능하다. 오직 다 드릴 때만이 하나님이 내 것 되셔서 내 안에 들어오신다. 이제 내가 만나는 자녀와 모든 이웃—가족을 포함해서—에게 내 안의 하나님을 나누어 드린다. 사람과 사람, 이웃과 이웃 사이에서 유통되도록 하나님에 의해 허락된 유일한 품목(?)이 바로 하나님 자신이시고 하나님으로부터 주어지는 하나님의 기운이다.

반면에 사람의 마음은 누구의 것이든지 예외 없이 모두 하나님께만 귀속되도록 법으로 정해진 품목이다. 암거래를 중단하자.

양을 무엇으로 먹이나?

부활하신 예수님께서 베드로를 찾아오셨다. 십자가에 달리시던 스승을 세 번이나 모른다고 부인하며 저주까지 한 베드로에게 세 번을 반복해서 물으신다. "네가 나를 사랑하느냐?" 즉 네가 하나님인 나를 사랑하느냐는 질문이셨다. 이 반복된 세 번의 질문에 매번 예수님을 사랑한다고 베드로는 대답을 드렸고, 매번의 대답 때마다 내 양을 치라 하셨다.

그런데 이상하다. 예수님의 양을 치려 한다면 그 양들을 사랑해야 하지 않았을까?

그래서 목양일념(牧羊一念), 이것이 교회에서 목사님들의 목회와 관련지어 흔히 첫 번째로 꼽는 덕목으로, 하기도 하고 듣기도 하는 말이 아닌가.

'저 목사님은 사랑이 많아 … 저 목사님은 사랑이 없어 … ' 이러한 교인들의 평가는 도대체 누가 누구를 사랑하라는 것인지, 예수님과 베드로의 대화를 염두에 두면서 생각해 보면 감을 잡기가 어렵다. 도대체 목사가 양인 교인을 사랑하지 않는다는 것이 말이 되나? 그러나 또 한편 목사가 양인 교인을 사랑한다는 것이 정말 말이 되나? 마음과 뜻과 힘을 다하여 하나님을 사랑하는 일이 목사에게서는 적용되지 않는가?

왜 양을 치라는 말씀 앞에 양이 아니라 예수님 자신을 사랑하는지를 세 번이나 확인하시는 것일까?

예수님의 양은 그 양을 치도록 위임받은 인간 베드로의 사랑과 마음과 뜻과 힘을 먹고 사는 존재가 아니기 때문이다.

베드로가 목자로서 먹여야 하고 양들이 먹어야 하는 양식은 베드로 자신의 사랑과 마음과 뜻과 힘이 아니라, 예수님이요 하나님 아버지여야 한다. 그러려면 베드로 안에 하나님이 들어와 계셔야 하고, 하나님이 들어와 계시려면 베드로는 양이 아니라 하나님께, 마음과 뜻과 힘을 몽땅 다 드려야 한다. 그래야 그 마음을 하나님이 가질 수 있고, 또 그래야 그 마음에 하나님이 자신을 주실 수 있으니까.

이 사실은 베드로에게만 적용되는 것이 아니다. 우리 모두에게 물으신다. '네가 나를 사랑하느냐?', '예, 주님!', '그럼 아무개의 엄마가 되어라!', '아무개의 남편이 되어라', '어느 회사의 직원이 되어라', '누구의 친구가 되어라', '그래서 그들에게 먹여라, 그들에게 주어라, 네 안에 있는 하나님으로!' 자녀를 사랑하는 엄마로부터 자녀들은 얻어먹을 것이 없고, 아내를 사랑하는 남편으로부터 아내들은 얻어먹을 것이 없다. 먹는다면 모두 불량 식품들이다.

하나님 자신이 아니라 목회를 마음을 다해 사랑하는 목사로부터 교인들은 실제로 얻어먹을 것이 없다. 아니 무엇이든 먹기는 먹는지 몰라도 엉뚱한 것을 얻어먹게 되어 있다. 목회 비전 등이나 예배당 조직을 강화하지 못해 안달하는 암거래의 강박 관념으로부터 무엇인가 영적인 불량 식품을 얻어먹기는 할 것이다.

지금 우리의 목장에서 양이 먹고 있는 것이 무엇인지 스스로 솔직하게 그리고 면밀하게 살펴보자. 정말 이상하게 들릴지 모르지만, 목회할 여력이 없을 만큼 하나님 자신을 마음과 뜻과 힘을 다해 사랑하는 목사만이, 교인들에게 하나님을 먹일 수 있고 예수님을 먹일 수 있다.

정직(正直)이 목사로부터 시작되어 교회 안에 확장되고 사회로 번져가야 하는 것이라면, 교회의 부흥과 목회 그리고 교인보다 또한 가족보다 먼저, 아버지 하나님(一)을 직선(直)으로, 첫 번째로 관계하며 마음을 다 드려야 한다(止). 이것이 암거래를 중단한, 아버지 하나님에 대해서만 정직(正直)한 목사다.

물론 어차피 정직하지 않은 목사가 없고, 정직하지 않은 성도가 없다. 이제 더는 부정직함이라는 단어를 정직의 논리는 허락하지 않는다. 그래서 사회의 부정직함을 개선한다는 말도 있을 수가 없다. 오직 개선이 아니라 통째로 폐기되어야 하는 다른 정직이 있을 뿐이다.

그러면 지금 우리는 누구에게 무엇에게 정직한가? 어디에 마음을 직선으로 보내어 머물고 있는가? 부정직은 세상에도 없고, 교회에도 없다.

오직 다른 정직이 있을 뿐이다.

불신앙이 아니라 다른 신앙이 있을 뿐이듯이.

그러므로 마음을 목회나 교회의 부흥을 그 하나(一)로 여겨 직선으로 보내는 목사는, 하나님 자신이 아닌 목회나 부흥을 신앙하는 다른 신앙인이요 완전히 복음에서 이탈한 암거래상이다.

목회와 부흥은 하나님께 정직한 목사를 통해 어떤 양상으로든 하나님 자신이 행하실 하나님의 일이다. 내 일은 하나님께만 정(正)하고 직(直)함이다.

하나님에 대해선 하나님만이 이유이시다

"엘리야가 모든 백성에게 가까이 나아가 이르되 너희가 어느 때까지 두 사이에서 머뭇머뭇하려느냐 여호와가 만일 하나님이면 그를 좇고 바알이 만일 하나님이면 그를 좇을지니라 하니 백성이 한 말도 대답지 아니하는지라"(왕상18:21)

정말 이상하다. 지금 이토록 절박하고도 숙연한 결단의 상황에서 왜 이들 이스라엘 사람들은 한마디도 대답지 아니하였을까. 도대체 이 침묵이 의미하는 것이 무엇이었을까.

'여호와 하나님'이라는 이름 하나만 달랑 듣고는, 아무리 이스라엘 선민이라도 그동안 풍요와 다산을 기대하며 열심히 섬겼던 바알을 버리고 여호와를 선택하기에 아직 미심쩍고 아쉬운 점이 많이 남아 있었다는 것일까?

제단 위의 송아지를 태우기 위해 "불로 응답하는 신 그가 하나님이라"라는 엘리야의 제언에 비로소 이스라엘 백성은 "다 대답하되 그 말이 옳도다"라고 하였다. 이 '옳도다'라는 말은 그냥 믿음만으로 여호와를 선택하겠다는 것이 아니고, 하늘에서 내려오는 불을 보고야 진짜 신이 누구인지를 알 수 있고 인정할 수 있겠다는 말이다. 정말 이러한 선민들을 보시면서 하나님의 마음이 찢어졌을 것 같다.

우리도 하나님 아버지께만 마음을 다 드리며 정(正)하고 직(直)하려면, 갈멜산에서처럼 하늘에서 내려오는 불이 우리 눈앞에 활활 타오르고 있어야만 하는가? 하늘에서 내려온 불을 보고서야 여호와가 참 신(神)임을 믿겠다는 이스라엘 백성들, 결국은 모든 증거를 자기들 두 눈으로 다 보면서 확인하고 나서도 끝내 여호와 하나님을 버리고 말았다.

한번 가정해서 물어보자.

만일 그때 엘리야의 제단에 불이 안 내려왔다면, 엘리야 개인의 입장은 무척 곤란했겠지만, 그렇다고 여호와 하나님이 살아 계심이 사실(Fact)이 아닌 게 되나? 하나님의 전지전능하심과 창조주 되심이 사실(Fact)이 아닌 게 되나? 그래서 단지 이름뿐인 신으로 판명되시는 것인가?

통탄할 심정이 되어 하나님 아버지께 따지고 싶다. 왜 그때 불을 보내셨느냐고. 내 마음대로라면 나는 불을 안 내려보냈을 것 같다.

영원하신 영이신 여호와 하나님의 그 이름 자체보다 육체의 눈앞에 보이는 불을 더 확실한 증거로 여기는 자들이 어떻게 눈에 보이지 않는 영이신 여호와 하나님께 마음을 첫 번째로, 직선으로, 모두 다 드릴 수가 있겠는가?

아버지 하나님께만 정(正)하고 직(直)하여 마음을 다 드리자는데, 아버지 자신에 대한 믿음 말고 또 다른 제2의 현상적인 확증이나 이유가 있어야 하는가?

하나님 아버지에 대한 정(正)하고 직(直)함을 위해서는 정직했을 때 나타나는 이 세상적인 효과를 세일즈맨이 물건 팔 때처럼 온갖 달콤한 약속으로 홍보하고 광고해야만 하나?

세상에 그 많은 대상을 향해선, 이유도 없이 확증된 결과에 대한 약속도 없이, 철커덕 철커덕 잘도 들러붙는 마음들이, 어찌해서 하나님 아버지를 다른 '까닭' 없이 마음을 다해 사랑하는 일은 그리도 어려운 것일까.

하늘 아버지는 영원하신 분이시다. 그러나 하늘에서 내려온 불이나 온갖 기적들은 한시적인 현상들이고 순간의 사건들이다.

그런데 그 영원하신 하늘 아버지에 대한 정직(正直)함의 관계를 결국은 없어질 이 지구 위의 순간적인 사건 위에 세우려는 모든 부패하고 전도(顚倒)된 시도는 마땅히 좌절되어야 한다. 하늘에 계신 영이신 아버지에 대한 정직한 관계를 이 땅 위의 물리적인 찰나의 사건을 기초로 하여 그 위에 세우려는 모든 악하고 터무니없는 시도는 이제 끝이 나야만 한다. 순간이 어찌 영원을 변증하며, 땅이 어찌 하늘의 기초가 되겠는가.

'하나님 아버지! 이제 더는 세상 끝날까지 갈멜산의 불을 다시는 이 땅에 내리지 말아 주시옵소서. 불을 보기 전에는 하나님을 향해 마음을 첫 번째로 직선으로 다 드릴 수 없다는 모든 거짓 교인들 앞에, 모든 다른 정직의 사람들 앞에, 불도 기적도 그 어떠한 센세이션도 이루지 말아 주시옵소서. 지루하고 무료할 정도로 너무나도 어제와 똑같이 반복되는 평범한 일상만을 교인들에게 허락하여 주시옵소서. 그래도 당신이 창세 전에 예정하사 그리스도 안에서 택하신 진정한 자녀라면 아버지 하나님(一)을 향해 마음을 다 드리지(止) 못함을 안타까워하며 참신앙을 위한 기도를 시작할 것입니다.'

당신의 얼굴을 본 적이 없어도, 누구인지 전혀 몰라도 나는 말할 수 있다. 당신은 무조건 정직하다고.

그러나 누구를 무엇을 그 하나로(一) 삼아 당신의 마음을 직선으로(直) 다 드리고(止) 있는지는 하늘에 계신 하나님 아버지와 당신 자신밖에는 모른다.